Beiträge zur Film-
und Fernsehwissenschaft

Eine Schriftenreihe
der Hochschule für Film und Fernsehen
'Konrad Wolf'
Potsdam-Babelsberg

Im Auftrage des Rektors der HFF
herausgegeben von
Peter Hoff und Dieter Wiedemann

Band 42 · 1992 · 33. Jahrgang

Die Deutsche Bibliothek - CIP-Einheitsaufnahme

Wagner, Gerhard:
Walter Benjamin : die Medien der Moderne / Gerhard Wagner.
- Berlin : VISTAS, 1992
(Beiträge zur Film- und Fernsehwissenschaft ; Bd. 42. Jg. 33)
ISBN 3-89158-078-9

Beiträge zur Film- und Fernsehwissenschaft BFF
Schriftenreihe der Hochschule für Film und Fernsehen HFF
'Konrad Wolf', Potsdam-Babelsberg

Herausgegeben im Auftrag des Rektors der HFF
von Peter Hoff und Dieter Wiedemann

Redaktion: Friedrich Salow, Frank Martens

© VISTAS Verlag GmbH
ISBN 3-89158-078-9
BFF Band 42: Walter Benjamin – Die Medien der Moderne

BFF Redaktion
Virchowstraße 25
O-1591 Potsdam-Babelsberg
Telefon: 7 88 06

VISTAS Verlag GmbH
Bismarckstraße 84
W-1000 Berlin 12
Telefon: 312 45 66 · Telefax: 312 62 34

Umschlaggestaltung: ApunktMpunkt, Berlin
Satz: erdmann satz & layout, Berlin
Druck: WB-Druck, Rieden am Forggensee
Titelbild: Walter Benjamin in der Pariser Bibliothèque Nationale
Foto: Gisèle Freund, 1937
Die Vorlagen der Reproduktionen dieses Bandes entstammen einer Vielzahl zeitgenössischer Publkationen sowie dem Archiv des Autors Gerhard Wagner.

Beiträge zur Film- und Fernsehwissenschaft

Walter Benjamin
Die Medien der Moderne

von
Gerhard Wagner

INHALTSVERZEICHNIS

Vorwort 7

Das Kunstwerk im Zeitalter des Industriekapitalismus
Benjamins medien- und kulturgeschichtliche »Passagen«
durch das 19. Jahrhundert 11
   Industrialisierung der Künste 20
   Industrialisierung des Kults 31
   Ästhetisierung der Industrie 35
   Ästhetisierung des Sozialen 41
   Formierung der Massen 45

Über das mediale Vermögen
Benjamins Kontextanalysen des Films 61
   Kritik des präformierten Sinns 64
   Kritik der Reliterarisierung 67
   Kritik der Überblendung 74
   Medium der Technik 83
   Medium der Masse 88
   Medium des Bildhaften 91
   Konkurrenz der Gattungen 97
   Konkurrenz der Kultursprachen 99
   Umwertung der Zerstreuung 103

Der Erzähler als Produzent
Medientheorie und Medienpraxis in Benjamins Hörfunkarbeiten . . . 113
   Mediengeschichtliche Literaturbetrachtung 115
   Die Chance des Erzählers 120
   Integrale Prosa 124
   Mediengeschichte – Medienutopie 131
   Das Medium im Medium 137

Zum Bilde Benjamins
Dimensionen der Rezeption medienwissenschaftlicher Aspekte
seines Werkes in Westeuropa von 1980 bis 1990 147
Der auratische Utopist 150
Der Avantgardist 154
Der Kulturkritiker 158
Der Antifaschist 160
Reserven der Rezeption 162

Anhang
Literaturverzeichnis 169
Dank des Autors 189

VORWORT

Vor einhundert Jahren, am 20. August 1892, drehte der in Berlin-Pankow ansässige Schausteller Max Skladanowsky mit einer selbstgebauten Rollfilmkamera seine ersten »lebenden Bilder«. Drei Wochen vor dieser denkwürdigen Tat des deutschen Filmpioniers, am 15. Juli 1892, war in Berlin-Tiergarten Walter Benjamin geboren worden. Dieser wurde später zwar kein systematischer Rezipient der Filmkunst, ihrer spezifischen Erzählweise und ihrer Theoriegeschichte, dafür aber einer der Pioniere multidisziplinärer Film- und Medienreflexion. Das weisen seine in der mittlerweile abgeschlossenen Benjamin-Edition enthaltenen zahlreichen Schriften, Fragmente und Notizen sowie seine brieflichen Äußerungen über Film und Kino, aber auch seine mit diesen korrespondierenden Arbeiten zu anderen Themen aus. Sie bilden die Materialgrundlage für den in den folgenden Kapiteln erstmalig unternommenen Versuch einer komplexen Analyse der wesentlichen mediengeschichtlichen, -theoretischen und -praktischen Aspekte von Benjamins Werk, die ergänzt wird durch einen Abriß ihrer in vielerlei Hinsicht aufschlußreichen, wenn auch bisher zumeist nur bruchstückhaften westeuropäischen Rezeption in den achtziger Jahren.

Zentren dieser Untersuchung sind deshalb unter anderen die werkgeschichtlichen Wechselbeziehungen zwischen Benjamins unvollendetem Hauptprojekt zur Kulturgeschichte des 19. Jahrhunderts im Zeichen der Widersprüche der kapitalistischen Industrialisierung, der *Passagen*-Arbeit, und dem (1989 erstveröffentlichten) Urtext seiner medienprogrammatischen Thesen *Das Kunstwerk im Zeitalter seiner technischen Reproduzierbarkeit;* ferner Benjamins Kontextanalysen des Films zum Beispiel als Exponent des historischen Widerstreits von schriftsprachlicher und audio-visueller Erfahrungsaneignung – Analysen, welche Versuche der Verallgemeinerung der Intentionen west- und osteuropäischer Avantgardebewegungen darstellen, mit denen er auf deren weitgehende Verdrängung und Verzerrung durch den akademischen Betrieb und durch die offizielle Kunstpropaganda der Arbeiterbewegung sowie auf deren kommerzielle Vereinnahmung, nicht zuletzt aber auch auf den wachsenden Einfluß der medial optimierten faschistischen Massenpropaganda reagierte. Und nicht zuletzt ist ein Zentrum der Untersuchung Benjamins Bemühen um die Verbindung von konstruktiver Phantasie und praktischem Engagement in einer modernen Medienlandschaft, für das seine kulturgeschichtlichen Hörfunkessays sowie seine mediendidaktischen und -utopischen Hörspiele für Kinder stehen. Mit diesen Schwerpunktsetzungen will die Arbeit mehr sein als eine aktuelle Ehrenbezeigung anläßlich eines 'runden' Geburtstages und eines in drei Jahren bevorstehenden Kinojubiläums. Sie möchte mit all dem beitragen zur weiteren Erforschung des ästhetischen, insbesondere medientheoretischen Denkens im Deutschland der Weimarer Republik und im antifaschistischen Exil, zur Bilanzierung der europäischen Kultur- und Wissenschaftsentwicklung des 20. Jahrhunderts und zur Erschließung historischer Vorbildleistungen bei der Zusammenführung von sozial- und kulturgeschichtlicher, philosophisch-ästhetischer und kunstwissenschaftlicher Gegenstandsbearbeitung – unter anderen eben über mediengeschichtliche und -theoretische Achsen.

Denn die medientheoretischen Erkenntniswege und Ergebnisse des vielseitigen Denkers und Schreibers Benjamin, des Essayisten, Kritikers, Übersetzers, Prosaschriftstellers, Hörfunkautors sowie Kultur- und Kunsttheoretikers, sind nicht nur für die Film- und Fernsehwissenschaft, sondern ebenso für die zum Beispiel mit kultursoziologischen und literarischen Problemen befaßten Disziplinen von Bedeutung, und das aus mindestens zwei Gründen: **Erstens** stehen diese Aspekte von Benjamins Werk für jene Entwicklung im ästhetischen Denken der zwanziger und dreißiger Jahre des 20. Jahrhunderts, durch die aus der Perspektive der Erfahrung einer Krisenperiode versucht wurde, Fragestellungen der europäischen Avantgardebewegungen sowie ihrer bis in die radikale Aufklärung zurückreichenden Vorläufer in die Auseinandersetzungen um eine demokratische und antifaschistische Entwicklung der Künste einzubringen, neue, an der komplexen Dialektik von sozialen Bedingungen, technologischem Fortschritt und künstlerischen Ausdrucks- und Rezeptionsbedürfnissen orientierte Konzepte zu entwickeln und zu diskutieren. **Zweitens** belegen sie, welch theoriehistorisch trächtiges Potential gerade bei Autoren noch verborgen liegt, die als permanent grenzüberschreitende, zum Teil auch medienpraktisch engagierte Theoretiker mit häufig spontaner, unsystematischer methodologischer Reflexion und metaphorisch strukturierter Begrifflichkeit in keine der bestehenden Fachdisziplinen so recht passen wollen; die einerseits, da nicht der akademisierten Wissenschaft zugehörig, von deren Geschichtsschreibung häufig an den Rand der Untersuchung gedrängt und die andererseits, da auch keine 'reinen' Schriftsteller, in ihrem theoretischen Engagement zum Beispiel von der Literaturhistorie kaum erschlossen wurden. Die widerspruchsvolle und komplexe Theoriebildung solcher Autoren ist aber im erkenntnisgeschichtlichen Zusammenhang des konkreten historischen Materials, im Prozeß ihres Entstehens besonders sinnfällig und daher gut untersuchbar.

»Es haben ihm Leerstellen vorgeschwebt, in die er seine Gedichte eingesetzt hat«, schrieb Walter Benjamin im Exil über Charles Baudelaire, in dem er als

Zeuge des 20. Jahrhunderts – exakt, kritisch und ohne vordergründige Aktualisierung rekonstruierend – einen Zeugen für das auch medienhistorisch und -theoretisch wichtige 19. Jahrhundert erkannte. »Sein Werk läßt sich nicht nur als ein geschichtliches bestimmen, wie jedes andere, sondern es wollte und es verstand sich so.« (*Gesammelte Schriften,* Band I. 2, 615.) Wenn es ihr gelungen ist, in heutige 'Leerstellen' – und keineswegs nur solche der Benjamin-Rezeption – ebenfalls einiges 'einzusetzen', so hat die vorliegende 'geschichtliche' Arbeit ihren Zweck erfüllt.

Berlin, Juli 1991
Gerhard Wagner

Das Kunstwerk im Zeitalter des Industriekapitalismus

Benjamins medien- und kulturgeschichtliche
»Passagen« durch das 19. Jahrhundert

»Perspektivische Durchblicke«: die Pariser Passage de l'Opéra
Foto von René Crevel, um 1900

In den dreißiger Jahren des 20. Jahrhunderts widmeten sich nicht wenige deutsche Intellektuelle verstärkt der Erforschung der europäischen ästhetischen Kultur[1] im kapitalistischen Industriezeitalter. Von den noch während der Exilperiode veröffentlichten Arbeiten mit dieser Thematik seien hier nur Max Raphaels kunstsoziologische und -theoretische Untersuchung *Proudhon. Marx. Picasso* (Paris 1933), Ernst Blochs Analyse der *Hieroglyphen des 19. Jahrhunderts* in einem Kapitel seines Buches *Erbschaft dieser Zeit* (Zürich 1935), Siegfried Kracauers Gesellschaftspanorama *Jacques Offenbach und das Paris seiner Zeit* (Amsterdam 1937) und nicht zuletzt Walter Benjamins sozialgeschichtlich-ästhetische Studie *Über einige Motive bei Baudelaire* (in der *Zeitschrift für Sozialforschung*, 1939) genannt. Diese sich in so vielfältigen Material- und Methodenangeboten äußernde Orientierung auf die Kulturgeschichte des 19. Jahrhunderts war kein Zufall. Denn das Erleben der Dynamik der sozialen und politischen Auseinandersetzungen nach dem I. Weltkrieg in Deutschland, der Krise des parlamentarischen Systems, des wachsenden Einflusses imperialistischer Massenpropaganda und präfaschistischer Tendenzen, dann das Erleben der weltpolitischen Wirkungen der extremen Ausnahmesituation, die mit seiner Machtergreifung durch den deutschen Faschismus geschaffen wurde, aus der Perspektive des Exils forderten diese Denker heraus zur vertieften historisch-theoretischen Auseinandersetzung mit Verlauf und Ergebnissen der Vorgeschichte des 20. Jahrhunderts. In engem Zusammenhang mit den Haupttendenzen der kapitalistischen Produktivkraftentfaltung, Arbeitsteilung und Kooperation, mit der industriellen Umwälzung in England und mit den Resultaten der bürgerlichen politischen Revolutionen in Frankreich untersuchten sie daher besonders Veränderungen in Gegenständen, Gestaltungsweisen, Erbe- und Traditionsbezügen, Verbreitungsmechanismen und sozialen Funktionen der Künste im 19. Jahrhundert mit Blick auf ihre langfristigen Weiterwirkungen. Einerseits führte das bei ihnen zur häufig schroffen Abkehr von der unkritischen Kanonisierung bürgerlich-humanistischer Realismustraditionen und -theorien aus vorindustriellen Zeiten, wie man sie sowohl in bürgerlichen als auch in marxistischen philosophisch-ästhetischen Konzepten und kunstpropagandistischen Verlautbarungen der zwanziger und dreißiger Jahre vorfand.[2] Andererseits erwuchsen aus ihren kulturhistorischen Rückgriffen und theoretischen Neuansätzen wertvolle Ergänzungen und Weiterführungen von parallelen Bemühungen anderer Theoretiker, zum Beispiel um die Erhellung der Konsequenzen aus der Kapitalisierung für die Kunstproduktion im 19. Jahrhundert (wie in Georg Lukács' Essay *Balzac: »Verlorene Illusionen«*, 1935)[3] und um die Analyse der ökonomisch-

Über einige Motive bei Baudelaire.

Von

Walter Benjamin.

I

Baudelaire hat mit Lesern gerechnet, die die Lektüre von Lyrik vor Schwierigkeiten stellt. An diese Leser wendet sich das einleitende Gedicht der Fleurs du mal. Mit ihrer Willenskraft und also auch wohl ihrem Konzentrationsvermögen ist es nicht weit her; sinnliche Genüsse werden von ihnen bevorzugt; sie sind mit dem spleen vertraut, der dem Interesse und der Aufnahmefähigkeit den Garaus macht. Es ist befremdend, einen Lyriker anzutreffen, der sich an dieses Publikum hält, das undankbarste. Gewiss liegt eine Erklärung bei der Hand. Baudelaire wollte verstanden werden : er widmet sein Buch denen, die ihm ähnlich sind. Das Gedicht an den Leser schliesst mit der Apostrophe :

> Hypocrite lecteur, — mon semblable, — mon frère ![1])

Der Tatbestand erweist sich ergiebiger, wenn man ihn umformuliert und sagt : Baudelaire hat ein Buch geschrieben, das von vornherein wenig Aussicht auf einen unmittelbaren Publikumserfolg gehabt hat. Er rechnete mit einem Lesertyp, wie ihn das einleitende Gedicht beschreibt. Und es hat sich ergeben, dass das eine weitblickende Berechnung gewesen ist. Der Leser, auf den er eingerichtet war, wurde ihm von der Folgezeit beigestellt. Dass dem so ist, dass, mit andern Worten, die Bedingungen für die Aufnahme lyrischer Dichtungen ungünstiger geworden sind, dafür spricht, unter anderm, dreierlei. Erstens hat der Lyriker aufgehört, für den Poeten an sich zu gelten. Er ist nicht mehr ‚der Sänger', wie noch Lamartine es war ; er ist in ein Genre eingetreten. (Verlaine macht diese Spezialisierung handgreiflich; Rimbaud war schon Esoteriker, der das Publikum ex officio von seinem Werke fernhält.) Ein zweites Faktum : ein Massenerfolg lyrischer Poesie ist nach Baudelaire nicht mehr vorgekommen. (Noch Hugos

---

[1]) Charles Baudelaire : Œuvres, éd. Le Dantec. Paris. I, S. 18 (im folgenden nur noch nach Band und Seitenzahl zitiert).

Erstdruck in der *Zeitschrift für Sozialforschung*, 1939

»Ein Lyriker im Zeitalter des Hochkapitalismus«: Charles Baudelaire

politischen Grundlagen und weltanschaulichen Vorläufer der sozialen und nationalen Demagogie, des Rassismus und der irrationalen Mythologisierung von Geschichtsprozessen in der faschistischen Manipulationsideologie (wie in Hans Günthers Kampfschrift *Der Herren eigner Geist,* 1935)[4].

Die genannte *Baudelaire*-Studie Walter Benjamins gehört in den Zusammenhang seines immensen, aus Tausenden von Zitaten und Notizen sowie zahlreichen Teilausarbeitungen bestehenden Fundus' für sein ungeschrieben gebliebenes Hauptwerk *Passagen*. Er arbeitete an dieser »literarischen Montage« (V. 1, 575)[5] von Materialien und Kommentaren zur Geschichte der Pariser Gesellschafts- und Kulturszene während des Zweiten Kaiserreichs (1852-1870) mit Unterbrechungen von 1927 bis 1940 – unter anderem im Zusammenhang mit dem Forschungsprojekt »The Social History of the City of Paris in the 19th Century« des 1933 von Frankfurt am Main zuletzt nach New York emigrierten Instituts für Sozialforschung (vgl. V. 2, 1097).

Zahlreiche Anregungen zu diesem seinem opus magnum erhielt Benjamin in den zwanziger Jahren während seiner »endlosen Flanerien« (VI, 469) durch Paris, die sich vielfältig in physiognomisch-philosophischer Prosa, wie der Sammlung *Einbahnstraße* (1923-1926)[6], dem »ersten Versuch meiner Auseinandersetzung mit dieser Stadt« (Br 1, 459), und später in autobiographischen Texten, darunter der *Berliner Chronik* (1932), niederschlugen. Vor allem aber faszinierte ihn die Lektüre von Louis Aragons Werk *Le paysan de Paris* (Der Bauer von Paris, 1926; *Pariser Landleben,* 1969) – von dem er Teile für die Berliner *Literarische Welt* übersetzte[7] – im Rahmen seiner »philosophischen Verwertung des Surrealismus« (Brw Scho, 202) und dessen »unerdenklichen Analogien und Verschränkungen von Geschehnissen« (II. 1, 301). Denn in den darin enthaltenen Schilderungen der 1925 abgerissenen Pariser Passage de l'Opéra als widersprüchliche Einheit von traditioneller dekorativer Architektur und modernem konstruktivem Eisen- und Glasbau, von (Waren-) Haus und (Handels-) Straße, von einsamem Innen und verkehrsreichem Außen, von Stillstand und Bewegung, als Durch- und Übergang für vereinzelte Kunden und Spaziergänger, »Flaneurs«, in eine großstädtische anonyme Masse und als Ort des Zusammenfließens von Mythos und Moderne (vgl. ARAGON 1985, 15-71) sah Benjamin am Werke, was auch ihn beschäftigte (vgl. Br 1, 446).[8] 1930 bezeichnete er sein großes kulturgeschichtliches Vorhaben daher als »Schauplatz aller meiner Kämpfe und aller meiner Ideen« (Br 2, 506).

Im Laufe seiner Arbeit am *Passagen*-Projekt, an deren Beginn Notizen zu einem Essay *Passagen* (1927) und ein Fragment *Pariser Passagen* (1928) stehen, wurden diese literarischen Motive von Benjamin immer mehr zu sozial- und kulturgeschichtlichen ausgeweitet. Besonders ab 1934, im Pariser Exil, fundierte er sie durch die Rezeption von sozialpsychologischen und kulturphilosophischen Schriften – wie Henri Bergsons *Matière et mémoire* (1896; *Materie und Gedächtnis,* 1907) und Georg Simmels *Die Großstädte und das Geistesleben* (1903) –, ferner von einzelnen historisch-politischen Werken von Karl Marx – wie *Die Klassenkämpfe in Frankreich 1848 bis 1850* (1850) – und machte sie dann in ausgearbeitet vorliegenden »sozialwissenschaftlichen Studien« (Br 2, 775) über Werk und Wirken des Dichters, Kritikers und Übersetzers Charles Baudelaire (1821–1867) – zum Beispiel außer in der bereits erwähnten auch in *Das Paris des Second Empire bei Baudelaire* (1937/38) und in den *Notes sur les Tableaux Parisiens de Baudelaire* (1939) – fruchtbar. Dergestalt konnten sie als zentrale Denkmotive von Benjamins *Passagen*-Komplex dazu beitragen, den von der bürgerlichen Kultur- und Kunsthistorie über die Landschaft der Jahrhundertmetropole Paris gelegten »Schein der geschlossnen Faktizität« (ebd., 794) und die von ihr vorgenommene »abstrakte Konfiguration des Menschenlebens« (V. 2, 1015), aber auch das Verharren von Aragons Paris-Schilderungen in einem impressionistischen und surrealistischen »Traumbereich« (V. 1, 571) zu überwinden.

Benjamins Hauptprojekt sollte sich jedoch nicht in einer systematischen Rekonstruktion der Kultur des Zweiten Kaiserreichs und eines Künstlerdaseins in ihm erschöpfen, sondern zugleich eine »Konstruktion aus Fakten« (V. 2, 1033) mit bestimmten problemgeschichtlichen »perspektivischen Durchblicken« (ebd., 1247) – »Passagen« – bieten, die von »entscheidenden geschichtlichen Interessen unserer Generation« (Brw Scho, 202) in den dreißiger Jahren des 20. Jahrhunderts ausgingen. Über diese Schwerpunktsetzungen geben andere wichtige, in den stofflichen und methodischen Zusammenhang der *Passagen* gehörende Schriften Benjamins aus der Exilzeit Aufschluß, insbesondere die vier erhaltenen Fassungen jener thesenartigen »Programmschrift« (Br 2, 702) aus den Jahren 1935 bis 1939, in der Benjamin die – seit 1926/27 relativ kontinuierlich entwickelten – technik- und mediengeschichtlichen sowie soziologisch-massenkommunikativen Akzente seiner Kultur- und Kunstauffassung zu resümieren suchte: *Das Kunstwerk im Zeitalter seiner technischen Reproduzierbarkeit.*[9] Denn diese Thesen, in der Spätphase der Arbeit am *Passagen*-Projekt von Benjamin als deren wichtigstes methodologisches Seitenprodukt hervorgebracht, fixierten mit ihren Ausführungen über mo-

Zeitschrift für Sozialforschung

Herausgegeben im Auftrag des

INSTITUTS FÜR SOZIALFORSCHUNG

von Max Horkheimer

Jahrgang V 1936 Heft 1

LIBRAIRIE FÉLIX ALCAN / PARIS

L'œuvre d'art à l'époque de sa reproduction mécanisée.

Par
Walter Benjamin.

I

Il est du principe de l'œuvre d'art d'avoir toujours été reproductible. Ce que des hommes avaient fait, d'autres pouvaient toujours le refaire. Ainsi, la réplique fut pratiquée par les maîtres pour la diffusion de leurs œuvres, la copie par les élèves dans l'exercice du métier, enfin le faux par des tiers avides de gain. Par rapport à ces procédés, la reproduction mécanisée de l'œuvre d'art représente quelque chose de nouveau ; technique qui s'élabore de manière intermittente à travers l'histoire, par poussées à de longs intervalles, mais avec une intensité croissante. Avec la gravure sur bois, le dessin fut pour la première fois mécaniquement reproductible — il le fut longtemps avant que l'écriture ne le devînt par l'imprimerie. Les formidables changements que l'imprimerie, reproduction mécanisée de l'écriture, a provoqués dans la littérature, sont suffisamment connus. Mais ces procédés ne représentent qu'une étape particulière, d'une portée sans doute considérable, du processus que nous analysons ici sur le plan de l'histoire universelle. La gravure sur bois du moyen âge, est suivie de l'estampe et de l'eauforte, puis, au début du XIXe siècle, de la lithographie.

Avec la lithographie, la technique de reproduction atteint un plan essentiellement nouveau. Ce procédé beaucoup plus immédiat, qui distingue la réplique d'un dessin sur une pierre de son incision sur un bloc de bois ou sur une planche de cuivre, permit à l'art graphique d'écouler sur le marché ses productions, non seulement d'une manière massive comme jusques alors, mais aussi sous forme de créations toujours nouvelles. Grâce à la lithographie, le dessin fut à même d'accompagner illustrativement la vie quotidienne. Il se mit à aller de pair avec l'imprimé. Mais la lithographie en était encore à ses débuts, quand elle se vit dépassée, quelques dizaines d'années après son invention, par celle de la photographie. Pour

»Das Kunstwerk ist grundsätzlich immer reproduzierbar gewesen.« (VII. 1, 351.)
Erstdruck der französischen Version von Benjamins *Kunstwerk*-Thesen in der *Zeitschrift für Sozialforschung*, 1936

derne »mechanische Erfindungen« und »gesellschaftliche Veränderungen«, welche »die Funktion der Kunst wandeln« (I. 2, 1047), gerade den »gegenwärtigen Standort, dessen Gegebenheiten und Fragestellungen maßgebend für den Rückblick ins neunzehnte Jahrhundert sein sollen« (Br 2, 702). Die historischen »Rückblicke« der *Passagen*-Arbeit auf die – modellhaft für das gesamte 19. Jahrhundert stehende – Pariser Gesellschaft und Kultur des Second Empire sollten also dazu dienen, grundlegende, im 20. Jahrhundert weiterwirkende Veränderungen in Gegenständen, Traditionsbezügen, Methoden und Funktionen der Künste, wie sie mit der industriellen Umwälzung und den bürgerlichen politischen Revolutionen des 19. Jahrhunderts einsetzten, in ihrem vorwärtstreibenden Widerspruchscharakter, in ihrer Historizität und Zukunftsträchtigkeit komplex zu erschließen und neu zu werten. Durch diese »philosophische Rekogniszierung der Moderne« (ebd., 793) und ihr Streben nach »größter Anschaulichkeit« (V. 2, 1217) in Benjamins *Passagen*-Projekt und die unmittelbar an dieses angrenzenden *Baudelaire*-Studien erfuhren umgekehrt seine *Kunstwerk*-Thesen eine erheblich stärkere sozial- und kulturhistorische Plastizität, infolgedessen viele theoretisch bedeutsame Präzisierungen, zum Teil auch schroffe Korrekturen. Und so vermag dieses vielzitierte »work in progress« Walter Benjamins gerade im kulturhistorischen Horizont der *Passagen*-Arbeit heutzutage um so dringlicher darauf zu verweisen, daß die theoretische Auseinandersetzung besonders mit dem vielschichtigen Verhältnis von Produktivkraftentwicklung – welche einschließt die Entstehung neuer Produktions- und Reproduktionstechniken sowie Rezeptionsweisen für die Künste –, sozialen Bedingungen und ästhetischer Subjektivität eine weiträumige und widerspruchsvolle Geschichte hat und also nicht losgelöst von dieser geführt werden kann.

Industrialisierung der Künste

Bereits 1927, im Jahr des Beginns der Arbeit an den *Passagen,* akzentuierte Benjamin in seiner *Erwiderung an Oscar A. H. Schmitz,* einem polemischen Beitrag zur deutschen Diskussion über Sergej Eisensteins Film *Panzerkreuzer Potemkin* (1925), die seit dem 19. Jahrhundert sich vollziehende »Revolution der Technik« (II. 2, 753) in ihrer Bedeutung für die Geschichte der Künste, der »künstlerischen Formationen« (ebd., 752). Diese sah er vor allem in der Entstehung von neuen Medien und Kunstformen wie Fotografie und Film sowie in deren Neuerertum im Hinblick auf die Inhalt-Form-Dialektik und die Aneignung der jeder Kunstepoche

Neue »Bildproduktion«: Fotografen beim Reproduzieren von Gemälden und beim Porträtieren
Kalotypie von H. Fox Talbot, um 1845

innewohnenden politischen Potentiale: »Die technischen Revolutionen – das sind die Bruchstellen der Kunstentwicklung, an denen die Tendenzen, je und je, freiliegend sozusagen, zum Vorschein kommen.« (Ebd.) Diese – von technikfetischistischen und evolutionaristischen Zügen allerdings nicht freie – Parallelisierung von technologischem, politischem und künstlerischem Fortschritt, wie sie sich auch in den Konzepten der zeitgenössischen Avantgarden findet,[10] wurde von Benjamin in den dreißiger Jahren zunächst beibehalten. Sie ist daher auch die wesentliche theoretische Grundlage seiner *Kunstwerk*-Thesen. Hier versuchte er einen Begriff umzufunktionieren, in den Horizont einer antifaschistischen »Politisierung der Kunst« (VII. 1, 384) zu treiben, den er aus zum Teil elitären kulturkritischen Reflexionen sowohl von Aldous Leonard Huxley, dem Verfasser der bekannten pessimistischen Anti-Utopie *Brave New World* (1932;

Eine »Apparatur« des 19. Jahrhunderts: die Zeitungsrotationsmaschine »Walterpresse« von 1866

Welt – wohin? 1932; *Schöne neue Welt,* 1953), als auch von Paul Valéry, Autor der kunsttheoretischen *Pièces sur l'art* (1931; *Über Kunst,* 1959), übernahm: den der »technischen Reproduktion« beziehungsweise der »technischen Reproduzierbarkeit« (vgl. I. 2, 473, Anm. 21; I. 3, 1049, 1062).[11] Durch eine weitgehend ahistorische, zum Beispiel die bürgerlich-progressive Emanzipation der Künste vom Mittelalterlich-Sakralen unterschlagende, Konfrontation eines abstrakten »Zeitalters« der »technischen Reproduzierbarkeit« mit einer ebenso abstrakten »Urzeit der Kunst« oder gar mit der »Urzeit« (VII. 1, 358) überhaupt waren aber die gewaltigen stofflichen und methodischen Probleme, denen sich Benjamin bei der Arbeit an seinen »Passagen« durch das 19. Jahrhundert gegenübersah, nicht zu lösen.[12]
Programmatisch für sein Bemühen um historische Plastizität und theoretische Differenziertheit steht daher der Titel eines ebenfalls nicht realisierten, in den unmittelbaren Zusammenhang seines *Passagen*-Projekts gehörenden Buchvorhabens, das er 1938 als dessen »Miniaturmodell« (Br 2, 750) bezeichnete: *Charles Baudelaire. Ein Lyriker im Zeitalter des Hochkapitalismus* (1938/39).[13] Und dieses »Zeitalter« war ja auch das der Entstehung der historischen Vorläufer jener »bürgerlichen Produktions-

»Massenhafte Reproduktion des Bildes«: Reklameplakat für Jaques Offenbachs Operette *Die Großherzogin von Gerolstein,* 1867
Lithographie von Jules Cheret, 1869

»Haussmannisierung«: der Durchbruch der Avenue de l'Opéra, 1877

und Publikationsapparate« (II. 2, 692) des 20. Jahrhunderts, auf die sich Benjamin in seinem Vortragsmanuskript *Der Autor als Produzent* (1934) bezieht, um – in Anlehnung an Bertolt Brechts Schrift *Der Dreigroschenprozeß. Ein soziologisches Experiment* (1931; vgl. BRECHT 1966, I, 180, 206) – die Notwendigkeit der »Vergesellschaftung der geistigen Produktionsmittel« (II. 2, 691) und der »Umfunktionierung« (ebd., 701) traditioneller Künste zu begründen. Daher gilt den Institutionen beziehungsweise den »Apparaten« (I. 2, 630) der bürgerlichen Kunstindustrie, die im 19. Jahrhundert Kunstprozesse in ihren produktiven wie in ihren rezeptiven Dimensionen mittels neuer »Apparaturen« (VII. 1, 365) steuerten, ein wesentlicher »Durchblick« des *Passagen*-Projekts. So bietet dessen historischer Fundus reiches Material zur Entwicklung der neuen technisch-künstlerischen »Apparaturen« – wie der Schnelldruckpresse, der Lithographie und der Fotografie – und ihrer vielfältigen Anwendung in den »Apparaten« – wie der illustrierten Boulevardpresse, dem Ausstellungswesen, der Reklame und dem Vergnügungsbetrieb – im Paris des Second Empire.[14] Denn über sie vollzog sich ja, was Benjamin zuerst in der *Kleinen Geschichte der Fotografie* von 1931, dann in den *Passagen* mit »Industrialisierung« (II. 1, 368; V. 2, 1209) der Künste benennt – mit

Pariser Bahnhofsbau: Gare de Strasbourg
Zeichnung von Fichot, Stich von Guillomot

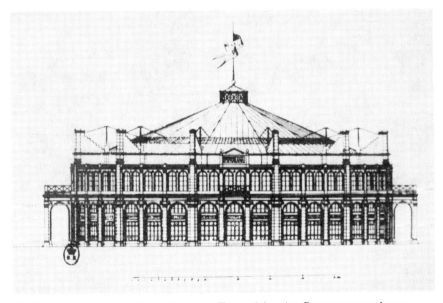

Ein Massenmedium des 19. Jahrhunderts: Entwurf für eine Panoramarotunde von Jaques-Ignace Hittorf, 1839

Glas- und Eisenarchitektur des 19. Jahrhunderts: Pflanzenhaus

einem Begriff, der weit mehr erfaßt als die sichtlich massive »Reproduzierbarkeit« von Kunst, den quantitativen Fortschritt der »Reproduktionstechnik« (VII. 1, 351), die erweiterte Bildproduktion und visuelle Kommunikation.
Allein von den »Apparaturen« und »Apparaten« der bürgerlichen Kunst-

industrie her war aber die Neuprägung des »technischen Standards« (II. 2, 504) der Künste, den Benjamin in seiner Exilschrift *Eduard Fuchs, der Sammler und der Historiker* (1934–1937) dem »vagen Kulturbegriff in der landläufigen Geistesgeschichte« (ebd.) entgegenstellt, nicht hinreichend zu erschließen. Vielmehr mußten diese Techniken und Institutionen von ihrer Funktion innerhalb des sozialen und kulturell-ästhetischen Gesamtkontextes des Pariser Milieus, einem Kommunikationssystem mit bestimmten erfahrungsprägenden »Grundsituationen« (V. 1, 414) und »Konstanten« (V. 2, 640), her begriffen werden. Darauf verweisen Benjamins umfangreiche Materialien und Kommentare zu grundlegenden ökonomischen, politischen und kulturellen Veränderungen innerhalb dieses historischen Raums und seiner kulturellen Infrastruktur zwischen 1848 und 1871, durch welche auch die Künste, ihre Gegenstände, Methoden, Traditionsbezüge, Rezeptionsweisen, Gattungs- und Genrebeziehungen schneller und tiefer in den Alltagskontext hineingezogen wurden, als es jemals zuvor der Fall war: Materialien und Kommentare zur industriellen Massenproduktion und universellen Warenwelt, zum Bonapartismus, zur Bohème und zu den in der Pariser Kommune gipfelnden politischen Bewegungen (vgl. I. 2, 513-536), zur raumgliedernd-funktionalen Konzentration von Handel und Behörden und zur auf soziale Befriedung zielenden Anlegung der großen Boulevards im Zuge der »Haussmannisierung« (vgl. III, 435f.), zur Ausprägung der bürgerlich-kapitalistischen Industriekultur, welche einschloß unter anderem das Entstehen eines modernen Verkehrswesens (mit der Neukonstituierung des Raum-und-Zeit-Erlebens) und der Eisen- und Glasarchitektur als Ingenieurkonstruktion in den Bahnhofsbauten, Casinos und Passagen (mit der Neustrukturierung des Verhältnisses von Privatheit und Öffentlichkeit).[15] Derart in ihrem Zusammenhang mit übergreifenden Wandlungen im Paris des Second Empire und von ihnen ausgelösten subjektiven »Übergangserlebnissen« (V. 1, 516) und »Schwellenerfahrungen« (V. 2, 617) gesehen, können die »Apparaturen« und »Apparate« der bürgerlichen Kunstindustrie abseits jeglicher Fetischisierung erst als das erscheinen, was sie wirklich waren: nämlich nicht nur als Verbreitungsinstanzen, sondern als Grundelemente des materiell-technischen Entstehungs- und Wirkungskontextes künstlerischer Aneignung, als Vermittlungen zwischen gesellschaftlichen Verhältnissen und Kunstproduktion beziehungsweise -rezeption, als Schlüsselphänomene sich objektiv durchsetzender ökonomischer, politischer und kultureller Veränderungen und subjektprägender Wirkungen im ästhetisch-künstlerischen Bereich.
Diese komplex-widerspruchsvollen Basisprozesse mit ihren tiefgreifenden

und langfristigen Wirkungen – und nicht nur, wie es die *Kunstwerk*-Thesen häufig suggerieren, die universelle »technische Reproduzierbarkeit« – organisierten auch die alltägliche massenhafte »Wahrnehmung« (VII. 1, 354) neu.[16] Insofern überwinden erst Benjamins *Passagen* die entscheidende Grenze der Analysen seines großen Anregers aus der Wiener Schule der Kunstgeschichtsschreibung, Alois Riegl (des Verfassers von *Die spätrömische Kunst-Industrie nach den Funden in Österreich-Ungarn,* 1901, 2. Aufl. 1927), eine Grenze, welche die Thesen darin sahen, daß sie nur die »formale Signatur« von Wahrnehmungsveränderungen, nicht »die gesellschaftlichen Umwälzungen« aufgewiesen hätten, welche diesen zugrunde lagen; denn die Wahrnehmungsprozesse der Individuen seien »nicht nur natürlich, sondern geschichtlich bedingt« (ebd.; vgl. auch III, 50f.).[17] Benjamins eigene – sowohl technikfetischistische als auch neoromantische, sowohl mehrdeutige als auch vereinfachende – Formel vom »Verfall der Aura« (ebd., 355) war aber kaum geeignet, das überzeugend nachzuweisen und damit zur Bewältigung auch der Problematik der zunehmend technisch-medial mitbestimmten künstlerischen Aneigung und Rezeption beizutragen.[18]

Die *Passagen*-Materialien und -Interpretationen offenbaren, daß die tiefere Einbettung der Künste in den kulturellen Alltagskontext durch ihre »Industrialisierung« es erforderlich machte, das einzelne Kunstwerk als »Kristall des Totalgeschehens« (V. 1, 575) zu analysieren, als aktiven »Ausdruck« (ebd., 574) neuer gesellschaftlicher Spannungsverhältnisse, neuer künstlerischer Distributions- und Rezeptionsbedingungen und der forcierten Mitprägung der »Veränderungen der Wahrnehmung« (VII. 1, 354) durch die Institutionen der bürgerlichen Kunstindustrie. »Ausdruck« beziehungsweise »Ausdruckscharakter« (V. 1, 574) sind dabei Benjamins Pilotbegriffe, die er in Auseinandersetzung sowohl mit gängigen reduktionistischen, mechanisch-materialistischen Vorstellungen von einem »einfachen Abspiegeln« (ebd., 495) nur der ökonomischen Basis im kulturellen Überbau als auch mit der lebensphilosophischen, vom sozialen Gehalt der Ausdrucksbewegungen, ihrer Abhängigkeit vom sozialen Milieu absehenden Konzeption von Ludwig Klages, Autor unter anderem von *Ausdrucksbewegung und Gestaltungskraft* (1913), entwickelte.[19] Denn Benjamin, der »Autor als Produzent«, wollte mit seinen kulturhistorischen *Passagen* ja nicht nur Beiträge zur historisch-plastischen Beantwortung der Frage leisten, wie Kunstwerke »**zu** den Produktionsverhältnissen der Epoche« – »reaktionär« oder »revolutionär« –, sondern wie sie »**in** ihnen« stehen (II. 2, 685f.; vgl. auch I. 3, 1251). Um den »Ausdruckszusammenhang« (V. 1, 573) der bürgerlichen ästhetischen Kultur des 19. Jahrhunderts und ih-

rer Produkte aber möglichst allseitig zu erfassen, war es auch notwendig, umgekehrt der Frage nachzugehen, die der *Fuchs*-Essay formuliert, nämlich wie »**im** Werk das Lebenswerk, **im** Lebenswerk die Epoche und **in** der Epoche der Geschichtsverlauf aufbewahrt ist und aufgehoben« (II. 2, 468). Also versuchte Benjamin anhand von Gedichten Baudelaires, serienmäßig erscheinenden Feuilletonromanen, Lithographien Daumiers, Grafiken Grandvilles und Gemälden Delacroix', aber auch von Phantasieschöpfungen der Reklame, Sensationsberichten der Boulevardpresse und Revuen des Unterhaltungsbetriebes – ohne deren Einbeziehung die sogenannte hohe, oder, wie Benjamin schreibt, die »'reine' Kunst« (VII. 1, 356) weitgehend geschichtslos geblieben wäre[20] – nachzuweisen, wie sich im Paris des Second Empire die neuen sozialen »Grundsituationen« des kapitalistischen Industriezeitalters und ihre »Wahrnehmung« thematisch und gestalterisch in neuen künstlerischen »Hauptmotiven« (V. 1, 414) niederschlugen, wenn auch nicht immer gleich »unmittelbar faßlich« (ebd., 398).
So bedeutet die »Industrialisierung« der Künste im 19. Jahrhundert nicht nur zunehmende kommerzielle Verbreitung in einem qualitativ neuen kulturellen Kontext, sondern – im Zusammenhang damit – auch neue Gegenstands- und Methodenwahl: Vor allem der »Bildschatz der Technik« (V. 2, 1212), die Rationalität und Konstruktivität von Industriearbeit, die »Erfahrungen des Neurasthenikers, des Großstädters und des Kunden« (I. 3, 1169) und die vielfältigen »Spielarten des reaktiven Verhaltens der Massen« (V. I, 267) werden in wachsender Wirklichkeitsorientierung authentisch pointiert. Und diese Aneignung sozial prägnanter Gegenstände forderte und förderte zwangsläufig zugleich die Entwicklung neuer »künstlerischer Verfahrensweisen« (VII. 1, 352), die in ihrer technisch-medialen Prägung Ausdruck unter anderem auch der Wirkungsweise der »Apparaturen« und »Apparate« – als wesentlichen Erscheinungsformen des »Einbruchs der Technik ins Reich der Kunst« (V. 2, 1221) – waren und die daher den Begriff des Künstlerischen zu erweitern nötigten. Zu diesen Methoden gehörten Frühformen des Dokumentar- und Sensationsstils, der schockhaften Montage mit »journalistischem Einschlag« (ebd., 929), welche der prozeßhaft-simultanen, »panoramatischen« (ebd., 834) Vergegenwärtigung unterschiedlicher Sujets, des Diskontinuierlichen, des Bruchstückenhaften und Zufälligen, des alltäglich Imaginativen dienten und der künstlerischen Synthese von sozialkritisch-operativer und ästhetischer Wahrnehmung, damit der provozierenden Aktivierung der Sinne zwecks größerer Tiefenschärfe gegenüber den sich verschwommen darbietenden Alltagsabläufen. Gerade diese Phänomene der Kultur- und

Kunstgeschichte des 19. Jahrhunderts wären mit einem eng gefaßten Modell von künstlerischer »Abbildung« oder »Widerspiegelung« – das sind Begriffe, die Benjamin in seiner Kunsttheorie, wie die Autoren der französischen Volksfrontliteratur,[21] nicht verwendet –, einem Modell künstlerischer Aneignung also, das von realer – und das heißt auch: massenhaft und alltäglich erfahrener – Epochen- und Kunstentwicklung abstrahiert, nicht hinreichend zu erfassen gewesen.

»Industrialisierung« der Künste heißt in Benjamins *Passagen* und *Baudelaire*-Studien ferner, daß die neuen Tendenzen in Gegenstands- und Methodenwahl sich mannigfaltig auf die Beziehungen zwischen den Gattungen und Genres der Künste auswirken: Im Ringen um soziale Prägnanz, Kreativität, Phantasiereichtum und »Neuheit« (I. 2, 680) entstehen Verhältnisse der »Konkurrenz« (I. 3, 1045) – zum Beispiel zwischen Malerei und Fotografie, deren Ursprüngen und Auswirkungen Benjamin auch in seinen Schriften *Kleine Geschichte der Fotografie* (1931) und *Pariser Brief. Malerei und Fotografie* (1936) nachging[22] –, die »Desorganisation« (I. 2, 688) der Stile und der herkömmlichen Beziehungen zwischen hoher (oder »reiner«) Kunst und funktionaler, angewandter; entstehen aber auch zahlreiche Analogien in Gegenstandsbezügen und Darstellungsarten. Mit diesen Veränderungen des traditionellen Gattungs- und Genregefüges erfaßt Benjamin Erscheinungsweisen eines neuartigen Prozesses kunstpraktischer Kommunikation über unterschiedliche Realitätserfahrung und -aneignung, über differenzierte Produktions- und Rezeptionsweisen unter den Bedingungen der – von den »Apparaten« verstärkten – Grenzüberschreitung und -verwischung zwischen Alltag, Massen und Künsten, zwischen verschiedenen Öffentlichkeiten, Kultursegmenten und medialen Substanzen schon im 19. Jahrhundert.

Alle diese rekonstruktiven Materialdarbietungen und -interpretationen waren Benjamin im *Passagen*-Projekt aber primär Mittel zum – konstruktiven – Zweck: Erschlossen wird im historischen »Rückblick« eine neue Dialektik von technologischem Fortschritt, sozialen Bedingungen und künstlerischem Ausdrucksbedürfnis, eine Dialektik mit Langzeitwirkung, in der sich der von ihm immer wieder – prononciert in seinem Exilwerk – anvisierte »Funktionswechsel« (VI, 227 f.) der Künste vorbereitete. Die *Kunstwerk*-Thesen versuchten diesen in den – weitgehend abstrakt und undialektisch, ja unrealistisch bleibenden – Konfrontationen von »auratischer« (kultischer, neoromantischer, distanzlos sinnender, Einmaligkeit und Originalität fetischisierender) Kunst und »politisierter« (das heißt: sowohl didaktisch-aufklärerisch als auch technisch-kommunikativ optimierter) Kunst, von »Sammlung« und »Zerstreuung« (VII. 1, 380), »Kultwert«

und »Ausstellungswert« (ebd., 360) aufzuzeigen. Das erinnert zum Beispiel an Bertolt Brechts theoretische Beiträge zur »Überwindung der alten untechnischen, antitechnischen, mit dem Religiösen verknüpften, 'ausstrahlenden' Kunst« in *Der Dreigroschenprozeß* (BRECHT 1966, I, 180; vgl. auch 199). Benjamins *Passagen* wollten nun diese kritische Tradition ästhetischen Denkens, in die auch Hanns Eislers Reflexion der Technifizierung von Kunstproduktion, -distribution und -rezeption in ihrem Zusammenhang mit gesellschaftlichen Veränderungen in *Zur Krise der bürgerlichen Musik* (1932; vgl. EISLER 1985, 185f.) und in *Gesellschaftliche Umfunktionierung der Musik* (1936; vgl. ebd., 370–375) gehört,[23] sozial- und kulturhistorisch dimensionieren und mobilisieren. Denn die Entwicklungen, die sie für das 19. Jahrhundert konstatierten, waren ja verbunden mit neuen Wirklichkeitsentdeckungen und Gestaltqualitäten, die bereits über deren eigenen gesellschaftlichen Boden und die »dämonische oder magische Aura« (ADORNO 1937) bürgerlicher Kunst hinauszuweisen und auf die erhoffte neue, politisch progressive »Funktion der Kunst« zu deuten begannen, die Benjamin entschiedener zu einem theoretischen Ausgangspunkt seiner Darstellungen machte als zum Beispiel Siegfried Kracauer in seiner bekannten – vor allem in stofflicher Hinsicht vielfach mit Benjamins *Passagen*-Projekt und *Baudelaire*-Studien vergleichbaren – »Gesellschaftsbiographie« und »Stadtbiographie« *Jacques Offenbach und das Paris seiner Zeit* (1937; KRACAUER 1976, 10).[24] Dafür sprechen auch seine Versuche, langfristig weiterwirkende regressive Tendenzen der »Industrialisierung« der Künste im »Zeitalter des Hochkapitalismus« möglichst tiefgründig aufzuspüren.

Industrialisierung des Kults

Frühe fragmentarische Aufzeichnungen Benjamins über *Kapitalismus als Religion* (1921), die sich unter anderem mit Sigmund Freuds *Totem und Tabu* (1913), Bruno Archibald Fuchs' *Der Geist der bürgerlich-kapitalistischen Gesellschaft* (1914) und Max Webers *Gesammelten Aufsätzen zur Religionssoziologie* (1920/21) auseinandersetzen und auch erste Anzeichen einer Marx-Rezeption offenbaren, deuten den Kapitalismus idealistisch als »reine Kultreligion«, als »Zelebrierung eines Kultus« mit universal »verschuldendem« Effekt (VI, 100), formulieren eine wichtige Fragestellung, die Benjamin auch später, vor allem in seinen *Passagen*, beschäftigte, nämlich die danach, »welche Verbindungen mit dem Mythos je im Lauf der Geschichte das Geld eingegangen ist (...), um den eignen

Mythos zu konstituieren« (ebd., 102). Sie korrespondiert mit jener Denkfigur, die Benjamin in Louis Aragons Schilderung der Pariser Passage de l'Opéra als dem Ort des Zusammentreffens von Moderne und Mythos angelegt fand. Doch verharrte Aragon in einem surrealistischen »Traumbereich«, der »Mythologie«, was bei ihm zu vielen »gestaltlosen Philosophemen« führte; dagegen ging es Benjamin um eine »Konstellation des Erwachens« durch »Auflösung der 'Mythologie' in den Geschichtsraum« (V. 1, 571).

Und dieser »Geschichtsraum« – das Paris des Second Empire – war ja beherrscht auch von der »Hochblüte der Spekulation« (V. 2, 1247) des Industrie- und Handelskapitals und der alltäglich erlebbaren »dialektischen Synthesis aus Misere und Üppigkeit« (ebd., 1113), von der industriellen Warenproduktion, dem Zirkulations-, Konsumtions- und Repräsentationstaumel des erstmalig saturierten Bürgertums und dem verstärkten Hineinreißen von Kunst in den kapitalistischen Verwertungsprozeß mit vielen – den Betroffenen mehr oder weniger bewußten – Eingriffen in individuelle Produktions- und Rezeptionsvorgänge. Denn die von Benjamin herausgehobenen »Apparate«, wie die illustrierte Massenpresse als Teil des wachsenden »offnen Marktes« (I. 2, 688) für Literatur und als Medium ihrer Ausrichtung auf ein neues Zielpublikum, forderten ja kommerziell verwertbare Kreativität, »marktgerechte Originalität« (V. 1, 420), und förderten Strategien der Popularität, der Provokation und der Abgrenzung von der »Konkurrenz«, wie sie im Feuilletonroman zu finden waren, förderten also auch die »Konkurrenz« der Gattungen und Genres; Fotografie und Reklamegrafik griffen im Ringen um »Neuheit«, der entscheidenden »Stimulanz der Nachfrage« (I. 2, 680), literarische und bildkünstlerische Motive auf; die öffentlichen Rundbilder der Panoramen mit ihren kulissenhaften Bilderfluchten, ihrem illusionistischen, auf Fern- und Rundblick ausgerichteten Fotorealismus standen ebenso für neue, kommerziell angesprochene ästhetische Bedürfnisse und ideologische Interessen (zum Beispiel an harmonisierender Geschichtsdarstellung) sowie für »modische Veränderungen« (V. 1, 49) künstlerischer Gegenstände und Techniken wie die Weltausstellungen mit ihrer attraktiven Projektion der Gegenwart des Industriekapitalismus in das Kosmische und ihrer Verkoppelung mit dem umsatz- und steuerträchtigen Vergnügungsbetrieb.

Auch diese Entwicklungen erforderten, das historische Kunstwerk als »Kristall des Totalgeschehens« zu analysieren: als Zeugnis für den Widerspruchscharakter der bürgerlichen ästhetischen Kultur, für die »Zweideutigkeit, die den gesellschaftlichen Verhältnissen und Erzeugnissen dieser Epoche eignet« (ebd., 55), für die Synthese von Industrialisierung und Ka-

»Hochblüte der Spekulation«: in der antikisierten Halle der Pariser Börse
Zeichnung von Morin, Stich von Coste

pitalisierung, von Moderne und Mythos; als Zeugnis auch dafür, wie sich in seiner »bildlichen Erscheinung« (V. 2, 1246) die Tatsache dartat, daß wirtschaftliche Grundlagen und Gesetzmäßigkeiten »nicht erst in theoretischer Verarbeitung ideologisch, sondern in unmittelbarer Präsenz sinnlich 'verklärt' werden« (ebd., 1256).
Darum sind nach Benjamin zum Beispiel auch jene bildenden Künstler »zweideutig«, die sich in anarchistischer Opposition, im Kampf gegen den zunehmenden Warencharakter ihrer Produkte befinden und die »Innerlichkeit« (V. 1, 53; V. 2, 1230) zu mobilisieren suchen – ein im Jugendstil gipfelnder Versuch, in artistischer Konstruktion, die eine »regressive Auslegung der Technik« und eine »Verklärung« (I. 2, 672) der Natürlichkeit vornahm, die Künstlichkeit der eigenen sozialen Stellung zu betonen.[25] Sie offenbaren so eine »Innerlichkeit«, die von Äußerlichkeit, darunter den neuen Verkehrsformen der kapitalistischen »Industrialisierung« der Künste, gesteuert ist. »Zweideutig« sind dann auch gerade die Vertreter der Reklamekunst, die unmittelbar bildhaft mittels dekorativer Ornamentalisierungen, Überhöhungen, Analogiebildungen und Pseudoindividualisierungen in Einheit mit demonstrativen Konsumsignalen die »Ästhetisierung« der Ware, die »Amalgamierung wichtiger Elemente der Kunst mit den Interessen des Kapitals« (I. 3, 1043) zu vollziehen haben, in einer Kunstproduktion also, »mit der der Traum sich der Industrie aufdrängt« (V. 1, 232).
Das waren Akzente, welche durch die optimistischen Erwartungen von Benjamins »Programmschrift« über *Das Kunstwerk im Zeitalter seiner technischen Reproduzierbarkeit,* fußend auf der Parallelisierung von technischem, politischem und künstlerischem Fortschreiten, weitgehend in den Hintergrund gedrängt wurden; Akzente, welche aber zugleich verweisen auf kritische Anmerkungen Theodor W. Adornos in einem Brief vom 1. Februar 1939 zu neueren Arbeiten über »Massenkunst im Monopolkapitalismus« – darunter auch zu seiner eigenen *Über den Fetischcharakter der Musik und die Regression des Hörens* (1938; vgl. ADORNO 1963, 9-45; ADORNO 1973, 14-50) –, in denen er eine »Tendenz zur Jeremiade und zum Schimpfen« bemerke und vermisse, »daß es weniger um Intrigen der Industrie als um objektiv sich durchsetzende Tendenzen geht« (I. 3, 1034; vgl. auch 1099). Allein durch Aufspüren der Ruinen der Vermarktung und der dominant gewordenen Tauschabstraktionen, ihr Verneinen oder Umgehen, durch ideologische Kritik an der Entstellung von technologischem Fortschritt, Vergesellschaftung und ästhetischer Aneignung unter den Bedingungen der kapitalistischen Warenproduktion und -zirkulation, an der Diskrepanz zwischen traditionellen Humanitätsidealen

einerseits und Herrschaftsmechanismen und Profitinteressen andererseits, an harmonisierender bürgerlicher »Kulturgeschichte« usw. war der Widerspruchscharakter der bürgerlichen ästhetischen Kultur in seiner Historizität und in seinen weiterwirkenden Potentialen tatsächlich nicht zu bewältigen. Zunächst einmal war ja die »Umschmelzung geistiger Werte in Waren« ein, wie es in Brechts *Dreigroschenprozeß* heißt, »fortschrittlicher Prozeß« (BRECHT 1966, I, 182), der nicht gegen den künstlerischen Eigenwert sprach. Die neuzeitlichen »Intrigen der Industrie«, die Adorno aufgrund seiner »amerikanischen Erfahrungen« (I. 3, 1034) gut kannte, aber auch die der Vorformen der bürgerlichen »Kulturindustrie« (vgl. ADORNO/EISLER 1977, 33, 124; HORKHEIMER/ADORNO 1986, 108-150), die Benjamin untersuchte, mußten von ihrer wirklichen sozialökonomischen Basis her erfaßt werden.

Benjamin hatte deshalb 1935 damit begonnen, sich im ersten Band von Karl Marx' *Das Kapital. Kritik der politischen Ökonomie* (1867) »umzusehen« (V. 2, 1122),[26] wie er in einem Brief an Adorno vom 10. Juli formulierte, und er stieß dabei auf Marx' Aussagen über den Warenfetischismus, der sich aus der Warenproduktion objektiv ergibt, und über die Tatsache, daß der gesellschaftliche Charakter der Arbeit vermittels der Wertabstraktionen der kapitalistischen Produktion den Produzenten als gegenständliche, dinghafte Charaktere der Arbeitsprodukte zurückgespiegelt wird, das heißt die »phantasmagorische Form eines Verhältnisses von Dingen« (MEW 23, 86; vgl. auch MEW 25, 838f.) erhält.[27] Daran anschließend bestimmte Benjamin eines der Hauptthemen seiner *Passagen:* »die Kultur der warenproduzierenden Gesellschaft als Phantasmagorie« (V. 2, 1172; vgl. auch 822). Die in seinen Umkreis gehörenden Materialsammlungen und Interpretationen stellen zugleich Korrekturen der hypothetischen Verkürzungen und Unentschiedenheiten seiner Aussagen in den *Kunstwerk*-Thesen über »Aura«, »Kultwert« und das »kultische Fundament« (VII. 1, 362) von traditioneller Kunst dar.

Ästhetisierung der Industrie

Die »Industrialisierung« der Künste im kapitalistischen Industriezeitalter »forciert das Auratische« (V. 2, 692), schreibt Benjamin mit Blick auf das Beispiel des Jugendstils. Er geht dabei von der im »Warenfetisch« manifestierten Tatsache aus, daß das 19. Jahrhundert den »neuen technischen Möglichkeiten« nicht mit einer »neuen gesellschaftlichen Ordnung« entsprochen habe (ebd., 1257). Das ist eine Formulierung, mit der Benjamin die energische Dialektik von Produktivkräften und Produktionsverhältnissen sowie der sozialen Kämpfe mehr andeutet als erfaßt – und die so schon anzeigt, wieviel er von politischer Ökonomie zu verstehen und anzuwenden in der Lage war. Aber er konnte mit ihr eine wesentliche diskontinuierliche Parallelität in der Kultur des »Zeitalters des Hochkapitalismus« betonen: die von technischer Revolutionierung der Gesellschaft durch die industrielle Umwälzung – wofür auch die »Apparaturen« der bürgerlichen Kunstindustrie stehen – und modisch-sensationeller »Reaktivierung der mythischen Kräfte« (V. 1, 494), von kapitalistischer Industrialisierung und Intensivierung bürgerlich-archaischer Leitvorstellungen oder »Phantasmagorien« (V. 2, 1256). Diese, in »unendlicher Permutationsmöglichkeit« (ebd., 1207) produziert und reproduziert, dienten objektiv der Tarnung der Privilegienstruktur und der geschichtlichen Begrenztheit dieser bestehenden Ordnung. Es war ja schon im 19. Jahrhundert günstig für den Kapitalismus, wenn er, wie Benjamin in seiner 1935 geschriebenen Rezension zu Bertolt Brechts *Dreigroschenroman* (1934) hervorhebt, »sich eine gewisse Rückständigkeit bewahrt« (III, 440). Das in Keimform schon 1921, in *Kapitalismus als Religion*, gestellte Thema – die »Verbindungen« zwischen Kapital und Mythos in der Moderne – erscheint hier wieder, nun im Rahmen der Bemühungen Benjamins nicht nur um eine Historisierung der »Apparate« in ihrer potentiellen Progressivität, sondern auch der Regressivität der von ihnen unter den Bedingungen der Kapitalisierung des Überbaus und seiner Synthese von Moderne und Mythos produzierten und reproduzierten auratischen »Kultwerte«. Sprach das frühe Fragment noch allgemein davon, daß das Kapital mittels des Mythos in der Moderne zum »Verdrängten« werde, zum in die »Hölle des Unbewußten« (VI, 101) Getriebenen, so weisen die *Passagen* unterschiedliche Formen der im kapitalistischen Industriezeitalter »latenten 'Mythologie'« (V. 2, 1002) nach: die ästhetizistische Transponierung des technologischen Fortschritts in das Kosmische, die modisch-verklärende Rezeption von Kultur- und Kunstgeschichte in architektonischen Klassizismen aller Art, die operettenhaft-vergnügliche politische Kritik in Form der »ironischen Utopie einer dauernden Herrschaft des Kapitals« (V. 1, 52; V. 2, 1229) und die ästhetisch-voyeuristische Verharmlosung der aufgekommenen neuen sozialen Fragestellungen, durch die zum Beispiel »der Arbeiter, außerhalb seiner Klasse, als Staffage einer Idylle« (V. 1, 48) und als Objekt bürgerlichen »Genusses« (II. 2, 693) erscheint. Mit letzterem erreicht der »Kult«, der »Mythos« oder auch die »Phantasmagorie« der »Innerlichkeit« eine politisch-soziale Dimension. Auf diese zielte Benjamin mittels seiner interpretatorischen Hauptmethode, die er als »psychische Ökonomie« (V. 1, 429; vgl. auch I. 2, 662) bezeichnete. Denn er versuchte eine Synthese der Marxschen Aussagen im *Kapital* über die Mystifikation der kapitalistischen Produktion durch ihre Wertabstraktionen, durch den Waren- und Geldfetischismus, der kulturtheoretischen Lehren aus Sigmund Freuds Psychoanalyse sowie literarischer Interpretationspraktiken vor allem des französischen Surrealismus. Er deutete so historisch neuartige kulturell-künstlerische Materialien des 19. Jahrhunderts als vergegenständlichte Formen des »bildschaffenden Unbewußten« (II. 2, 498), als stoffliche Beweisstücke unterschwelliger und »illusionistischer« (V. 2, 1209) Realitätsverarbeitung, als nicht-verbale Sprache mit »halluzinatorischer Funktion« (ebd., 1214), die aber häufig über das Soziale ansonsten Unausgesprochenes offenlegt. Speziell hinsichtlich der kritischen Neuinterpretation zum Beispiel der großbürgerlich-repräsentativ antikisierten Fassaden der »gegenständlichen Umwelt des Menschen«, die im kapitalistischen Industriezeitalter nichtsdestoweniger »immer rücksichtsloser den Ausdruck der Ware« annehme (I. 2, 671), knüpfte Benjamin vielfach an die Untersuchung des Schweizer Kunstwissenschaftlers Sigfried Giedion *Bauen in Frankreich. Eisen, Eisenbeton* (1928; vgl. GIEDION 1987, 124f.) und an Siegfried Kracauers Berlin-Schilderungen, zum Beispiel *Abschied von der Lindenpassage* (1930; vgl. KRACAUER 1964, 31f.), an. Wie diesen Zeitgenossen ging es Benjamin darum, in physiognomisch-sozialpsychologischem Sinne den »Ausdruckscharakter der frühesten Industrieerzeugnisse, der frühesten Maschinen [,] aber auch der frühesten Warenhäuser, Reklamen etc[.]« (V. 1, 574) zu erschließen. Diese reflektierten ja die widerspruchsvolle technische Revolutionierung der bürgerlichen Gesellschaft – direkt oder indirekt in Form von situations- und handlungsprägenden, metaphernbildenden und wahrnehmungsstrukturierenden Elementen. Auf der Materialgrundlage seiner Passagen, die gerade den engen »Korrespondenzen« zwischen der »Welt der modernen Technik und der archaischen Symbolwelt der Mythologie« (ebd., 576) im 19. Jahrhundert großen Raum gibt, unterstreicht Benjamin in theorieintensiven Seitenprodukten dieses seines Hauptprojekts, wie in dem Essay über Eduard Fuchs und in der Rezension zu Dolf Sternbergers Buch *Panorama oder Ansichten vom 19. Jahrhundert* (1938), daher, daß in der bürgerlichen ästhetischen Kultur eine »verunglückte Rezeption der Technik« (II. 2, 473; III, 576) dominiert. Als für diese charakteristische arbeitet er zwei Tendenzen heraus: die neo-romantische Technik-Idyllisierung und die modernistisch-euphorische Technik-Fetischisierung, die einander nur scheinbar widersprechen und in bürgerlicher Kunstproduktion wirksam werden.

So verweist Benjamin anhand von populären Genrebildern des 19. Jahrhunderts mit Technikmotiven aus dem Eisenbahnwesen in archaisch-idyllischen Landschaftsszenerien[28] darauf, daß nicht nur in der philosophischen, sondern auch in der künstlerischen Reflexion der einstige aufklärerisch-emanzipatorische Natur-Topos zum sozial desorientierenden Natur-Neomythos verkommt, mit dessen Hilfe Maschinen von ihrem Werkzeugcharakter im Produktionsprozeß losgelöst, bildhaft verdinglicht, stillgelegt und statt in geschichtliche Horizonte vor pseudohistorische Kulissen gestellt werden.[29] Hinter dieser rückwärtsgewandten, eklektisch-historistischen Darstellungsweise verbarg sich unter den bestehenden Herrschaftsverhältnissen unbewältigte soziale Problematik der kapitalistischen Industrialisierung. Denn: »Der Geschmack, an den sich dergleichen richtete, entsprach dem Bedürfnis, einer Drohung sich zu entziehen. Man suchte sie in dem 'Starren', 'Mechanischen', das den technischen Formen eignet. (Sie war in Wahrheit von einer anderen Art.) Die Beklemmung, die von der Technik ausging, war allgemein. Und man flüchtete vor ihr gern zu den Kindergruppen von Ludwig Knaus, zu den Grütznerschen Klosterbrüdern, zu den Rokokofiguren von Warthmüller oder zu den Dörflern von Defregger.« (III, 576.) Diese neo-romantische Kunst der Weltflucht, bestrebt, bildhaft »Natur und Technik als absolute Gegensätze miteinander zu konfrontieren« (V. 1, 439), stellte für Benjamin daher einen regressiven »Ausfallversuch der in ihrem elfenbeinernen Turm von der Technik belagerten Kunst« (V. 2, 1230) dar.
Aber diese neue Innerlichkeit war nur Entsprechung, Reflex entfremdeter Äußerlichkeit, und diese wiederum fußte auf einer ökonomischen Tatsache, die Benjamin im *Fuchs*-Essay betont: »(...) daß dieser Gesellschaft die Technik nur zur Erzeugung von Waren dient« (II. 2, 475). Aus dieser erklärt er daher auch die »Flucht nach vorn« (III, 574) vor der sozialen Problematik der Industrialisierung in der bürgerlichen Gesellschaft. Für diese stehen Fabrikarbeitsdarstellungen, in denen die »Symbolgewalt technischer Neuerungen in einer Traumwelt« (V. 1, 218) aufgefangen wird, und die Warenpräsentationen auf der Londoner Weltausstellung von 1851 und auf den Pariser Weltausstellungen von 1855 und 1867, welche den Tauschwert attraktiv »verklären« (V. 2, 1228) und die spezifische Form der bürgerlichen Gesellschaft als nicht historisch begrenzt erscheinen lassen, sie im Gegenteil in das Universum projizieren.[30] Das entsprach dem Bedürfnis der herrschenden Klasse nach »Tarnung ihrer materiellen Basis« (II. 1, 319); das war jene perfektionierte kosmische »Phantasmagorie« allmächtiger technischer Dynamik und Modernität, in der »die

»Technische Neuerungen in einer Traumwelt«: Blick in die Maschinenhalle der Pariser Weltausstellung von 1878
Anonymer Holzstich

Bourgeoisie der Ordnung des Eigentums und der Produktion ihr 'Verweile doch, du bist so schön!' zuruft« (V. I, 448).
Mit demselben *Faust*-Zitat (vgl. II. Teil, 5. Akt) stellt der »Emigrant« (V. 1, 437) Benjamin in seiner *Sternberger*-Kritik dann einen unmittelbaren Zusammenhang her zwischen den für den Entzug von Geschichtlichkeit stehenden neo-mythischen »ästhetischen Idealen der Gründerzeit«, wie sie in Genrebildern deutlich wurden, und den »künstlerischen Hochzielen« der faschistischen NSDAP: »Als es dem Bürgertum nicht mehr gegeben war, die Zukunft nach großen Plänen zu konzipieren, sprach es dem greisen Faust sein 'Verweile doch, du bist so schön' nach. Es fixierte im Genre den Augenblick, um das Bild seiner Zukunft loszuwerden. Das Genre ist eine Kunst gewesen, die sich von der Geschichte nichts wissen macht. Seine Vergaffung ins Momentane ist das präziseste Komplement zu dem Wahnbild des Tausendjährigen Reichs.« (III, 577.)
Das führt auf einen wesentlichen Aspekt der Kulturkritik Benjamins, der sich schon in seiner mit *Theorien des deutschen Faschismus* betitelten Rezension zu dem von Ernst Jünger herausgegebenen Sammelwerk *Krieg und Krieger* (1930) findet. Dort bezieht er die archetypisch-verklärenden literarischen Stilisierungsmodi, die künstlerisch überhöhende Gewalt-, Kriegsmaterials-, Helden- und Todesmystik in der Verarbeitung der Erfahrung aus dem I. Weltkrieg durch den deutschen Militarismus und Präfaschismus[31] auf das traditionelle bürgerlich-apologetische, gesellschaftliche Veränderung stets ausblendende Streben danach, »das Geheimnis einer idealistisch verstandenen Natur in der Technik mystisch und unmittelbar zu lösen, statt auf dem Umweg über die Einrichtung menschlicher Dinge es zu nutzen und zu erhellen« (ebd., 247). Seine Erkenntnisstrategie spürt daher auch bereits im 19. Jahrhundert die »Vorstellung einer durch die technische Entwicklung gebannten und gleichsam denaturierten Welt« (V. 1, 439) sowie Verbindungen von »maschinellen Konstruktionen« und »sadistischer Phantasie« (ebd., 447) auf. Und diese gipfeln für ihn dann, wie der *Kunstwerk*-Aufsatz belegt, in den Synthesen von militaristischer »Technisierung«, »masochistischen Wahnvorstellungen« und »Massenpsychosen« (VII. 1, 377) durch die faschistische Propagandamaschinerie, die mittels spezifischer Traditionssuche und Sinnesmanipulation auf die aggressiv-monumentale und unterwerfend-rituelle »Ästhetisierung des politischen Lebens« (ebd., 382), die »Ästhetisierung der Politik« (ebd., 384) und schließlich des Krieges zielt.[32] In seinem während des Exils geschriebenen *Pariser Brief. André Gide und sein neuer Gegner* von 1936 arbeitet er daher als wesentliche Gestalt- und Funktionscharakteristika faschistischer Kunsterzeugnisse neben dem hochstilisierten Äs-

thetizismus, der rituellen Monumentalität und der demagogischen Propagandastruktur auch die »technokratische Umdeutung« (III, 491) der auf »Vergesellschaftung« drängenden Produktionsmittel, die Ausblendung des »Funktionscharakters der Technik« (ebd., 490) heraus. (Nur für solche Phänomene gebraucht Benjamin übrigens den Begriff der »Dekadenz« – ebd., 487.) Denn die faschistische Militarisierung des Lebens und der Künste erscheint dem Exilierten als letzte Konsequenz der Technisierung unter kapitalistischen Verhältnissen, als Zenit der »phantasmagorischen« Besetzung der materiell-technischen Produktivkräfte durch das Bürgertum seit dem 19. Jahrhundert.[33]

Ästhetisierung des Sozialen

Notwendig widmete Benjamin daher der historischen Entstehung einer bürgerlichen »Massenkunst« (II. 2, 503), in deren Bilderwelt sich technische Rationalisierung und irrationale Ästhetisierung, Technikfetischismus und Neoromantizismus mischen, große Aufmerksamkeit. Insbesondere die lithographische und später auch die fotografische Reklamekunst im Frankreich des 19. Jahrhunderts, deren wesentliche, vor allem über Plakate verbreitete Bildmotive sich zum Beispiel schon in präsurrealistischen Zeichnungen von Jean Ignace Isidore Gérard Grandville, dem »Vorläufer der Werbegraphik« (V. 2, 1222), zeigten, steht bei Benjamin zunächst für die Forcierung der »massenhaften Reproduktion des Bildes« (V. 1, 425) als einer wesentlichen Erscheinungsform der industrialisierten ästhetischen Kultur der bürgerlichen Gesellschaft. (Bereits um 1848 war es möglich, innerhalb einer Stunde von einer Grafik rund 10 000 Druckblätter herzustellen.)[34] Mit diesen Vervielfältigungsschüben im Zuge der industriellen Umwälzung einher ging aber, wie Benjamin hervorhebt, die Entwicklung neuer künstlerischer Zeichensysteme, einer gerade das »kollektive Unbewußte« ansprechenden »Bildphantasie« (V. 2, 1157). Das war erkennbar unter anderem an der naturhaft-mythologischen, rätselhaft-wahrsagerischen »allegorischen Personifikation von Waren« (ebd.), einer »Umfunktionierung der Allegorie« mit dem Ziel, »die Ware auf sentimentale Art zu vermenschlichen« (I. 2, 671) und so zur »Einfühlung in den Tauschwert« (V. 2, 963) zu animieren. Allerdings erschöpft sich in seinen Interpretationen Reklamekunst nicht in ihrer ökonomischen Funktion, nämlich im Zeitalter industrieller Massenproduktion durch ästhetische Differenzierung von Waren Kaufreize zu schaffen. Denn sie trägt, da sie in einem engen Wechselverhältnis mit vitalem Verhalten, mit Einstellungen, Wün-

»Allegorische Personifikation«: Reklameplakat für die *Toulouser Depesche*
Farblithographie von Maurice Denis, 1895

schen und kommunikativ-visueller Erfahrung steht, auch zur bürgerlich-apologetischen Ästhetisierung sozialer Fragestellungen bei; sie »zaubert aus der Misere der Zeit die spekulative Idee (oder die Phantasmagorie) des Glücks hervor« (I. 2, 683), indem sie kulturelle Verhaltensmuster und Bewußtseinslagen mit illusionären Sinnverheißungen, mit »bürgerlichen Moden der Bedeutungen« (V. 1, 466) auflädt. Vor dem Hintergrund der Erfahrung der Industrieepoche und ihrer instrumentell-maschinellen Vernunft als »unwirtlich« und »blendend« (I. 2, 609), der industriellen Arbeitsvorgänge als »Hasardspiel« (ebd., 636) kann bürgerliche Massenkunst ihr Neomythisches besonders wirksam in Form von Kontrasterlebnissen des Alltäglich-Imaginativen entfalten, kann sie jene individuellen und kollektiven »Wunschbilder« gezielt ansprechen, produzieren und reproduzieren (im zweifachen Sinne des Begriffs), die dazu geeignet scheinen, »die Unfertigkeit des gesellschaftlichen Produkts sowie die Mängel der gesellschaftlichen Produktionsordnung sowohl aufzuheben wie zu verklären« (V. 2, 1226). Zur eben nur scheinbaren Bewältigung sozialer Problematik der Industrialisierung im 19. Jahrhundert, zu ihrer Maskierung tragen daher bei die Sucht nach Überbietung der Wirklichkeit durch modisches Beseelen toter Dinge und Produkte, die selbstgenießerische Konsumenten-Gemütlichkeit, die Suche nach Sinnsetzung nur im Bestehenden oder in exotischen Fernwelten, die passive Kontemplation und das nur flüchtige Einvernehmen im Umgang mit Mensch und Natur, die bloße Individualisierung und bornierte Provinzialisierung gesellschaftlicher Widersprüche. Die bürgerliche Ästhetisierung der industriellen Produktion und der ökonomischen Sachzwänge, die Verwischung der Konturen der gesellschaftlichen Bewegungen und sozialen Probleme in den »Massenartikeln« (I. 2, 663) einer auch bildhaft auftretenden »Mystik der Konjunktur« (III, 175) wird von Benjamin so als apologetische Kompensation des Schwindens historischer und lebensweltlicher Erfahrung verdeutlicht. Es ist das für ihn ein Ästhetizismus, der den bürgerlichen Industrialismus permanent »überblendet« (I. 2, 671) – und das im Bunde mit populär vermittelten Ideologien, mit jenem »grauenhaften Mischmasch der Stile und Weltanschauungen im vorigen Jahrhundert« (II. 1, 215), den er in seinem Essay *Erfahrung und Armut* von 1933 hervorhebt. Dort schreibt er weiter, aus der Perspektive seiner unmittelbaren Gegenwartserfahrung, seines soeben angetretenen Exils rückschauend und auf den engen Zusammenhang von bürgerlicher Industrialisierung und systemkonformer Ideologiebildung verweisend: »Eine ganz neue Armseligkeit ist mit dieser ungeheuren Entfaltung der Technik über die Menschen gekommen. Und von dieser Armseligkeit ist der beklemmende Ideenreichtum, der mit der Wiederbelebung von Astrologie und Yogaweisheit, Christian Science und Chiromantie, Vegetarianismus und Gnosis, Scholastik und Spiritismus unter – oder vielmehr über – die Leute kam, nur die Kehrseite.« (Ebd., 214f.) Nichtsdestoweniger hielt es Benjamin – wie sein Zeitgenosse Fernand Léger in seiner Schrift *La peinture et la Cité* (*Die Malerei und die Stadt*, 1935; vgl. III, 583f.) – für ein »unfruchtbares« Herangehen, »grundsätzliche Grenzen zwischen Reklame und Kunst fixieren zu wollen«, und hob hervor, »daß in weltgeschichtlicher Konstellation die Extreme einander berühren. Vor dem Plakat gibt es, wie einst vor dem Andachtsbilde, weder Kunstfreunde nach Banausen« (I. 3, 1044; vgl. auch VII. 2, 815f.). Was Benjamin hier zuspitzend in einer Notiz zu seinen *Kunstwerk*-Thesen festhielt, ist charakteristisch für sein Grundanliegen, nüchtern den »Ausdruckscharakter« der bürgerlichen ästhetischen Kultur in ihrer widerspruchsvollen Historizität zu erkennen. Reklamekunst – als »extreme Kunstproduktion« (ebd.) – war ihm besonders sinnfälliger Ausdrucksträger sowohl für neue ästhetische als auch für neue ökonomische Dimensionen von Kunst unter den Bedingungen des kapitalistischen Industriezeitalters, sowohl für den erreichten Grad der »Vergesellschaftung« ästhetischer Bedürfnisse als auch für den der »spezifischen Entwertung der Dingwelt, die in der Ware darliegt« (ebd., 1151), welche er als Fundament auch der »reinen« Kunst des Charles Baudelaire, von dessen Sozialallegorien zu erschließen sich bemühte.[35] Darum heben seine Materialien und Interpretationen in den *Passagen* zur künstlerischen »Inthronisierung der Ware« (V. 2, 1210) zwecks »Einfühlung in den Tauschwert« (ebd., 963) auch eine Vereinfachung auf, die sich in den *Kunstwerk*-Thesen findet: Keineswegs begann ja mit der Reklamekunst und mit der bald im 19. Jahrhundert aufkommenden Anwendung der Fotografie und der Farblithographie in ihr »der Ausstellungswert den Kultwert auf der ganzen Linie zurückzudrängen« (VII. 1, 360; im Original von Benjamin hervorgehoben) – im Gegenteil, Kunstformen wie die Werbefotografie waren eher beider »Werte« wirksame Synthese. Denn das »Auratische« (V. 1, 177) bürgerlicher Kunst trat hier in technisch und kommunikativ optimierter Gestalt auf, wie auch in anderen massenwirksamen Produkten.

»Solange es noch einen Bettler gibt, solange gibt es noch Mythos« (V. 1, 505; V. 2, 1262), heißt es in den *Passagen* an anderer Stelle, in einem Zitat aus Brechts 1933 in erster Fassung erschienenem Stück *Die Rundköpfe und die Spitzköpfe* (vgl. auch VI, 208, 768). Benjamin mußten die historischen »Apparate« nicht nur als mögliche progressive Träger zukunftsweisender Wirklichkeitsentdeckungen und Gestaltqualitäten sowie als regressive Vermittler der »Verbindungen« von Kapital und Mythos in der Kunstproduktion interessieren,[36] sondern auch als Organe der gezielten Ausrichtung massenhafter ästhetischer Subjektivität auf die Interessenlage des Kapitalismus. Die programmatischen *Kunstwerk*-Thesen heben also nicht zufällig – wenn auch ohne genauere Untersuchung der damit verbundenen Stoff- und Formpräferenzen, zu der erst die historischen Rückgriffe des *Passagen*-Projekts beitragen – angesichts der Aktivitäten der modernen »Apparate« der europäischen Kulturindustrie hervor, daß diese »alles Interesse« daran habe, »die Anteilnahme der Massen durch illusionäre Vorstellungen und durch zweideutige Spekulationen zu stacheln« (VII. 1, 372). Damit war das Thema eines weiteren wichtigen historischen »Durchblicks« von Benjamins Hauptwerk formuliert: die Stereotypisierung von Massenverhalten im kulturellen Alltagskontext der bürgerlichen Gesellschaft.

Formierung der Massen

In die Zeit um 1927, da Benjamin Aragons *Le paysan de Paris* las und in seiner *Erwiderung an Oscar A. H. Schmitz* die Bedeutung der Technikentwicklung für Kunstprozesse hervorhob, fallen weitere Schriften, die deutlich zu erkennen geben, daß sich Benjamins historisches Interesse am »Funktionswechsel« der Künste in hohem Maße vor dem Hintergrund der dynamischen sozialen und politischen Auseinandersetzungen im Deutschland der Weimarer Republik einerseits und der verheißungsvoll erscheinenden kulturellen Veränderungen in der jungen Sowjetunion andererseits entwickelte. Deshalb ist die in den späteren *Kunstwerk*-Thesen fixierte Kritik der faschistischen »Ästhetisierung des politischen Lebens« (ebd., 382) schon in Arbeiten wie *Theorien des deutschen Faschismus* (1930) über Ernst Jüngers »Mystizismus« (III, 239) oder »Kultus des Krieges« (ebd., 243) angelegt. Und deshalb findet sich die optimistische Hervorhebung der »literarischen Befugnis« der massenhaften Produzenten in der UdSSR als »Gemeingut« (VII. 1, 372) bereits in Benjamins Berichten zum Beispiel über *Neue Dichtung in Rußland* (1927), die unter den »veränderten Kulturverhältnissen« (II. 2, 755) bestrebt sei, »breiten Kontakt mit der Masse zu finden« (ebd., 757). Dieses Streben stand in kritischem Kontrast zur bürgerlichen »Popularisierung« von systemkonformen Denkmustern mittels der neuesten »Technik der Veranschaulichung« (IV. 1. 2, 527) in Deutschland, wie sie der ökonomisch deklassierte und krisenbewußte Intellektuelle auf seinem Weg von der Weimarer »Einbahnstraße«

zu den Pariser »Passagen« als symptomatisch unter anderem in einem »Epilog zur Berliner Ernährungsausstellung«, *Jahrmarkt des Essens* (1928), registrierte. Wichtig für das Verständnis von Benjamins historisch-soziologischer Konstruktion in den dreißiger Jahren ist schließlich seine in der Schmitz-*Erwiderung* von 1927 vorgenommene Akzentuierung der »Räume des Kollektivs« und der sich in ihnen entfaltenden »Massenbewegung« (II. 2, 753) zwecks Erhellung des potentiell politisch-emanzipatorischen Gegenstandsbezugs des Films.

Ebenso wie die *Kunstwerk*-Thesen setzen sich dann die *Passagen* – diese vor allem über historische Rückgriffe – mit der »zunehmenden Proletarisierung der heutigen Menschen«, mit der »zunehmenden Formierung von Massen« (VII. 1, 371, Anm. 12; 382) auseinander. Denn die geschichtliche Bedeutung des bürgerlichen ästhetisch-kulturellen Milieus im Zeitalter des Industriekapitalismus oder des »Konkurrenzkapitalismus« (ABENDROTH 1968, 67) – von den Boulevards und Passagen bis zum Eisenbahnwesen und der verbreiteten Genrekunst, »von den dauernden Bauten bis zu den flüchtigen Moden« (V. 1, 47; V. 2, 1226) – sieht Benjamin darin, daß in ihm »Massen formiert« (V. 2, 744) werden. Allerdings bieten seine *Passagen* keine Geschichte der Proletarisierung in sozialökonomisch hinreichend fundierter Dimensionalität. In ihnen ging es Benjamin vor allem um jene »psychische Ökonomie«, mit der er sich bemühte, auf die »Bedeutung der Psychoanalyse für das Subjekt der materialistischen Geschichtsschreibung« (V. 2, 1158) aufmerksam zu machen, ihre Entdeckungen »vom Individuum aufs Kollektiv zu übertragen« (ebd., 1012) und so vor allem das »Verhältnis von falschem Bewußtsein und Traumbewußtsein« (ebd., 1217) experimentell zu untersuchen. Das war ein Thema, das schon in einem Fragment *Einiges zur Volkskunst* (1929) auftaucht, wo Benjamin von vergangenen Kunstprodukten als Zeugnissen von »ungewußt Erlebtem« (VI, 186), von »unbewußt durchlebten« (ebd., 187) Momenten und Situationen des menschlichen Daseins spricht, welche in den Individuen die Überzeugung festigten, »unendlich viel mehr erlebt zu haben« als sie »wissen« (ebd., 186). Gerade der dynamische »Geschichtsraum« Paris mit seinen »tausend Konfigurationen des Lebens« (V. 1, 47; V. 2, 1226) bot Benjamin dafür reiches Material, das er vor allem mit Hilfe der für den rationalen Umgang mit menschlichen Erlebnis- und Verhaltensmustern, Konflikten und Störungen sowie für die Entwicklung der Arbeits- und Bevölkerungssoziologie wichtigen Erkenntnisse der Individualpsychologie Sigmund Freuds – wie sie sich in den Schriften *Zur Psychopathologie des Alltagslebens* (1904) und *Jenseits des Lustprinzips* (1920), ihrer Methodologie des »Unbewußten«[37]

niederschlugen – zu erfassen und zu deuten sich bemühte. Auf das diesem »Durchblick« der *Passagen* zugrunde liegende aktuelle Erkenntnisinteresse Benjamins weist ein Satz in dem parallel zu ihnen entstandenen *Fuchs*-Essay hin: »Die Betrachtung, die ihr Augenmerk mehr auf die bewußten Interessen der Individuen lenkt als auf die Verhaltungsweise, zu der ihre Klasse oft unbewußt und durch ihre Stellung im Produktionsprozeß veranlaßt wird, führt zu einer Überschätzung des bewußten Moments in der Ideologiebildung.« (II. 2, 495.)
Für die stereotypisierende bürgerliche »Ideologiebildung« aufschlußreiches Material fand Benjamin in künstlerischen Gestaltungen von »Typen« des 19. Jahrhunderts, wie sie das »Bild der Großstadtmenge« (I. 2, 626) in Honoré de Balzacs Romanen – darunter in der *Comédie humaine* (1842) und ihrer »mythologischen Topographie« (V. 1, 134) von Paris –, in von Charles Baudelaire übersetzten Erzählungen Edgar Allan Poes – wie *The Man of the Crowd* (*Der Mann der Menge,* 1840) –, in Gedichten von Baudelaire und Guillaume Apollinaire, ferner in grafischen »scènes« von Grandville und Daumier prägten: des Bohèmiens, des Conspirateurs, des Dandys, des Flaneurs, des Hasardeurs, der Hure und anderer.[38] In sie, in repräsentative Alltagsgestalten, löst sich das Phänomen der »Masse« auf – wie im sowjetrussischen Revolutionsfilm (vgl. Benjamin in seiner Schmitz-*Erwiderung,* II. 2, 754f.). Sie und ihre soziale Gestik, ihr Körper-, Kleidungs- und Sinnlichkeitskult erscheinen in den *Passagen*-Fragmenten und in den *Baudelaire*-Studien als signifikante Verkörperungen des Verhaltens von Massen und ihres »Traumbewußtseins« unter den Bedingungen der ästhetisch-kulturellen Alltagssphäre in der Großstadt. Mittels ihrer suchte Benjamin spezifische Aspekte der – in den *Kunstwerk*-Thesen weitgehend abstrakt beschworenen – »Formierung von Massen« historisch differenziert in einem psychosozialen Modellversuch zu erschließen und zu interpretieren. Diese »Typen« sind daher bei ihm nicht – wie im archaischen »Teufelswerk« (Br 2, 736) Carl Gustav Jungs, den *Psychologischen Typen* (1921), oder in dessen »esoterischer Kunsttheorie« (V. 1, 590) innerhalb seiner Schrift *Seelenprobleme der Gegenwart* (1932) – Träger ewiger Strukturen, überhistorischer Allgemeinheiten, sondern konkreter geschichtlicher Erfahrung von widerspruchsvollen Konstellationen in häufig »unbewußter«, sich rationalem Zugriff entziehender Verarbeitung. Und diese sei wesentlich bestimmt »durch die Struktur des Warenmarktes« (I. 3, 1122) und den allgegenwärtigen »Warenschein« (V. 1, 435). Mit ihnen erfaßt Benjamin Phänomene der gruppenspezifischen konzentrischen Raum- und Sozialerfahrung in der kapitalistischen Großstadt, der nicht-verbalen Verarbeitung gesellschaft-

»Typen« auf dem Boulevard
Zeichnung von Félicien Rops, Stich von Boetzel

licher Eruptivität im Frankreich des Second Empire und des Fetischcharakters auch des in ihm ausgeprägten sozialen Milieus. Als »Niederschlag kollektiver Träume« (V. 2, 1212), von »kollektivem Unbewußtem« (Br 2, 731) stehen sie für die langfristig wirkende Abspaltung zweckhaft-rationalen Handelns, die Reduktion sozialer Energie auf den ästhetisch-emotionalen Bereich in bloß reflektorischem Verhalten, welches derart versonnen und unkritisch »den Phantasmagorien des Marktes sich überläßt« (V. 2, 1256), auf dem unter anderem ja auch die »Phantasmagorie des Flaneurs« (V. 1, 540) gehandelt wird, eine Gestaltungs- und Rezeptionsgewohnheit der bürgerlichen Kunstindustrie, die zusammengesetzt ist aus oberflächlichen Impressionismen und sensationellen »Chockerlebnissen« (I. 2, 614, 630).[39] In ihnen erblickt Benjamin »Signale der wahren historischen Existenz« (V. 1, 493).

Die (Stereo-)Typisierung von sozialem Verhalten im Systemprozeß der ästhetischen Kultur des Industriekapitalismus in »phantasmagorischen« Schwellenfiguren zwischen realer Massenhaftigkeit und ideal-scheinhafter Individualität deutet für Benjamin auf die – von den »Apparaten« der Kunstindustrie immer wieder assimilierte, potenzierte und ventilierte – »Zweideutigkeit« nicht nur der gesellschaftlichen Verhältnisse und Kunstprodukte im Zeichen von Moderne und Mythos, von Industrialisierung und Antikisierung, sondern auch auf die »Zweideutigkeit« der realen Existenzweise und der »politischen Haltung« besonders »der mittleren Klassen unter dem zweiten Kaiserreich« (ebd., 529). Denn hier manifestierten sich zwei symbolträchtige, einander entsprechende, nur scheinbar widersprechende Reaktionsweisen auf das soziale Milieu, die Profit- und Herrschaftsinteressen gerade zustatten kamen: einerseits die pseudo-radikale Abwehr der zwanghaften »Dressur der Maschine« (I. 2, 632), der kapitalistischen Arbeitsteilung, Kooperation und Verwertungsrationalität, des Aufgehens in einer anonymen »Masse« beziehungsweise »Kundenmasse« (V. 1, 469) der Großstadt, der andrängenden Oberflächenreize, der »Chocks« (I. 2, 612) des als banal empfundenen Alltagslebens – andererseits die selbstversonnene, »halluzinatorische« (V. 2, 1214) beziehungsweise »phantasmagorische« Überhöhung dieser Lebenssphären und -phänomene durch spontane modisch-mythische Selbst-»Dressur« in oberflächlichen und exzentrischen Lebensarrangements, durch Verinnerlichung suggestiver Denk- und Verhaltensmuster, von »Wunschbildern« (V. 1, 46) aus dem von einem »mythischen Bewußtsein« (ebd., 177) bestimmten ideologischen und ästhetischen Potential der herrschenden Klassen. Die Folge ist die – objektiv systemerhaltende und -stabilisierende – Privatisierung des Lebens-, Veränderungs- und Wahrnehmungswillens in-

nerhalb des Kreislaufs alltäglichen »mythischen Geschehens« (ebd., 178), des von der verfestigten Alltagspartikularität vorgegebenen »Bannkreises der ewigen Wiederkehr« (ebd., 177). Das »Auratische« bürgerlicher Kultur schlägt sich somit nicht nur in Kunstwerken, sondern auch in der alltäglichen massenhaften Existenzweise nieder. In Anlehnung an die Schrift *L'éternité par les astres. Hypothèse astronomique* (1872) des utopischen Sozialisten Louis-Auguste Blanqui (1805–1881), in der dieser die Erfahrung aus der Niederlage der Pariser Kommune geschichtsfatalistisch in das Kosmische projizierte, formuliert Benjamin: »Das Leben im Bannkreis der ewigen Wiederkehr gewährt eine Existenz, die aus dem Auratischen nicht heraustritt.« (Ebd.; vgl. auch V. 2, 1056-1058.)[40]
Die »zweideutige« Umweltverarbeitung der »Typen« des 19. Jahrhunderts im Spannungsfeld zwischen der Entwicklung von politisch gefahrloser Scheinaggressivität und dem Aufbau von systemkonformer Identifikationsbereitschaft akzentuiert Benjamin somit sowohl als Reflex unbewältigter »Lebensbedingungen« (ebd., 495) und der »Verkümmerung von Erfahrung« (V. 2, 966), als manipulierte Selbsttäuschung und subjektive Bedürfnisbefriedigung von Massen, welche ihren objektiven Interessen widerspricht, als auch als offenes Geheimnis der Wirkungsstrategie und Wirkungsweise »auratischer« bürgerlicher »Massenkunst«, die so gerade den »Selbstbewußtwerdungsprozeß des Proletariats« (ebd., 1033) hemmt, die für diesen notwendige Aneignung ökonomisch-sozialer Bewußtseinsinhalte, die Erkenntnis der realen Klassenlage, endlich die praktische Bewältigung der politisch-sozialen Widersprüche und ihrer Selbstmythologisierungen.
Darum wußte der Emigrant Walter Benjamin nur zu genau, der Zeitzeuge der zur faschistischen »Volksgemeinschaft« degenerierten »Masse« beziehungsweise »Kundenmasse« und ihrer Reduktion auf monumental-aggressiven »Ausdruck« (VII. 1, 382). Nicht zufällig bezeichnen die *Kunstwerk*-Thesen diese Reduktion als Strategie reaktionärer »Ästhetisierung«, durch die, wie der *Pariser Brief. André Gide und sein neuer Gegner* unterstreicht, »keine Selbstverständigung der Masse« (III, 488) stattfindet, vielmehr bloße Unterordnung unter, so die *Passagen,* ein »Trugbild (...), das seitdem viele Millionen geblendet hat« (V. 1, 436). Um so mehr war historisch-kritisches Bewußtsein geboten: »Es besteht der engste Zusammenhang zwischen der historischen Aktion einer Klasse und dem Begriff, den diese von der kommenden nicht nur, sondern von der gewesenen Geschichte hat«, heißt es in Benjamins Materialien zu seinen vermächtnisartigen Thesen *Über den Begriff der Geschichte* (1940) neben Stichworten wie »Kampflust der Arbeiterklasse« und »Stärke des Hasses bei Marx« (I.

»Marx hat in der Vorstellung der klassenlosen Gesellschaft die Vorstellung der messianischen Zeit säkularisiert. (...)« (I. 3, 1231.)
Arbeitsnotizen Benjamins zu seinen Thesen *Über den Begriff der Geschichte,* 1940

3, 1241). Deshalb versuchte er in seinen *Passagen* die »dialektische Durchdringung und Vergegenwärtigung vergangner Zusammenhänge« als »Probe auf die Wahrheit des gegenwärtigen Handelns« (V. 1, 495), deshalb sollten in den »dialektischen Bildern« von den vielfältigen Erscheinungsformen der Industrialisierung der Künste, der Kapitalisierung des kulturellen Überbaus, der Ästhetisierung der Industrie und der bürgerlichen Massenformierung im Paris des Second Empire das »Jetzt der Erkennbarkeit« und das »Gewesene« (ebd., 581 f.) sowie Konkret-Bildhaftes und Abstrakt-Verbales zusammentreten, so »zugleich mit der Sache selbst ihr Ursprung und ihr Untergang vergegenwärtigt« (V. 2, 1217) und die »Erweckung eines noch nicht bewußten Wissens vom Gewesenen« (V. 1, 572) herbeigeführt werden – wozu Benjamin durch Louis Aragons surrealistische Schilderungen der »Passagen« des »Bauern von Paris« durch seine Jahrhundertmetropole entscheidende Anregungen erhielt.

Die wesentlichen Leistungen von Benjamins Hauptprojekt *Passagen* bestehen allerdings nicht in einer systematischen, philosophisch und sozialökonomisch hinreichend fundierten Analyse der Dialektik von Produktivkräften und Produktionsverhältnissen, des sozialen Charakters der Industrie, der Kämpfe der Klassen, Schichten und Gruppen, der kapitalistischen Ausbeutung und Entfremdung sowie des Warenfetischismus in exakter Begrifflichkeit, einer genauen Untersuchung der realen Klassen- und Massenbasis der bürgerlichen Industriekultur und Kunstindustrie, der tatsächlichen Reichweite der Subsumtion von Kunstproduktion unter die Kapitalgesetze sowie der Geschichte des Realismus am Modellfall der Metropole Paris zur Zeit des Zweiten Kaiserreichs, etwa auch im Vergleich zur – in sozialökonomischer Hinsicht – wahren »Hauptstadt des XIX. Jahrhunderts« (ebd., 45, 61), dem industriellen Ballungszentrum London mit seinen Frühformen moderner Fließbandproduktion.[41] Seine wesentlichen Leistungen bestehen – infolgedessen – auch nicht in einer tiefgreifenden, konsequenten Kritik bürgerlicher Ideologien. Dazu ist sein Konzept, das den Geschichtsverlauf auch hier mit »messianischen« Vorstellungen von einer »Erlösung« (ebd., 608) vereinfacht, geschichtliche »Katastrophen« (I. 2, 683; V. 1, 591) – darunter das Scheitern der Volksfrontbewegung, die Judenverfolgung, den II. Weltkrieg, den Hitler-Stalin-Pakt, das kollektive Versagen gegenüber dem Faschismus – und persönliche »Niederlagen« (Brw Scho, 23) mit Hilfskonstruktionen aus »Geschichtstheologie« (I. 1, 390), Psychoanalyse und Marxismus zu bewältigen sucht, ein Konzept, das diese Verbindungen mit sozialwissenschaftlichem Anspruch zur historischen Untersuchungsmethode

verabsolutiert,[42] von methodischen Unzulänglichkeiten wie erschüttert. An diesen scheiterte auch die Realisierung seines kulturgeschichtlichen Hauptvorhabens. Im einzelnen zählen zu ihnen vereinfachende Analogiebildungen zwischen ökonomischer Form und gesellschaftlichem Inhalt, Produktionsverhältnissen und Produktion, Ware und Produkt, zwischen Tauschwert und Quantität, Gebrauchswert und Qualität, zählen zu ihnen Fixierungen auf die Warenform, die zu einseitigen Kunstbetrachtungen führen, und Zugeständnisse an Anarchismus und Behaviorismus.
In den Selbstcharakteristiken als »historischer Materialist« (I. 2, 702) und »materialistischer Dialektiker« (V. 1, 459), wie sie sich in seinem Spätwerk finden, geht Benjamin nicht auf. Er war eine materialistische Tendenzen aufnehmende Zwischenerscheinung in der Geschichte des historisch-ästhetischen Denkens des 20. Jahrhunderts, ein antifaschistischer Intellektueller, der reagierte sowohl auf die Krisensymptome bürgerlicher Philosophie und Kunsttheorie und deren Legitimationsanspruch auf das 19. Jahrhundert als auch auf die erheblichen Diskrepanzen zwischen politisch-ideologischem Führungsinteresse und bündnispolitisch kaum wirksamer kunsttheoretischer Reflexion innerhalb der zeitgenössischen Arbeiterbewegung. Diese hatte überwiegend versucht, mit vereinfachenden Begriffen wie »humanistisch« und »barbarisch« den Bündnisgedanken als Organisationsfrage auf die Probleme der künstlerischen Methode und des ästhetischen Gehalts zu übertragen, hatte aber den Produktions- und Rezeptionsgedanken sowie die immer wichtiger werdende medienpolitische Dimension weitgehend ausgespart.[43] So mußte Benjamin angesichts der zeitgenössischen »russischen Kulturpolitik« und des sie flankierenden »linientreuen Schrifttums« (Br 2, 771) – im Einvernehmen mit Brecht – die vorherrschende »theoretische Linie« als »katastrophal« für all das werten, »wofür wir uns seit 20 Jahren einsetzen« (ebd., 772), wie er 1938 an Gretel Adorno schrieb.[44]
Auf der Grundlage seiner Krisen- und Übergangserfahrung vermochte Benjamin aber mittels seiner großen montagehaft-physiognomischen und experimentellen »Konstruktion« (VI. 1, 587) für Kunstentwicklungen bedeutsame ökonomische Fakten und regionale Alltagserfahrungen, technik- und mediengeschichtliche Prozesse sowie sozialpsychische Vorgänge zu erschließen und zu interpretieren. So konnte er wichtige Beiträge leisten zur historisch bewußten, differenzierten Konkretisierung des vielschichtigen »unegalen Verhältnisses der Entwicklung der materiellen Produktion, z. B. zur künstlerischen« (Karl Marx; MEW 13, 640-642; MEW 42, 43-45),[45] des Zusammenhangs von materiell-technischen und sozialen Bedingungen, alltäglichem Lebens- und Wahrnehmungsstil sowie Kunstproduk-

tion und -rezeption, wichtige Beiträge auch zur Erhellung des Verhältnisses von Massen- und Klassenrealität und seiner Konsequenzen für die Kunstrezeption. Er bemühte sich dabei, soziale Widersprüche und ihre ideologischen Reflexe nicht nur zu benennen, sondern sie – angesichts neuer Zuspitzungen im 20. Jahrhundert – aus dem 19. Jahrhundert heraus als »revolutionäre Energien« (II. 1, 299) produktiv zu machen für eine Historisierung zukunftsweisender gesellschaftlicher Charaktere der Gegenständlichkeit, der Gestaltungsarten und der Rezeptivität der Künste. Darum wurden von ihm mit dem entscheidenden historischen Rückgriff auf die »Apparaturen« und »Apparate« des 19. Jahrhunderts gerade Vorläufer der »großen Synthesen« (V. 2, 825) in der Kunstentwicklung des 20. Jahrhunderts und Vorstufen ihres potentiell politisch-emanzipatorischen »Funktionszusammenhangs« (II. 2, 520) erschlossen: der politischen Fotomontage, des Films, des Rundfunks und des Epischen Theaters. In diesen Medien und Kunstformen sah Benjamin die wesentlichen ästhetischen Potentiale nicht zuletzt für den modernen sozialen »Selbstbewußtwerdungsprozeß«, weil sie, anknüpfend an die wirkliche eigene Erfahrung der Rezipienten, mittels technisch und kommunikativ optimierter Gestaltelemente, mittels antizipatorischer Denkanstöße, phantasievoller Assoziation und Montage die »intensivste Durchdringung« (VII. 1, 374) der Realität leisten, die aktive »Zertrümmerung der Aura« (ebd., 355) der »zweideutigen« Produkte der bürgerlichen Kulturindustrie für eine stereotypisierte Masse, des alltäglichen klassenharmonischen »Scheins der Masse« (V. 1, 469) und des täuschenden »Glanzes der Zerstreuung« (V. 2, 1242) vornehmen und so die Massen kritisch-demokratisch »mobilisieren« (VII. 1, 381) helfen konnten.
In Benjamins weiträumigem Umgang mit den »Apparaten« der bürgerlichen Kunstindustrie des 19. Jahrhunderts und ihren Produkten in ihrem kulturellen Entstehungs- und Wirkungskontext liegt somit zugleich der Versuch einer Historisierung der Avantgarden und deren Produktion wichtiger Elemente der ästhetischen Negation regressiver Seiten des Kapitalverhältnisses und ihrer kulturellen Reflexe, darunter des Monumentalismus und des Folklorismus 'von oben' – einer dialektischen Negation vor allem durch abstrahierende Rezeption von »Gesetzlichkeiten der technischen Konstruktion, die (...) zu Gesetzlichkeiten des Lebens selbst werden« (III, 170). Auf Zeitgenossen und historische Vorläufer der vom bürgerlichen Kunstbetrieb bald kommerziell vereinnahmten ost- und westeuropäischen Avantgardebewegungen bezog sich deshalb auch Benjamins Konzept einer umfassenden – gerade nicht sich in den landläufigen Vorstellungen von sogenannten »sozialistisch-realistischen« Sujets (vgl. VII.

2, 815-822) erschöpfenden – antifaschistischen »Politisierung der Kunst« (VII. 1, 384). Er entwickelte es während seines Exils parallel zu seinen kulturhistorischen Rückgriffen auf das 19. Jahrhundert und machte mit ihm unter anderem auf die Existenz einer Basis-Überbau-Dialektik auch in den Künsten selbst, einer Dialektik von künstlerischen Produktivkräften, Kommunikationstechnologien und Rezeptionsformen aufmerksam, darauf, daß die Künste nicht nur eine der »Domänen« des gesellschaftlichen »Überbaus« (II. 2, 486, Anm. 31) bildeten.[46]
Die Historisierung der Avantgarden hielt Benjamin für um so notwendiger, als er Zeitgenosse auch faschistischer Versuche ihrer Vereinnahmung für die reaktionäre »Ästhetisierung« des Daseins war, wofür er in seinen Kunstwerk-Thesen ein »Manifest zum äthiopischen Kolonialkrieg« – den Italien am 3. Oktober 1935 gegen das Völkerbundmitglied Äthiopien begonnen hatte – von Filippo Tommaso Marinetti als Beleg anführt (vgl. VII. 1, 382);[47] als er Zeitgenosse war ferner sowohl der Verzerrung des sozialen und ästhetischen Anspruchs der Avantgardebewegungen innerhalb des theoretischen Gesichtskreises der bürgerlich-akademischen Ästhetik und Kunsttheorie – wie sie Beiträge des Zweiten Internationalen Kongresses für Ästhetik und Kunstwissenschaft 1937 in Paris demonstrieren[48] –, als auch von Versuchen ihrer Eliminierung aus dem Kunsthorizont der Arbeiterbewegung – wie sie zum Beispiel während der »Expressionismus-Debatte« unternommen wurden.[49] Benjamins Bemühungen berühren sich daher eng mit denen seiner Zeitgenossen Ernst Bloch und Hanns Eisler in ihrem Aufsatz *Avantgarde-Kunst und Volksfront* von 1937 (vgl. EISLER 1985, 397-403, besonders 401).
Zudem trat Benjamin mit seiner Akzentuierung der »Apparate« des 19. Jahrhunderts und ihrer Rolle bei der Ausprägung von Lebens- und Wahrnehmungsweisen, kulturell-künstlerischen Austausch- und Kommunikationsprozessen mannigfaltigen weiteren, langfristig wirksamen Verzeichnungen kunstpraktischer und -rezeptiver Aneignung entgegen: vor allem dem »fetischistischen Kunstbegriff« (V. 1, 399), der künstlerisches Schaffen nur an die Subjekt-Objekt-Dialektik eines autonomisierten und totalisierten Individuums bindet, wie er zum Beispiel auch von Benjamins Zeit-, zum Teil Weggenossen Max Raphael in seiner Arbeit *Marx. Zur Kunsttheorie des dialektischen Materialismus* (1932; vgl. RAPHAEL 1989, 7-72; WERNER 1979, 89-95) kritisiert wurde;[50] dem technik- und kommunikationsabstinenten Werkzentrismus und jener »Ästhetik des Schöpferischen«, die von einer »toten und undialektischen Trennung von Schaffen und Fabrizieren« (III, 493) zehrt, damit jenen schon im 19. Jahrhundert aufkommenden weltanschaulichen Bestrebungen folgt, die

»alles Technische so sehr wie möglich vom sogenannten Geistigen abdichten« (ebd., 238). Denn mit solcher Begrifflichkeit waren zumeist verbunden die nur ideologische und die Entfremdungsbeziehungen zwischen Kunst und Gesellschaft im Kapitalismus geschichtspessimistisch verabsolutierende Kritik, die elitäre Verurteilung kulturell-künstlerischer Massenprozesse als bloße »Vermassung« und zwangsläufige Entwicklungen zur »Vulgarität« – wie bei Aldous Huxley (I. 2, 493, Anm. 21) und den Vertretern der Frankfurter Schule, zuvor schon bei Ortega y Gasset –, die abstrakte Aufrechnung von »hoher« und »niedriger« Kunst gegeneinander, die oberflächliche Betrachtung der »Masse« unter Absehung »von den verschiednen Klassen, welche sie zusammensetzen« (V. 1, 468),[51] die Reduktion ihrer ästhetischen Bedürfnisse auf bloße »Zerstreuung« oder ihre unkritische Fixierung auf verdinglichtes »Kulturerbe« (VII. 1, 354) aus vorindustriellen Realismustraditionen unter Ausschluß von sogenannten »Verfallszeiten« (V. 1, 571; V. 2, 1023) als Erkenntispotential. Und nicht zuletzt reagierte Benjamin mit seinem Konzept auch auf die faschistische Ablehnung soziologisch und sozialpsychologisch orientierter Kulturgeschichtsschreibung und Ästhetik, auf die rassenbiologistische Propagierung »volkstümlicher Typen« (WULF 1966, 243f.) und »Blüthezeiten der Kunst« (ebd., 244f.).

Das Second Empire war für Benjamin weder eine abstrakte »Verfallszeit« noch eine abstrakte »Blütezeit«, sondern eine konkrete, erkenntnisträchtige »geschichtliche Wendezeit« (VII. 1, 381) mit grundlegenden Veränderungen in Gegenständen, Traditionsbezügen, Methoden und Funktionen der Künste im Zuge der industriellen Umwälzungen und politischen Revolutionen des 19. Jahrhunderts, die er in einer material- und aspektreichen »Urgeschichte« (V. 1, 177, 579; Br 2, 688) zu dechiffrieren und als vorwärtsweisenden historischen Erfahrungs- und Wissensschatz aufzubieten suchte. Weil er es für unabdingbar hielt, »der Moderne Gestalt zu geben« (V. 1, 405), sie »aus dem Grunde zu verstehen« (V. 2, 1009). Von selbst, gewissermaßen automatisch, verstand sich die Gegenwart, in der er lebte, nicht.

Anmerkungen

1 Zur Begriffsbestimmung im historischen Kontext des 19. Jahrhunderts siehe die Arbeiten von HEISE 1982 und METSCHER 1989. Für Benjamins Konzeptionsbildung waren in diesem Zusammenhang Georg Simmels Überlegungen zu einer »philosophischen Kultur« wichtig (vgl. SIMMEL 1983; dazu HELLE 1989).
2 Siehe dazu u. a. NÖSSIG 1980 und KUNST UND KUNSTKRITIK 1990.
3 Vgl. LUKACS 1977, 303–323; darin, 305f., über die »Kapitalisierung des Geistes«.
4 Vgl. GÜNTHER 1981, 7–247; darin die Abschnitte *D. Der Mystizismus* (210ff.) und *E. Rassenmythologie* (220–236).
5 Zur Zitierweise und zu den Abkürzungen für die Editionen der Schriften und Briefe Benjamins siehe im *Literaturverzeichnis* des *Anhangs*.
6 Hinter erstmalig genannten Titeln von Schriften Benjamins aufgeführte Jahreszahlen beziehen sich auf Entstehungszeiten; siehe dazu das *Chronologische Verzeichnis* in: VII. 2, 934–961.
7 Vgl. in der Anthologie von BARCK 1986 b, 426–435, die Teilübersetzungen Benjamins *Don Juan und der Schuhputzer. Briefmarken. Damentoilette-Café Certâ*. In dieser Ausgabe, 413–424, auch ein Auszug aus Aragons Schilderung: *Die Passage de l'Opéra*.
8 Zur architekturhistorischen Physiognomie der Passagen siehe GEIST 1979 und LAUTER 1985; zu ihrer Reflexion in der Literatur siehe SCHAPER 1988. Besonders zu Aragons Text und Benjamins Auseinandersetzung mit ihm siehe FÜRNKÄS 1988, 10–87.
9 Von Benjamins *Kunstwerk*-Thesen ist inzwischen jene Variante aufgefunden und in den *Gesammelten Schriften* publiziert worden, welche »die erste definitive, aus der stellenweise beträchtlich modifizierten handschriftlichen Fassung erwachsene Typoskriptfassung von Ende 1935/Anfang Februar 1936 darstellt«, wie die Hrsg. in ihren editorischen Anmerkungen schreiben. »Sie ist die Arbeit in der Version, in der Benjamin sie zuerst veröffentlicht sehen wollte, und die bei der Umschmelzung in ihre französische Fassung auf die Version reduziert wurde, in der sie zu seinen Lebzeiten erschien (...)« (VII. 2, 661). Diese Version stellt die eigentliche zweite deutsche Fassung, die bisher als diese angesehene (vgl. I. 2, 471–508) also die dritte deutsche Fassung dar. Benjamins *Kunstwerk*-Thesen werden daher in der vorliegenden Arbeit ausschließlich nach ihrem in Bd. VII der *Gesammelten Schriften* (VII. 1, 351–384) erstveröffentlichten »Urtext« (Benjamin; I. 3, 991) zitiert. – Zur französischen, von Pierre Klossowski übersetzten Druckfassung *L'oeuvre d'art a l'époque de sa reproduction mécanisée*, die 1936 in der *Zeitschrift für Sozialforschung* erschien (jetzt: I. 2, 709–739), den redaktionellen Eingriffen in sie und Benjamins Bemühungen um weitere Übersetzungen (in das Englische und das Russische) siehe die Anmerkungen der Hrsg. in I. 3, 1006–1035, und KAMBAS 1983, 158–163.
10 Vgl. Benjamin auch in seinem Interview *Europäische und sowjetische Kunst* für die Zeitung *Večernjaja Moskva* vom 14. Januar 1927 (VII. 2, 879–881; Erstdruck: ZfSl XXX, 1985, 5, 697–700; Übersetzung von Michael Dewey). – Zur avantgardistischen Technik- und Massenbegeisterung, wie sie sich u. a. in Ilja Ehrenburgs konstruktivistischem Pamphlet *Und sie bewegt sich doch!* von 1921 (vgl. EHRENBURG 1989) äußerte, siehe die Arbeiten von BERNAUER 1990, BUDDENSIEG 1978 und MEURER/VINÇON 1988.

11 Zu Huxleys Kulturkritik siehe CLARK 1987, zu der Valérys siehe COLLOMB 1987. Siehe auch KAUSCH 1988.
12 Siehe dazu BÜRGER 1988, 37–40; zur Urgeschichte der Kunst siehe BELTING 1990.
13 Zu den stofflichen und methodischen Zusammenhängen zwischen dem *Passagen-* und dem *Baudelaire*-Projekt Benjamins siehe ESPAGNE/WERNER 1984.
14 Zur Medien- und Kunstgeschichte des 19. Jahrhunderts besonders in Frankreich siehe die folgenden, zum Teil an Benjamin anknüpfenden Arbeiten: BARNICOAT 1979, 7–28 (Plakatkunst); KAMPMEYER-KÄDING 1990 (Presse, Reiseliteratur und Grafik); MAAG 1986 (Weltausstellungen); MAAG 1987 (Illustriertenpresse); NEUSCHÄFER 1987 (Feuilletonroman); NIES 1987 (Gattungsveränderungen in der Literatur); OETTERMANN 1980 (Panorama); SCHEURER 1987 (Fotografie); SFEIR-SEMLER 1990 (Salonmalerei); WEHINGER 1987 (Boulevardpresse, Bühnenrevue) und WEHINGER 1988 (Boulevardtheater, Mode).
15 Zu diesem kulturhistorischen Kontext siehe die folgenden Arbeiten: BRAUDEL-LABROUSSE 1986/87 (Wirtschaft); FRANZ-WILLING 1988 und KAELBLE 1979 (Industrialisierung und Lebensweise); SCHIVELBUSCH 1977 a, 1977 b (Verkehrswesen); STEINWACHS 1984 und WIRTZ 1987 (Industriekultur); STIERLE 1987 b (Eisenarchitektur).
16 Zu den Wahrnehmungsprozessen im 19. Jahrhundert siehe ASENDORF 1988.
17 Zu Benjamins Riegl-Rezeption siehe KAMBAS 1983, 128–141, KEMP 1985, RÜFFER 1986 und VERSPOHL 1975.
18 Zu den Quellen, den unterschiedlichen Gehalten und Anwendungsweisen von Benjamins »Aura«-Metapher siehe vor allem die Arbeiten von DIECKHOFF 1987, 105–119, und RECKI 1988.
19 Zu Benjamins Klages-Rezeption siehe FULD 1981; zur historischen Stellung von Klages' Konzept siehe BÜHLER 1968, 152–194, und die Rezension von SCHACHTEL 1936 zur Erstausgabe von Bühlers *Ausdruckstheorie* (1933). – Als weitere Quellen von Benjamins »Ausdrucks«-Begriff kommen – neben Georg Lukács' Bemühungen um »Kunst als Ausdruck und die Mitteilungsformen der Erlebniswirklichkeit« (LUKACS 1974, 1–52) in seiner *Heidelberger Philosophie der Kunst* (1912–1914) und denen Benedetto Croces um eine *Ästhetik als Wissenschaft vom Ausdruck* (CROCE 1930) – vor allem Aby Warburgs Arbeiten zu einer »'historischen Psychologie' des menschlichen Ausdrucks« (WARBURG 1980, 185) in Frage. Zu Lukács und Croce vgl. Benjamin in Br 1, 344, bzw. Br 2, 678; zu Warburg vgl. Br 1, 438, und Benjamin in seinem Essay *Johann Jakob Bachofen* von 1934/35 (II. 1, 224). Siehe dazu in der Untersuchung von KANY 1987, 134–136. – Zur Geschichte des »Ausdrucks«-Begriffs in der Kunsttheorie siehe auch LÉVY-DEINHARD 1967.
20 Zur neuen Dimension dieser Fragestellung im 19. Jahrhundert siehe BÜRGER 1982, PFEIFFER 1987 und THOMA 1985.
21 Siehe dazu KLEIN/BODEN 1990. – Benjamin verwendet allerdings, im Gegensatz zu anderen deutschen Exilautoren, auch »Realismus« kaum, »sozialistischer Realismus« nur negativ (vgl. u. a. I. 2, 626, VII. 2, 815–822). Siehe dagegen Lukács in seinem Aufsatz *Kunst und objektive Wahrheit* (1934; LUKACS 1977, 63–112).
22 Siehe dazu BOLZ 1989 b, BECKER 1989 und REIJEN 1989.
23 Siehe dazu MARKOWSKY 1987. – Benjamin zitiert in seinem Vortragsmanuskript *Der Autor als Produzent* von 1934 (vgl. II. 2, 694) aus Eislers Exilrede *Über die DAMB in Deutschland. Les expériences du mouvement musical ouvrier en Allema-*

gne (1933; nach dem deutschen und dem französischen Typoskript; vgl. EISLER 1985, 199f., 201), was in den *Gesammelten Schriften* Benjamins nicht nachgewiesen ist (vgl. II. 3, 1460–1464). Er berichtete am 21. Mai 1934 an Brecht über eine Begegnung mit Eisler (vgl. Br 2, 609).
24 Siehe dazu NAGLER 1980.
25 Benjamin plante in diesen Zusammenhängen eine größere kulturhistorische und geschichtsphilosophisch-ästhetische Arbeit über den Jugendstil; vgl. VI, 724–726, VII. 2, 854.
26 Ähnlich verfuhr Benjamin auch im Zusammenhang mit der Arbeit an seinen *Baudelaire*-Studien mit Friedrich Engels' Schrift *Die Lage der arbeitenden Klasse in England. Nach eigner Anschauung und authentischen Quellen* (1845); vgl. u. a. I. 2, 560. Von Karl Marx' Schriften kannte er vollständig nur *Die Klassenkämpfe in Frankreich 1848 bis 1850* (1850), *Der achtzehnte Brumaire des Louis Bonaparte* (1852) und *Randglossen zum Programm der Deutschen Arbeiterpartei* (*Kritik des Gothaer Programms,* 1875). Ansonsten stützten sich seine Marxismus-Kenntnisse auf Briefe Wladimir Iljitsch Lenins und Rosa Luxemburgs sowie auf Arbeiten u. a. von Ernst Bloch, Alexander Alexandrowitsch Bogdanow, Nikolai Bucharin, Karl Korsch, Fritz Lieb, Georg Lukács, Alfred Rosenberg, Boris Souvarine, Leo Trotzki, Karl August Wittfogel. Vgl. in Benjamins *Verzeichnis der gelesenen Schriften* (1916 oder 1917 bis 1940; VII. 1, 444–474). – Aspekte von Benjamins Marxismus-Rezeption behandelt die Arbeit von VATTIMO 1982, welcher sie mit der Ernst Blochs parallelisiert. Sie ähnelt aber auch der Sigmund Freuds, der in der *Neuen Folge* seiner *Vorlesungen zur Einführung in die Psychoanalyse* u. a. schrieb:»Die Stärke des Marxismus liegt offenbar nicht in seiner Auffassung der Geschichte und der darauf gegründeten Vorhersage der Zukunft, sondern in dem scharfsinnigen Nachweise des zwingenden Einflusses, den die ökonomischen Verhältnisse der Menschen auf ihre intellektuellen, ethischen und künstlerischen Einstellungen haben.« (FREUD 1948, 193.) Siehe dazu KÄTZEL 1988 und SCHMIDT 1989.
27 Siehe dazu TSCHURENEV 1988.
28 Siehe dazu *Exkurs und Zusammenfassung: Eisenbahnen in der Malerei* in: MAHR 1982, 256–264.
29 Siehe dazu die Untersuchungen von MUMFORT 1974, SEEBER/KLUSSMANN 1986 und SIEFERLE 1984.
30 Siehe dazu BARTELS 1989, HERDING 1987 und MAAG 1986.
31 Siehe dazu WERTHEIMER 1986; darin, 320–322, über Jünger.
32 Siehe dazu HARTUNG 1986, HILLACH 1985 und ELFFERDING 1987.
33 Siehe dazu MENDLEWITSCH 1988.
34 Vgl. BARNICOAT 1979, 7–28.
35 Zum historischen Standort Baudelaires siehe RAYMOND 1933, FIETKAU 1978, 154 160, JAUSS 1985 und STENZEL 1982; zu Benjamins Studien siehe AHRENS 1985 und HILLACH 1986.
36 Benjamin zog für sein *Passagen*-Projekt Raphaels *Proudhon, Marx, Picasso. Trois études sur la sociologie de l'art* (1933) heran (vgl. V. 1, 580f.; V. 2, 1223, 1316). Weitere Aspekte von Benjamins Mythos-Auffassung behandelt MENNINGHAUS 1986.
37 Zu Benjamins Freud-Rezeption im *Passagen*-Projekt siehe BUSCH 1990; zu Freuds kulturtheoretischer Methode siehe GOUX 1975.
38 Zu diesen kulturgeschichtlichen Typen siehe BUCK-MORSS 1984 (Flaneur, Sandwichmann, Hure), GNÜG 1988 und SCHICKEDANZ 1985 (Dandy), GROH 1987,

KÖHN 1989 und SEVERIN 1988 (Flaneur) sowie STEIN 1985 (Bohèmien, Dandy, Flaneur).
39 Siehe dazu in Anm. 38 und HILLACH 1980.
40 Zu Benjamins Blanqui-Rezeption siehe RELLA 1982; darin, 77–82, auch eine deutsche Übersetzung von Blanquis *Résumé* seiner Schrift, die inzwischen vollständig in deutscher Sprache vorliegt (vgl. BLANQUI 1986). Siehe auch die Blanqui-Studie von BERGMANN 1986.
41 Siehe dazu BÖKER 1985, KÜHNE 1971 und MAAG 1986, 493f.
42 Wichtige Beiträge zur Erhellung von Benjamins jüdisch-theologischer Plattform und seines Marxismus-Verständnisses liegen in den Arbeiten von EBACH 1985, KITTSTEINER 1984 und STEINGRESS 1982 vor.
43 Siehe dazu KÖSSER 1988 und MITTENZWEI 1989, I, 522–539.
44 Vgl. Benjamin auch in seinen *Tagebuchnotizen 1938* zu Exilgesprächen mit Brecht über die sowjetische Kulturpolitik und über Georg Lukács (VI, 532–539). – Zur Kunstpolitik des Stalinismus siehe BOWN 1990, zur Rolle Lukács' im sowjetischen Exil siehe TIETZ 1990.
45 Zur Geschichte dieser Fragestellung siehe SCHRÖDER 1986 (darin auch über Siegfried Kracauer; mit zahlreichen Literaturangaben).
46 Siehe dazu Marx im Konspekt von 1874/75 zu Michail Alexandrowitschs Buch *Staatlichkeit und Anarchie* (1873) über »erworbene Produktivkräfte, materielle und geistige, Sprache, Literatur, technische Fähigkeiten etc. etc.« (MEW 18, 620; vgl. auch MEW 26. 1, 255f.). – Zur Problemstellung siehe MARTEN 1988.
47 Die genaue Quelle Benjamins konnten die Hrsg. der *Gesammelten Schriften* nicht ermitteln (vgl. I. 3, 1055; VII. 2, 690). Zu Marinetti, der auch Verfasser einer Schrift *Guera sola igiene de mondo* (Der Krieg als einzige Hygiene der Welt, 1915) war, und den faschistischen Versuchen der Vereinnahmung des italienischen Futurismus sowie anderer avantgardistischer Strömungen siehe DEMETZ 1990, FALKENHAUSEN 1987 und GERMER/PREISS 1990.
48 So lastete dort Louis Arnaud Reid (Newcastle) in seinem Beitrag über *Functionalism* diesem eine »engstirnige Deutung« von »Funktion« an, die zur Ablehnung »reiner« Künste und der ästhetischen Phantasie führe; Johannes Sauter (Wien) verurteilte in seinem Vortrag *Die soziale Funktion der Kunst* Dadaismus, Expressionismus, Futurismus und Kubismus als »Aeusserungen einer seelischen Neurasthenie«. (DEUXIEME CONGRES... 1937, 108, 341.)
49 Siehe dazu SCHILLER 1986.
50 Siehe dazu die Interpretationen von FRANK 1990 und HEINRICHS 1989. – Zu weiteren zeitgenössischen Bemühungen darum, »einen wirklichen Zusammenhang zwischen der Kunst, ihrer Geschichte und der allgemeinen Geschichte zu begründen«, siehe auch den – in Zusammenarbeit mit Raphael entstandenen – Beitrag von Hanna Lévy *Sur la nécessité d'une sociologie de l'art* (DEUXIEME CONGRES... 1937, 342–345; darin außer über Raphael auch über Leo Balet und Meyer Schapiro – das Zitat: 342). Gegen diese steht Johannes Sauters Abwertung der Bedeutung des »technischen Könnens« für die Kunstentwicklung und der sogenannten »naturalistischen Soziologie« (ebd., 341) für ihre Untersuchung.
51 Zur historischen Dimension dieser Fragestellung siehe SCHRÖDER 1978.

Über das mediale Vermögen

Benjamins Kontextanalysen des Films

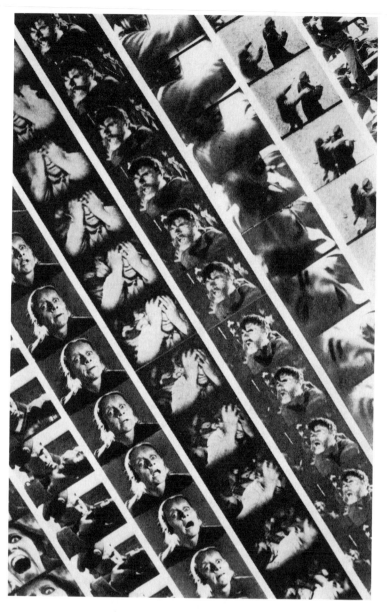

Film – eine »technische Revolution«: Bilderfolgen aus *Die Mutter* von Wsewolod Pudowkin, 1925

In einem Lebenslauf von 1928 bezeichnete Walter Benjamin als »gemeinsame programmatische Absicht« seiner bis dahin vorliegenden Arbeiten, »den Integrationsprozeß der Wissenschaft, der mehr und mehr die starren Scheidewände zwischen den Disciplinen, wie sie den Wissenschaftsbegriff des vorigen Jahrhunderts kennzeichnen, niederlegt, durch eine Analyse des Kunstwerks zu fördern, die in ihm einen integralen, nach keiner Seite gebietsmäßig einzuschränkenden Ausdruck der religiösen, metaphysischen, politischen, wirtschaftlichen Tendenzen einer Epoche erkennt.« (VI, 219.) Diese Programmatik Benjamins setzte sich fort in der 1939 oder 1940, ebenfalls in einem biographischen Text, vorgenommenen Charakterisierung der wesentlichen Absicht seiner Exilschriften, nämlich aus kommunikativ-funktionaler Perspektive zu forschen, »bestimmte Kunstformen, insbesondere den Film, aus dem Funktionswechsel zu verstehen, dem die Kunst insgesamt im Zuge der gesellschaftlichen Entwicklung unterworfen ist« (ebd., 227f.). Damit verwies Benjamin selbst auf die Notwendigkeit der Wahl der rechten Abstraktionsstufe bei der Untersuchung auch der filmtheoretisch bedeutsamen Aspekte seines Werkes. Denn seine Auseinandersetzung mit dem noch recht jungen Medium vollzog sich in engem Zusammenhang mit seinen fächerübergreifenden Bemühungen um Analyse der seit dem 19. Jahrhundert verstärkt sich ausprägenden neuen kultur- und kunstwissenschaftlichen Problemstellungen, darunter **erstens** der Dialektik von sozialen Bedingungen, technischer Produktivkraftentfaltung und künstlerischen Produktions- und Rezeptionsbedürfnissen, **zweitens** der Veränderungen in Gegenständen, Methoden, Erbe- und Traditionsaneignungen, Gattungs- und Genrebeziehungen sowie sozialen Funktionen der Künste und **drittens** der Wandlungen im kulturtheoretischen, ästhetischen und kunstwissenschaftlichen Begriffssystem.[1] Aus dieser Aspektvielfalt ergibt sich die Unabdingbarkeit einer, wie Benjamin in seinem Essay *Zum Bilde Prousts* (1929/34) schrieb, »synthetischen Interpretation« (II. 1, 313) auch seiner Filmreflexionen.

Eine solche Analyse darf nicht erst bei den späten, immer wieder – zumeist nach ihrer sogenannten »zweiten deutschen Fassung«[2] – kanonisierend zitierten Thesen über *Das Kunstwerk im Zeitalter seiner technischen Reproduzierbarkeit* sowie den in ihren unmittelbaren Zusammenhang gehörenden Materialien und Aufzeichnungen Benjamins aus den Jahren 1935 bis 1939 ansetzen. Sie muß auch die ab 1926, während und nach Benjamins Moskau-Reise, geschriebenen Berichte über das sowjetrussische Kinowesen – wie *Zur Lage der russischen Filmkunst* –, die polemischen Aufsätze – wie die *Erwiderung an Oscar A. H. Schmitz* –, die Vortragsmanuskripte und Rezensionen, ferner die Gesprächs- und Tagebuchnotizen Benjamins zum Thema Film, schließlich das 1927 begonnene, fragmentarisch gebliebene *Passagen*-Projekt einbeziehen. Eine differenzierte Neuinterpretation der in hohem Maße kulturhistorisch-ästhetisch vorgehenden, politisch motivierten Medienprogrammatik Benjamins hat ferner die grundlegende Tatsache zu berücksichtigen, daß bereits seine um 1920 entstandenen Schriften komplexe und widerspruchsvolle Gedanken und Motive eines deutschen Intellektuellen bergen, der Zeitgenosse einer europäischen Krisenperiode war, der sich in kritische Distanz zu seiner eigenen, der bürgerlichen Klasse und ihren Realitätsdeutungen zu begeben begann. Und der auch danach strebte, den demagogischen und apologetischen Charakter der offiziell unter anderem gegenüber Geschichtspessimismus, Stilelektizismus und Sprachverlust propagierten »bürgerlichen Kulturwerte« (VI, 338), darunter des »'Schöpferischen'« und des »'Produktiven'«, die jedoch nur noch »als Embleme am Privatmann« aufträten (III, 350), der im Wissenschaftsbetrieb vorherrschenden »positivistischen Kunstklitterung« (ebd., 367) und der »tiefsinnigen Umschreibungen des Ideenreichs« (Br 2, 524) zum Beispiel Heideggerscher Manier zu erkennen sowie neue Materialangebote und methodische Ansätze für ästhetisches Denken zu entwickeln.

Kritik des präformierten Sinns

Keimzellen des in seinen späten Exilschriften gipfelnden kritisch-theoretischen Engagements Benjamins finden sich bereits in seiner frühen spekulativen, unter anderem auf die Romantik, auf Louis Claude Saint-Martin und Franz Xaver von Baader sowie den Neukantianismus zurückgehenden Sprachphilosophie.[3] Das belegt zum Beispiel sein 1923, zusammen mit seinen Übertragungen von Charles Baudelaires *Tableaux parisiens* (Pariser Bilder; aus dem Gedichtzyklus *Les fleurs du mal,* 1857; *Die Blumen des Bösen,* 1891), erschienener Essay *Die Aufgabe des Übersetzers* (1921). Baudelaires Werk »unter absolutem Ausschluß von Tiefsinn« (Br 1, 287) zu interpretieren hatte er sich schon früh vorgenommen.[4] Folgerichtig polemisiert sein Essay auch gegen fetischisierende Auffassungen vom »Sinn« des Kunstwerks in semantischer und funktionaler Hinsicht: Das Wesentliche an ihm sei »nicht Mitteilung, nicht Aussage« (IV. 1, 9); eine »Wiedergabe des Sinns«, die »gesetzgebend« verfährt, weist er ebenfalls zurück, denn es bleibe »in aller Sprache und ihren Gebilden außer dem Mitteilbaren ein Nicht-Mitteilbares« (ebd., 19). Zudem hält er den »Begriff eines 'idealen' Aufnehmenden« in kunsttheore-

tischen Erörterungen für unfruchtbar:»Denn kein Gedicht gilt dem Leser, kein Bild dem Beschauer, keine Symphonie der Hörerschaft.« (Ebd., 9.) Das könnte als Legitimation abstrakter Kunstautonomie gelesen werden – bezöge Benjamin Kunst nicht zugleich auf wesentliche Faktoren ihres eigenen historischen Entwicklungszusammenhangs: »Die Geschichte der großen Kunstwerke kennt ihre Deszendenz aus den Quellen, ihre Gestaltung im Zeitalter des Künstlers und die Periode ihres grundsätzlich ewigen Fortlebens bei den nachfolgenden Generationen.« (Ebd., 11.) So erscheint das Kunstwerk nur als Teil »eines der gewaltigsten und fruchtbarsten historischen Prozesse«, nämlich des »eigensten Lebens der Sprache und ihrer Werke« (ebd., 13), und dieser »Prozeß« ist es auch, der nach Benjamin den Sinn von Werken entscheidend verändert, ihn als etwas nur Relatives ausweist: »Denn in seinem Fortleben (...) ändert sich das Original. Es gibt eine Nachreife auch der festgelegten Worte. Was zur Zeit eines Autors Tendenz seiner dichterischen Sprache gewesen sein mag, kann später erledigt sein, immanente Tendenzen vermögen neu aus dem Geformten sich zu erheben.« (Ebd., 12f.)
Die historisch-rezeptive Wandelbarkeit von Sinngehalten in der »Subjektivität der Nachgeborenen« (ebd., 13) wird von Benjamin hier in das Originalkunstwerk hineinprojiziert. Darüber hinaus fungiert sie in religiösutopischer Deutung als Beleg für ein heilsgeschichtliches Wachstum der endlichen Sprachen und ihrer noch »mit dem schweren und fremden Sinn« (ebd., 19) belasteten Gebilde in Richtung auf die Überschreitung von allen Erfahrungs- und Bedeutungsgrenzen und auf die Wiederherstellung einer urwüchsig-mimetischen Namenssprache, in der Bezeichnung und Bezeichnetes in einer »letzten Wesenheit« (ebd.) am Ende der Geschichte zusammenfallen. Es heißt: »In dieser reinen Sprache, die nichts mehr meint und nichts mehr ausdrückt, sondern als ausdrucksloses und schöpferisches Wort das in allen Sprachen Gemeinte ist, trifft endlich alle Mitteilung, aller Sinn und alle Intention auf eine Schicht, in der sie zu erlöschen bestimmt sind.« (Ebd.) In den »ständigen«, unabgeschlossenen »Wandlungen« (ebd.), nicht im einmalig-originären Bestand des Sinnes liegt demnach das Wesentliche der Werke.
Es steht für die vorwärtstreibende innere Widersprüchlichkeit der Theoriebildung des frühen Benjamin, daß er – zeitgleich mit der Arbeit an seinem objektiv-idealistisch fundierten sprachphilosophischen *Übersetzer*-Essay – in einem Fragment *Phantasie* (1920/21) kulturkritisch-ästhetische Neuansätze entwirft, die mit Gestaltcharakteristika und theoretischen Topoi der Avantgardebewegungen operieren, darunter mit dem »Moment des Konstruktiven«, der »unendlichen Folge von Übergängen« und der

»Spontaneität« (VI, 115), um dann die Notwendigkeit eines »Sinns für Entstaltung« (ebd., 117) zu begründen: »Alle Entstaltung der Welt wird also in ihrem Sinne eine Welt ohne Schmerz phantasieren, welche dennoch vom reichsten Geschehen durchflutet wäre. Diese Entstaltung zeigt ferner (...) die Welt in unendlicher Auflösung begriffen, das heißt aber: in ewiger Vergängnis. Sie ist gleichsam das Abendrot über dem verlassnen Schauplatz der Welt mit seinen entzifferten Ruinen. Sie ist die unendliche Auflösung des gereinigten, von aller Verführung entladenen schönen Scheins.« (Ebd., 115.)
Das Entziffern des Vergangenen und das Auflösen des Scheinhaften sah Benjamin später besonders in der experimentell-assoziativen Kunstpraxis des französischen Surrealismus zur ästhetischen Tat werden. Sie zielte ja auf »**profane Erleuchtung**« (II. 1, 297) der Alltagssphäre mit ihren vielen »Gegenständen, die anfangen auszusterben« (ebd., 299), und der Grenzbereiche der menschlichen Sinnes-Wahrnehmung (in der doppelten Bedeutung des Begriffs) mit ihren »revolutionären Energien« (ebd.): des Traums, des Rauschs, der Kindheitserfahrung.[5] »Alles, womit er in Berührung kam«, schreibt Benjamin 1929 in Der *Sürrealismus. Die letzte Momentaufnahme der europäischen Intelligenz,* »integrierte sich. Das Leben schien nur lebenswert, wo die Schwelle, die zwischen Wachen und Schlaf ist, in jedem ausgetreten war, wie von Tritten massenhafter hin und wider flutender Bilder, die Sprache nur sie selbst, wo Laut und Bild und Bild und Laut mit automatischer Exaktheit derart glücklich ineinandergriffen, daß für den Groschen 'Sinn' kein Spalt mehr übrigblieb. Bild und Sprache haben den Vortritt. (...) Nicht nur vor dem Sinn. Auch vor dem Ich.« (Ebd., 296f.)
Ablehnung von vorgegebenem Sinn ist hier identisch mit der Verneinung des in der bürgerlichen Gesellschaft atomisierten Individuums, oder, wie Benjamin in seinen späteren *Notizen über den »destruktiven Charakter«* (1931) schreibt, des »Etui-Menschen« (IV. 2, 1000), der auch ästhetisch immer dazu angehalten wird, nur innerhalb vorgegebener Herrschaftsstrukturen »nach einem 'Sinn' des Lebens zu forschen« (ebd., 1001). Dadurch, daß das Kunstwerk anhand des surrealistischen Vorbilds der »Doppelten Bindung: ans Kreatürlich-Animalische und ans Politisch-Materialistische« (II. 3, 1040) nicht als Träger von festgelegtem Sinn, sondern als kunstsprachlich-bildhafte Form mit vieldimensionalen Zeichen, als »Bildraum« mit einer künstlerischen »Welt allseitiger und integraler Aktualität« (II. 1, 309) interpretiert wird, mit der es sich der Vereinnahmung verschließt, erscheint es zugleich als aktiver Ausdruck der Opposition gegen die herrschenden Abstraktionen, die Abstraktionen der Herr-

schenden. Diese setzten ja das Konkrete mit dem Abstrakten, den Signifikanten mit seiner Bedeutung gleich; diese verbanden zum Beispiel mit dem Ideal der »'Einfühlung'« (I. 1, 234) in das »isolierte, abgeschlossene Werk« (ebd., 235) – einem Ideal, das Benjamin mit Blick auf Alois Riegls *Spätrömische Kunst-Industrie* von 1901 und auch auf das »unablenkbare Kunstwollen« (ebd.) des Expressionismus in seinem von 1923 bis 1925 verfaßten Buch *Ursprung des deutschen Trauerspiels* kritisierte –, mit den verabsolutierenden Vorstellungen von einmalig-originärer Gestalt, ästhetischer Geschlossenheit und werkimmanentem Sinn die Suggestion einer Sinnhaftigkeit des Bestehenden. Solche harmonisierenden Auffassungen setzten in Benjamins kritischem Bewußtsein aber keinen wirklichen Sinn und entwickelten keinen Sinn für das Wirkliche in seiner Bewegung, interpretierten die Welt nicht auf Veränderung hin.

Um so größer war Benjamins Aufgeschlossenheit gegenüber dem noch jungen Medium Film, gegenüber dessen sinnlich-optischer Vergegenständlichung authentischer Massen- und Milieuerfahrung, wie seine Schriften aus den Jahren 1926 bis 1939 zeigen. Die Neuerungen dieses Massenmediums und dieser komplex-synthetischen Kunstform verwiesen auch darauf, daß authentische Fakten »ihren Sinn, ihr Relief überhaupt erst erhalten, wenn man sie aus der isolierten Betrachtung löst« (II. 2, 754), und forderten zu einem Globalverständnis der technischen, sozialen und kulturellen Aspekte gerade des – neue Verbreitungs- und Rezeptionsformen, Originale und Reproduktionen integrierenden – modernen Filmkunstwerks heraus.[6] Benjamins Arbeit an diesem Globalverständnis war – wie Brechts parallele Bemühungen[7] – seine Antwort auf die Krise des Kunst- und Werk-Begriffs als Ausdruck der einschneidenden Veränderungen des »Gesamtcharakters der Kunst« (III, 542) seit dem 19. Jahrhundert, wie sie für ihn vorbildhaft zum Beispiel von seiner Zeitgenossin Gisèle Freund in ihrer Schrift *La photographie en France au dix-neuvième siècle. Essai de sociologie et d'esthétique* (1936) diskutiert wurden.[8]

Kritik der Reliterarisierung

Die von Benjamin angestrebte Aspektkomplexität war nur durch eine »neue, bewegte, dialektische Ästhetik« zu erreichen, in welche »die höchsten zeitkritischen Einsichten eingeschlossen« waren (VI, 166). Und eine solche Theorie erschien ihm um so dringender notwendig, als er im Umgang mit dem Film auch die Bestrebung beobachten mußte, »mit einer Rücksichtslosigkeit ohnegleichen kultische Elemente in ihn hineinzuinter-

pretieren« (VII. 1, 363), also das neue Medium auf einen traditionalistischen ästhetischen Altar zu zerren, den dieses schon längst umzustürzen begonnen hatte.[9] Benjamin analysierte diesen Umsturz – allerdings nicht primär dadurch, daß er den Kunstanspruch des Films durch Analyse seines Formenspiels sich aussprechen ließ, wozu er manche Anregung zum Beispiel durch Béla Balázs' Analyse der »Anfänge einer neuen visuellen Kultur« (BALAZS 1982, 150) in seiner Arbeit *Der sichtbare Mensch oder die Kultur des Films* von 1924 hätte gewinnen können, die er nachweislich kannte (vgl. Br SK, 36, 49; VII. 1, 458; VII. 2, 669).[10] Benjamin war – bei all seinem früh beginnenden grundsätzlichen Interesse an der »Verschmelzung des Semiotischen und des Mimetischen« (II. 1, 213) in den modernen Künsten – kein Semiotiker des Films, kein Spezialist in der Untersuchung seiner spezifischen Erzählweise, seiner Figurendarstellungen, Bildproportionen, Zeitverhältnisse, nonverbalen Präsentationen, Sekundärinhalte, Montagestilistiken und Zeichenkomplexe, kein tiefgründiger Kenner der »dramatischen Psychologie« (DREYER 1929) der Filmkunst, wie sie Carl Theodor Dreyer, den Benjamin in seinen *Kunstwerk*-Thesen erwähnt (vgl. VII. 1, 367, Anm. 9), hervorhob. Er war daher auch kein systematischer Rezipient der filmhistorischen Akzente in Stoffen und Formen, wie sie zum Beispiel vom expressionistischen und surrealistischen Filmschaffen gesetzt wurden,[11] und der zeitgenössischen Filmwissenschaft.[12] Benjamin begriff das neue Medium vor allem als Ursprung des Entstehens neuer, gattungsübergreifender ästhetischer Fragestellungen, betonte deshalb, »daß das Kino heute alle Probleme der modernen Gestaltung als seine technischen Daseinsfragen auf die kürzeste, konkreteste, kritischste Weise formuliert« (V. 2, 658).
Es verwundert daher nicht, daß zu den auffälligen Charakteristika von Benjamins Beiträgen zu einer medienbewußten Filmanalyse auch die Ablehnung aller Tendenzen gehört, den Film mit aus der schriftgebundenen belletristischen Literatur gewonnenen und verabsolutierten ästhetischen Maßstäben zu messen. Schon in einem seiner ersten abgeschlossenen Texte über Film, der *Erwiderung an Oscar A. H. Schmitz* von 1927, machte er aus dieser Ablehnung kein Hehl. Schmitz, der liberale Kritiker und Feuilletonist, Verfasser eines Buches über *Die Weltanschauung der Halbgebildeten* (3. Aufl. 1914) und eines *Breviers für Weltleute* (Neuaufl. 1923), hatte in seinem Artikel über *Potemkinfilm und Tendenzkunst* für die von Willy Haas herausgegebene Wochenzeitung *Die literarische Welt* den Film von Sergej Eisenstein als »technisch« (II. 3, 1487), also formal hochstehend gewertet, ihn zugleich aber als bloße visuelle Adaption einer »kollektiven Lebensschablone« (ebd., 1489), als »unindividuelle Betrach-

»Dramatische Psychologie«: Carl Theodor Dreyers *Jeanne d'Arc,* 1928

tung ganzer Stände, Berufe, Lebensalter« (ebd., 1488) abgewertet. Dabei berief er sich auf alte Erzähltraditionen weiterführende neue Romane – John Galsworthys *Forsyte Saga,* Sinclair Lewis' *Babitt* (beide 1922; deutsch 1925) und Jakob Wassermanns *Laudin und die Seinen* (1925) –, auf deren Gestaltung großer Individuen, die »nicht durch Protest und kollektives Programm, sondern durch individuelle Einkehr neuen inneren Ausgangspunkt«, dadurch auch »Rettung« (ebd., 1489) fänden. Benjamins Polemik richtete sich nicht nur gegen Schmitz' Propagierung einer Kunst, die »sich von Politik nichts träumen lassen soll« (II. 2, 752), sondern auch dagegen, daß dieser »von seiner letzten Lektüre« ausging: »Daß dabei nichts herauskommt, ist nicht überraschend. Die streng und grundsätzlich gestaltete Darstellung einer Klassenbewegung an bürgerlichen Gesellschaftsromanen messen zu wollen, bekundet eine Ahnungslosigkeit, die entwaffnet.« (Ebd., 751.) Eine ähnliche Argumentation findet sich in Benjamins 1927 begonnenem *Passagen*-Projekt, wo er auf die Notwendigkeit hinweist, die »dialektischen Kontraste« zwischen verschiedenen Kunstgattungen und -sprachen zugehörigen Werken, zum Beispiel zwischen der *Faust*-Tragödie Goethes und ihrer Verfilmung mit magisch-optischer

69

Panzerkreuzer Potemkin, 1925: »streng und grundsätzlich gestaltete Darstellung«

Raum- und Zeitstrukturierung, stark typisierten Figuren und symbolisch überhöhtem Handlungsablauf durch Friedrich Wilhelm Murnau (1926; nach einem Manuskript von Hans Kyser und mit Zwischentiteln von Gerhart Hauptmann) zu beachten: Vom verabsolutierten Literatenstandpunkt aus müsse der Faust-Film zwangsläufig als eine »Schändung Goethes« erscheinen; doch liege »die ganze Welt« zwischen Dichtung und Film und diese von neuem zwischen einer schlechten und einer guten Verfilmung (V. 1, 573). Und es heißt nicht zufällig auch in Benjamins Besprechung von Max Macks (Regie) und Axel Eggebrechts (Drehbuch) Film *Der Kampf der Tertia*, welcher 1928 nach der Erzählung von Wilhelm Speyer entstand,[13] gleich einleitend: »Hier ist nicht ein Roman verfilmt worden. Ein sehr befähigter Regisseur hat sich von der gleichen Atmosphäre, dem gleichen Erfahrungsschatz, dem gleichen Kollektivum inspirieren lassen wie Speyer in seinem glücklichen Buche.« (IV. 1.2, 532f.)
Benjamins Anliegen bestand nicht in der diffizilen Analyse der Prinzipien der filmischen Adaption von Literatur, der Übernahmen und Auslassungen, der Hinzufügungen neuer Handlungselemente, der Komprimierungen, Neustrukturierungen und Ausweitungen, des Aufgreifens und Änderns von literarischen Details, in der filmspezifischen Untersuchung von Perspektive, Montage, Überblendung, Proportions- und Zusammenhangsbildung.[14] Viel Sinn zum Beispiel für die »Synchronität zwischen dramaturgischer Funktion der Episode und ihrem bildlichen Ausdruck« (GALPERIN 1985) in den 1 280 Schnittbildern (einschließlich der Einstellungswiederholungen im Schnitt) des *Potemkin*-Films, für den von Sergej Eisenstein in seinen Aufzeichnungen *Konstanza. Wohin der »Panzerkreuzer Potjomkin« steuert* (1926; vgl. EISENSTEIN 1988, 46-51) hervorgehobenen »neuen Psychologismus« (ebd., 48), gar für die in Béla Balázs' *Gespräch mit Eisenstein, dem »Potemkin«-Regisseur* (1929) rückschauend artikulierten Einseitigkeiten der monumentalen Massendarstellung (vgl. BALAZS 1984, 258-260) darf man von dem »schreibenden Revolutionär aus der Bürgerklasse« (III, 225) nicht erwarten. Denn Benjamin zielte vor allem auf die interdisziplinären Zwischenräume, auf die Zonen der modernen ästhetischen Erfahrung, in welche die Filmbilder reichen. Und er verteidigte diese gegen die Kolonialisierungs- und Disziplinierungsversuche der Schriftgelehrsamkeit. Mit seinen polemischen Äußerungen begab er sich so in aktive Gegnerschaft zu jenen, welche als traditionalistische »Spezialisten« (VII. 1, 252) dem zählebigen Dogma ästhetischer Theorie verpflichtet waren, daß Schriftliches einem höheren Erkenntnisvermögen entspreche und mehr Artikulationsfähigkeit besitze als Bildliches, die daher zur Reliterarisierung der visuellen Phan-

»Dialektische Kontraste«: *Faust* als Film, 1926
Regie Friedrich Wilhelm Murnau, mit Gösta Ekman und Camilla Horn

tasie, zu ihrer Reduktion auf 'Veranschaulichung' abstrakter Vorgänge neigten[15] – zum Beispiel in der zeitgenössischen Filmkritik, über die Benjamin in seinem *Programm der literarischen Kritik* (1929/30) schreibt, daß sie »(...) meist die Buchkritik (imitiert)« (VI, 166).

Es stand zwar nicht die Existenz der Literatur und des Buches überhaupt, auch nicht die Existenz des »traditionalistischen Schrifttums« und des Buches in seiner »überkommenen Gestalt« (IV. 1, 102) auf dem Spiel, wohl aber die »anspruchsvolle universale Geste« (ebd., 85) der Schriftkultur – wie sie sich einst in Friedrich Schlegels romantischer Vision vom unendlichen und ewigen Buch präsentierte (vgl. SCHLEGEL 1971, 100) –, die Herrschaft der literarischen Fiktion über die visuelle.[16] Auch darum war für Benjamin der Film, wie bereits die Schmitz-*Erwiderung* erkennen läßt, als unmittelbar bildhafte Kultursprache, die »faßlich, sinnvoll, passionierend« (II. 2, 752) eine »prismatische Arbeit« (ebd., 753) zu leisten vermag, interessant und wichtig. Er war für ihn ein umfassender Kulturfaktor, an dem sich der »Nutzen einer neuen Sehweise für ästhetische Bedürfnisse, die andere geworden sind« (VII. 2, 821), nachweisen ließ. Und er gehörte daher zu den wesentlichen Ausgangspunkten für seine Untersuchung der Komplexität der Eigenschaften und Ordnungsprinzipien sowie der spezifischen ästhetischen Dynamik der modernen bildhaften »Transformierung« des menschlichen »mimetischen Vermögens« (II. 1, 211), einer tiefgreifenden »Begleiterscheinung säkularer geschichtlicher Produktivkräfte« (II. 2, 442), wie sie sich gerade in der Kunstpraxis der Avantgardebewegungen niederschlug.

Kritik der Überblendung

Als kunsttheoretischer Erbe und Weggenosse der Avantgarden war Benjamin aber zugleich Zeitgenosse ihrer modisch-sensationellen Kommerzialisierung. Er mußte erfahren, »daß der bürgerliche Produktions- und Publikationsapparat erstaunliche Mengen von revolutionären Themen assimilieren, ja propagieren kann, ohne damit seinen eigenen Bestand und den Bestand der ihn besitzenden Klasse ernstlich in Frage zu stellen« (ebd., 692). Seine früh einsetzende und dominant bleibende Parallelisierung von technologischem und künstlerischem Fortschritt hinderte Benjamin nicht, auch diese und andere widersprüchlichen Konstellationen und negativen Auswirkungen der kapitalistischen »Apparate« zu akzentuieren. Schon die Notizen des *Moskauer Tagebuchs* sprechen vom Film als »einer der vorgeschobensten Maschinerien imperialistischer Massenbeherr-

»Phantasmagorien von Glanz und Jugend«: Anna May Wong

schung« (VI, 340) mit nicht geringem Einfluß auf das junge sowjetische Lichtspielwesen. Die authentischen Bilder dieses Mediums konnten ja nicht nur zur intensiven Aneignung der Realität in ihrer Widerspruchsbewegung genutzt werden, sondern auch zu dem, was er mittels einer filmischen Vokabel in seinen Rezensionen zu Siegfried Kracauers Buch *Die Angestellten. Aus dem Neuesten Deutschland* (1930) zum Thema machte: zur »Überblendung der gegebenen ökonomischen Wirklichkeit (...) durch Erinnerungs- und Wunschbilder aus dem Bürgertum« (III, 220), durch »Phantasmagorien von Glanz und Jugend, Bildung und Persönlichkeit« (ebd., 224).[17] Solchen »Phantasmagorien«, Konstruktionsprinzipien, Standards bürgerlicher, aber auch faschistischer »Massenkunst« (II. 2, 503) suchte Benjamin daher immer wieder mit »politischer Helligkeit« (III, 227) entlarvend nachzuspüren.

So sind bereits in der Schmitz-*Erwiderung* von 1927 die »Glorifizierung des Bürgers« und die »Massenbewegung monumentalen (lies: Ufa-) Charakters« (II. 2, 753) die Gegenpole zur sozialkritischen Darstellung des Proletariats in der Klassen- und Massenbewegung zum Beispiel bei Eisenstein; und im Text *Gespräch mit Anne* [eigentl. Anna] *May Wong. Eine Chinoiserie aus dem alten Westen* (1928) über die aus China stammende, unter anderem durch ihre Mitwirkung in Raoul Walshs Film *Der Dieb von Bagdad* (1924) populär gewordene Hollywood-Schauspielerin attackiert Benjamin den gegenüber der »unendlich subtilen Materie« der menschlichen Mimik verlogen wirkenden Gestaltexotismus der »skrupellosesten amerikanischen Regiemethoden« (IV. 1.2, 525).

Benjamin sah also – ähnlich wie vor ihm Karl Kraus in seiner Schrift *Der Untergang der Welt durch schwarze Magie* (1922; vgl. KRAUS 1960, 224f.)[18] und nach ihm Max Horkheimer und Theodor W. Adorno in ihrer *Dialektik der Aufklärung. Philosophische Fragmente* (1947; vgl. HORKHEIMER/ADORNO 1986, 108-150)[19] – in den neuen Bilder- und Zeichenwelten auch die Anzeichen für regressive Tendenzen der Medienentwicklung, für die technisch perfektionierte, auch filmische Vermarktung »immer zahlreicherer Ausschnitte aus dem Feld optischer Wahrnehmung« mittels »modischer Akzente« (VII. 2, 819), für die »Effekthascherei« (VI, 177), die den Schein des direkten Beteiligtseins an »Vorfällen« (II. 2, 635) vermittelt, und für den narrativen Rückfall in die Mythologie. Und diese Strategien wiederum waren symptomatisch nicht nur für die Verbreitung von »Halbbildung« (II. 3, 1287), sondern auch für die Reduktion kollektiver und traditionsverbundener lebensweltlicher »Erfahrung« auf das individuelle, den Oberflächenreizen des Alltags sich ergebende »Erlebnis« (I. 3, 1176; V. 2, 962; VII. 2, 743), also für die Preisgabe der Erfahrungskontinuität, für die Verflüchtigung mitteilbarer, überlieferungsfähiger Inhalte und für die Einengung des ästhetischen Spielraums, für die »auf Reflexe und Sensationen begründete Massenherrschaft« (II. 2, 528). Diese Kritik des Faktenfetischismus, der unkritischen Pluralisierung des Wahrnehmens und der Kanonisierung der Unbestimmtheit findet sich allerdings nicht nur in Benjamins Arbeiten über den bürgerlichen Kunst- und Medienbetrieb, sondern auch in denen über die Produktion der »Avantgarde, der technisch und artistisch vorgeschobensten« (VI, 168). So attackierte er in mehreren, gegen Ende der zwanziger Jahre entstandenen Fragmenten zur Kritik des Expressionismus und der Neuen Sachlichkeit, die er später, 1934, teilweise in seinem Exilaufsatz *Der Autor als Produzent* verarbeitete, und in anderen Texten an diesen Kunstrichtungen den unkritischen Umgang mit dem neuen »Anschauungskanon unserer Tage«, den selbstherrlichen »Willen zum Authentischen« (IV. 1.2, 560), die »beliebte Berufung auf Fakten« bei gleichzeitigem Verzicht auf »theoretische Besinnung« (VI, 179) und »theoretische Durchleuchtung« sowie den »Anspruch auf unmittelbar politische Wirkung« bei gleichzeitigem Verzicht auf die »politische Praxis« (ebd., 180). Das erinnert an die zeitgenössischen Debatten um die Reportageliteratur[20] und an Brechts Kritik der einfachen fotografischen Wiedergabe der Realität in *Der Dreigroschenprozeß. Ein soziologisches Experiment* (1931; vgl. BRECHT 1966, I, 185), die Benjamin in seiner *Kleinen Geschichte der Fotografie* von 1931 und in seiner *Berliner Chronik* von 1932 zitiert (vgl. II. 1, 383f.; VI, 470).

Er unterschätzt aber die Bedeutung solcher Richtungen »linker Schriftstellerei« (VI, 179) wie Expressionismus und Neue Sachlichkeit als Stationen auf dem Wege einer kritisch-demokratischen »Politisierung der Intelligenz« (III, 225), deren Notwendigkeit er, vor allem auf Siegfried Kracauers soziologische Pionierleistung *Die Angestellten* verweisend, hervorhob. Er verbaute sich damit offensichtlich auch den Zugang zu den filmischen Leistungen etwa Walter Ruttmanns und Robert Siodmaks.[21] Nichtsdestoweniger bleibt seine im *Programm der literarischen Kritik* von 1929/30 erhobene, wiederholt an die für ihn vorbildhafte Analyse von sozialen »Oberflächenäußerungen« (KRACAUER 1963, 50; III, 225) durch Kracauer erinnernde Forderung für sein Kunst- und Medienverständnis wichtig: »Je mehr die 'Objektivität', das 'Dokumentarische' (...) betont werden, desto überzeugter sollte man nach den tief verborgenen Tendenzen forschen, denen sie dienen.« (VI, 165.) Benjamin war, wie er 1929 in seinem Aufsatz *Piscator und Rußland* schrieb, gegen einen

»Politisierung der Intelligenz«: Siegfried Kracauer, 1889-1966

»Lieber Kracauer, (...)« – Brief Benjamins von 1936

»Realismus, der nachahmt, ohne sich mit dem Nachgeahmten auseinanderzusetzen« (IV. 1.2, 544).
Kritische Distanz gegenüber dem puren »Dokumentarischen« zu entwikkeln galt es um so mehr später, angesichts der auch bildhaft-manipulativen, auf populäre Sinnlichkeit, auf die Sogwirkung alltäglicher Ausschaltung von kritischer Imagination und Denkarbeit, auf Mystifikation des Wirklichen zielenden »faschistischen Stilisierung der Massenkünste« (III,

489, Anm. 9),[22] die zum Hintergrund gehört für seine Kritik an avantgardistischen Thesen und Praktiken in den Materialien aus der Spätphase seiner Arbeit am *Passagen*-Projekt. So rüttelt er dort sogar an der Avantgarde-These vom »Gebrauchswert« von Kunst, von ihrer »Gebrauchsfunktion«, kurz, von Kunst als »Gebrauchsgegenstand«: Gerade der »'Komfort des Herzens'« im Kitsch aber, mit dem sich die Massen für das Bestehende erwärmen sollten, sei »gar nichts weiter als Kunst mit hundertprozentigem, absolutem und momentanem Gebrauchscharakter« (V. 1, 500).[23] Und er attackiert den »Hochmut des abstrakten Films« gegenüber Massenbedürfnissen, »so wichtig seine Versuche sein mögen« (ebd.). Denn er sah in der »Abstraktion« eine Tendenz, die »für die politische Struktur des Films« und »auch für die andern modernsten Ausdrucksmittel (Beleuchtung, Bauweise etc.) gefährlich werden« könne (ebd.).[24] Hier reflektiert Benjamin die Krise der Avantgardebewegungen in den dreißiger Jahren, das Scheitern auch ihrer filmkünstlerischen Bemühungen darum, »Niveau zu wahren und trotzdem die Gunst der Masse zu gewinnen« (AIGNER 1929).[25]
Die deutsche faschistische Filmproduktion und ihren Beitrag zur reaktionären »Ästhetisierung der Politik« (VII. 1, 384) unter anderem auch mittels Assimilation der Montagetechnik des sowjetischen Stummfilms (wie in Leni Riefenstahls *Triumph des Willens,* 1935) und einzelner seiner Stoffe (wie in Karel Antons *Potemkin*-Version *Weiße Sklaven,* 1938) sowie mittels vordergründiger Anlehnungen an deutsche proletarische Filmsujets und -erzählweisen (wie in Hans Steinhoffs *Hitlerjunge Quex,* 1933)[26] konnte Benjamin während seines Exils in Frankreich allerdings nicht eingehend empirisch verfolgen. Das ist eine biographische Tatsache, auf die auch seine strenggenommen technikfetischistische Deutung der »massenweisen Reproduktion« in den faschistischen »Wochenschauen« verweist (vgl. VII. 1, 382, Anm. 17; vgl. auch VII. 2, 816, Anm.). Er dachte aber zum Beispiel über das Thema »Die Verwendbarkeit der Disneyschen Methode für den Faschismus« (I. 3, 1045) nach, wie eine Notiz zu den *Kunstwerk*-Thesen zeigt. In seiner extremen Lebens- und Arbeitssituation hatte der kritisch-distanzierte Beobachter der Machenschaften der »Agenten des Monopolkapitals« und der zur faschistischen »Volksgemeinschaft« avancierten »Masse«, der sich um so mehr mit dem »revolutionären Proletariat« (V. 1, 469) solidarisch fühlte, hierbei offensichtlich weniger die virtuose Tricktechnik der Humorlichtspiele Disneys[27] im Blick als vielmehr die gewissermaßen 'übermenschlichen' Züge der bekannten Figuren und ihre Funktion bei der Verarbeitung des schon in den *Kracauer*-Rezensionen diskutierten »Elends im Glanze der Zerstreuung«

»Natur und Technik, Primitivität und Komfort«: Walt Disneys 'Mickey Mouse' in *Der Postflieger* von David Hand, 1933

(III, 224), bei der Entwicklung der massenhaften »Neigung, Bestialität und Gewalttat als Begleiterscheinung des Daseins gemütlich in Kauf zu nehmen« (VII. 1, 377, Anm. 14), wie Benjamin in den *Kunstwerk*-Thesen schreibt. In seinem schon im ersten Exiljahr 1933 verfaßten Aufsatz *Erfahrung und Armut* heißt es in ähnlichem Sinne zur »Mickey Mouse«: »Natur und Technik, Primitivität und Komfort sind hier vollkommen eins geworden, und vor den Augen der Leute, die an den endlosen Komplikationen des Alltags müde geworden sind, und denen der Zweck des Lebens nur als fernster Fluchtpunkt in einer unendlichen Perspektive von Mitteln auftaucht, erscheint erlösend ein Dasein, das in jeder Wendung auf die einfachste und zugleich komfortabelste Art sich selbst genügt (...)«. (II. 2, 218.)[28] Tiefgründiger hinsichtlich der Ursachen der Entstehung des Bedürfnisses nach solchen Identifikations- und Projektionsbildern in großen Publikumsschichten formuliert dann der Satz: »In der Tür steht die Wirtschaftskrise, hinter ihr ein Schatten, der kommende Krieg.« (Ebd., 219.) Aber der komplexe, widerspruchsvolle Zusammenhang zwischen dem sich in den dreißiger Jahren zunehmend ausprägenden industriell-hierarchischen System der kapitalistischen Filmproduktion, dem Warencharakter ihrer über spezifische Marktmechanismen vertriebenen Erzeugnisse, der »Überblendung« ökonomisch-sozialer Sachverhalte als Strategie der Ausrichtung massenhafter Subjektivität auf die Interessenlage des Kapitals einerseits und den bevorzugten inhaltlichen und gestalterischen Standards der Filme andererseits wird in Benjamins Reflexionen kaum mehr als ansatzweise erhellt. Selbst in den mit programmatischem Anspruch verfaßten *Kunstwerk*-Thesen wird zum Beispiel die internationale Verschmelzung von Kapitalien der Film- und der Elektroindustrie zwecks Forcierung der Tonfilmherstellung und Steigerung der Besucherzahlen[29] nur in einer Anmerkung erwähnt (vgl. VII. 1, 356f., Anm. 2), nicht aber im Hinblick auf Folgen für Gegenstands- und Methodenwahl, Bild- und Tonkomposition zu einer konzeptionellen Grundlage gemacht. In dieser Hinsicht leisten parallele Exilarbeiten, wie Hanns Eislers Berichte von 1935 *Hollywood – Von links gesehen* (vgl. EISLER 1985, 302-306) und *Musikalische Reise durch Amerika* (vgl. ebd., 282-295) oder Siegfried Kracauers Kritik *Der Vamp-Film* (1939; vgl. KRACAUER 1974, 22f.), entschieden mehr. Allerdings erkannte Benjamin im Laufe der Arbeit an den verschiedenen Fassungen dieser Thesen entscheidende ihrer Grenzen: So lastete er sich als eine ihrer »Lücken« schon 1936 – in jenem Jahr, da durch die *Zeitschrift für Sozialforschung* ihre zu Lebzeiten einzige, die französischsprachige Publikation mit einer Reihe von ihre politischen Konsequenzen entschärfenden redaktionellen Eingriffen erfolgte (vgl. I. 2,

709-739) –, die »mangelnde Kritik der kapitalistischen Basis der Filmproduktion« (I. 3, 1021) an.
Hier hatte sich die ab 1934 unter anderem durch Einbeziehung des Marxschen *Kapitals* intensivierte Arbeit am *Passagen*-Projekt niedergeschlagen. Der Rückgriff auf das Pariser Second Empire brachte für die Durchleuchtung der komplizierten Zusammenhänge zwischen kapitalistischer Ökonomie, Politik und Kunstproduktion wichtige Denkanstöße und Erkenntnisse, nicht zuletzt für die an den *Kunstwerk*-Thesen 1938 ebenfalls selbstkritisch (zu Recht, wenn man an den undifferenzierten, evolutionaristischen Begriff vom »Zeitalter« der »technischen Reproduzierbarkeit« denkt) vermißte »historische Plastizität« (I. 3, 1033): Benjamin ging an die Erklärung des »Auratischen« (V. 1, 177) bürgerlicher Kunst und der »von der Industrie erzeugten psychologischen Typen« (I. 3, 1033), der »Phantasmagorie« (V. 1, 55) der bürgerlichen Kultur in engem Zusammenhang mit dem Warencharakter ihrer Produkte und dem Warenfetischismus heran. In seinen Thesen *Über den Begriff der Geschichte* (1940) schließlich relativierte er, die »technokratischen Züge« (I. 2, 699) der Propaganda der Sozialdemokratie, der II. Internationale kritisierend, weiter auch eigene Vereinfachungen und falsche Erwartungen.[30]
Solche Erkenntnisfortschritte für seine Auseinandersetzung mit dem Film als Massenmedium umfassend und allseitig zu nutzen, hatte Benjamin in seinem von weitgehender Isolation und »brutalsten Existenzsorgen« (I. 3, 987) bestimmten Exilalltag kaum eine Chance. Aber er suchte, allen widrigen Umständen zum Trotz, auf der Grundlage des ihm zur Verfügung stehenden Materials und theoretischen Instrumentariums unablässig nach Möglichkeiten auch der ästhetisch-künstlerischen Negation des Kapitalverhältnisses, der Entlarvung des »barbarischen Charakters der Produktions- und Tauschverhältnisse« (III, 222), des unter ihnen vorherrschenden Warencharakters der produzierten und rezipierten Kunstwerke und der etablierten bürgerlichen »Kulturwerte«. Das hatte er ebenfalls mit der schon weitgehend unterdrückten oder vereinnahmten Avantgardebewegung der zwanziger Jahre gemein.[31]

Medium der Technik

Benjamins Orientierung an den neuen sozialen und ästhetischen Sinnansprüchen der Avantgardebewegungen und ihren synthetischen Kunstformen mündete daher in jene umfassenden Versuche zu ihrer Historisierung, wie sie sich vor allem im *Passagen*-Projekt und den in seinen Zusammenhang gehörenden *Baudelaire*-Studien finden. Enge Wechselbeziehungen bestehen zwischen Benjamins Überlegungen zum Film und diesen Arbeiten: Die entscheidenden Ausgangspunkte sowohl seines kulturgeschichtlichen Gesamtkonzepts als auch seiner in hohem Maße auf den Film sich beziehenden Kunsttheorie sind jene Veränderungen in Gegenständen, Methoden und sozialen Funktionen der Künste, die seit der industriellen Revolution und den bürgerlichen politischen Revolutionen des 19. Jahrhunderts einsetzten. Ihre Beachtung vermag daher Benjamins Weg der Reflexion des Films nicht nur als »Kunstform«, sondern als Medienprodukt und Massenmedium zu erhellen.

Denn Benjamin geht ja diesen grundlegenden Veränderungen im 19. Jahrhundert vor allem mittels der Akzentuierung der Institutionen des neuen bürgerlichen Kunstbetriebs, ihrer Reproduktionstechniken und Distributionsformen nach – darunter der Fotografie, der Lithographie, der illustrierten Massenpresse, der Reklamekunst, der Panoramen und der Weltausstellungen –, die schon damals, »im Zeitalter des Hochkapitalismus« (I. 2, 509), also nicht in einem abstrakten »Zeitalter« der »technischen Reproduzierbarkeit«, massenhafte kulturell-künstlerische Aneignungsprozesse weitgehend vermittelten und steuerten. Und diese wiederum werden von ihm als »Vorläufer, gewissermaßen Luftspiegelungen der großen Synthesen, die nachkommen«, analysiert, deren »Zentrum« der Film sei (V. 2, 825).

Als »Zentrum«, von dem aus grundlegend »veränderte Kulturverhältnisse« (II. 2, 755), künstlerische Gegenstände und Gestaltungsweisen des 20. Jahrhunderts erschlossen werden, erscheint der Film aber schon in jenen Schriften Benjamins, die im unmittelbaren Vorfeld der *Passagen*-Arbeit liegen. Denn der junge Schriftsteller westeuropäischer Bildungstradition und mit besonderer Sympathie für die experimentierende Kunstavantgarde hatte, wie sein *Moskauer Tagebuch* vom Winter 1926/27 und die auf seiner Basis entstandenen Arbeiten – darunter der Bericht *Zur Lage der russischen Filmkunst* – zeigen, unter dem Eindruck der neuen »völkerpsychologischen Experimente«, so der sowjetischen Wanderkinos und des Projekts eines »Instituts zum Studium des Zuschauers« (II. 2, 750), nicht zuletzt der »Spitzenleistungen« (VI, 340) des sowjetischen Stummfilms eine vielfach »neue Optik« (ebd., 399) auf internationale Kunstprozesse seiner Zeit gewonnen.[32] Noch in Moskau entwarf Benjamin daher seine *Erwiderung an Oscar A. H. Schmitz*, seinen Beitrag zur deutschen Diskussion um Sergej Eisensteins Film *Panzerkreuzer Potemkin,* in dem er die Filmkunst und ihre Gegenstands- und Methodenspezifik als eine tiefgreifende »technische Revolution«, eine entscheidende »Bruch-

Avantgardistische Technikbegeisterung: Grafik *Synthese des russischen Films* von SERGE

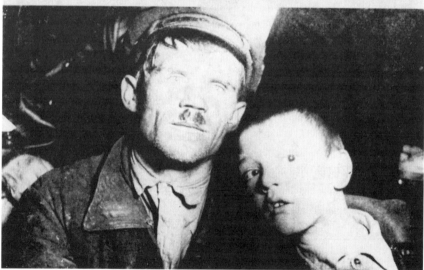

»Völkerpsychologische Experimente«: Wanderkino im Kolchos
Fotos von Eugen Heilig, 1927

stelle« in der historischen Abfolge der »künstlerischen Formationen« (II. 2, 752) charakterisierte. An dieser kommunizierten für Benjamin die Künste der Gegenwart mit denen der Zukunft.
Dieser Begriff der »technischen Revolution« leistet mehr als der undifferenzierte, auf unterschiedliche Kunstgattungen und -genres angewandte, evolutionaristische Begriff der »technischen Reproduzierbarkeit« in den späteren *Kunstwerk*-Thesen, die sich mit technikfetischistischer Optik in hohem Maße auf die Rezeptionsseite konzentrieren, den Film vor allem als »Symptom einer entscheidenden Umfunktionierung des menschlichen Apperzeptionsapparats« (I. 3, 1049) zu analysieren versuchen.
Denn mit der Kennzeichnung des Films als »technische Revolution« führt Benjamin den Film historisierend auf die »Revolution der Technik« (II. 2, 753) zurück, der er später im *Passagen*-Projekt gründlicher nachgehen wird, und begründet von der Produktionsseite her dessen politisch-emanzipatorische Chance. Diese liegt für Benjamin darin, daß der Film aufgrund seiner »neuen Technik«, seines »dauernden Wandels der Bilder« und seines »sprunghaften Wechsels des Standorts« (ebd., 752f.), neue Gegenstände, vor allem das »Milieu«, die »städtischen Massen« und ihre charakteristischen sozialen »Typen« (ebd., 753f.), in ihrer dynamischen sinnlichen Präsenz optimal erfassen und in »sinnvoller Filmhandlung« (ebd., 753) darbieten könne, wodurch die politische »Tendenz« seiner Werke weder ein »verborgenes Element« (ebd., 752) noch ein ihnen äußerlicher »Effekt« (ebd., 755) bleibe, sondern beim Zuschauer zur Entstehung »**einer neuen Region des Bewußtseins**« (ebd., 752) führe. Die Technik war deshalb für Benjamin mehr als die bloße »Mittlerin des Inhalts« (MAY 1929).
Diese Idealvorstellung von einer Filmkunst, welche authentisch und prozessual die Erfahrung und Selbsterfahrung breiter Massen aufgreift, deren mimetische Selbstorganisation entwickelt und daher eine rezeptive Massenbasis hat, bewegt sich vor allem im Horizont der Stummfilmtheorien[33] und der Begeisterung für die sowjetrussischen »Gesinnungsfilme, Werke der Ueberzeugung«, und ihre »psychologische Durchdringung des Bildes« (GRUNE 1929), für die »erlebte und filmisch gestaltete, organisierte Dynamik der gesellschaftlichen Arbeit« und »lebendiger Wirklichkeiten« (PUDOWKIN 1987, 138).[34] An dieser seiner sich früh ausprägenden Idealvorstellung hielt Benjamin zeit seines Lebens fest. Und er entwickelte von ihr aus durchgängig seine Polemik gegen apologetisch-idealistische Kunstauffassungen. Gerade Hollywood und Ufa lehrten, den Film als, wie es später in Theodor W. Adornos und Hanns Eislers Buch *Komposition für den Film* (1943/44)[35] heißen wird, »massenkulturelles Medium«

(ADORNO/ EISLER 1977, 33) zu denken – und nicht als autonome Kunstform, in der alle Elemente scheinbar frei zur Gestaltung verfügbar sind. Das nahm Benjamin vorweg und verband es mit dem avantgardistischen Anspruch auf ästhetische Neuerungen, »die aus der produktiven Sphäre kommen« (II. 3, 1049).

Medium der Masse

Daher widmet sich ja das 1927 begonnene *Passagen*-Projekt auch der Geschichte der Rezeptionsseite und der auf ihr wesentlich von den »Apparaten« bzw. »Apparaturen« ausgelösten langfristigen Veränderungen. In seinen stofflichen und methodischen Zusammenhang gehörende Arbeiten, wie die 1939 verfaßte Rezension zu den beiden kunstwissenschaftlichen Bänden 16 und 17 der *Encyclopédie Française* (1935/36), führen neue Kunstbedürfnisse, denen die »Apparaturen« des 19. Jahrhunderts antworteten, unter anderem auf das durch die Entstehung von industriellen Großbetrieben, von Großstädten, eines modernen Verkehrswesens und also eines technisierten massenhaften Alltagslebens gesteigerte Bedürfnis nach ästhetischer Mobilität zurück (vgl. III, 583), das sich kunstpraktisch in Frühformen von Dokumentar- und Sensationsstil, schockhafter Montage, simultaner und panoramatischer Sehweise, des schroffen Wechsels von »reiner« und bizarrer Schönheit, symbolischer und allegorischer Darstellungsweise niederschlug, wie Benjamin unter anderem in der Pariser Boulevardpresse, in der Reklamekunst, in Lithographien Honoré Daumiers und in Großstadtgedichten Charles Baudelaires nachweist. In der Studie *Über einige Motive bei Baudelaire* (1939) schrieb er dann über rezeptive Konsequenzen der kapitalistischen Industrialisierung und Urbanisierung, auf den Film hinlenkend: »So unterwarf die Technik das menschliche Sensorium einem Training komplexer Art. Es kam der Tag, da einem neuen und dringlichen Reizbedürfnis der Film entsprach. Im Film kommt die chockförmige Wahrnehmung als formales Prinzip zur Geltung. Was am Fließband den Rhythmus der Produktion bestimmt, liegt beim Film dem der Rezeption zugrunde.« (I. 2, 631.)
Diese Verallgemeinerungen sind einschichtig und kurzschlüssig; sie stehen für die an Benjamins Konzept charakteristische vereinfachende Parallelisierung von technologischem, kunstpraktischem und -rezeptivem Fortschreiten, in der die Begeisterung für eine befreite, unmystifizierte, für eine »funktionelle Technik« (BLOCH 1964, 10), für den Film als ihr »direktes Kind« (PISCATOR 1980, 62), für »unsere Zeit der technisch-indu-

strialisierten Vervielfältigung« (MOHOLY-NAGY 1925, 43), für Kunst als »Produktion« (ARWATOW 1972, 19) und für den neuen Künstlertypus des »zur Kollektivierung neigenden Massenfaktographen« (TRETJAKOW 1972, 215) weiterwirkt.
Damit korrespondiert eng Benjamins vereinfachende Parallelisierung von technisch-künstlerischer Rezeptionsvorgabe und Publikumsreaktion, worin sich die massenbezogenen kulturrevolutionären Utopien der ost- und westeuropäischen Avantgardebewegungen reflektieren, aber auch Vorstellungen, wie sie in der *Psychologie der Massen* (1895) von Gustave Le Bon entwickelt wurden,[36] auf die Benjamin in einer Anmerkung und in einer Notiz zu seinen *Kunstwerk*-Thesen verweist (vgl. LE BON 1973, 78; vgl. VII. 1, 370, Anm. 12; VII. 2, 668). Denn die Vermittlungsmechanismen und Assoziationsspielräume zwischen dem Weltbild des Rezipienten und der »Bilderwelt« (I. 3, 1044) des Films werden von ihm weitgehend vernachlässigt – weil er den Zusammenhang zwischen sinnlicher Wahrnehmung, Entwicklung von konkret-bildhaften Vorstellungen und abstrakt-verbalem Denken, die kognitive Untersetzung des Wahrnehmens vernachlässigt, das Hinzudenken und das Gerichtetsein der Assoziationen, welche das Selektieren der Eindrücke und die Verstärkung oder Abschwächung ihres Wirkens bestimmen. Benjamin ist außer auf den »Authentie-Effekt« (WUSS 1986 a, 277) und ein vereinfachendes Reiz-Reaktions-Muster auch auf einen vereinfachenden Begriff von Montage und von Wahrnehmungszäsuren fixiert. Der filmerzählerisch und -rezeptiv wichtige »Unterschied zwischen Wahrnehmung und imaginativer Erfassung des ästhetischen Gegenstandes« (BLAUSTEIN 1937, 245) spielt bei ihm kaum eine Rolle.[37]
Das zeigt sich besonders deutlich an den hypothetischen Verkürzungen in den *Kunstwerk*-Thesen, aber auch an denen in anderen Arbeiten und Aufzeichnungen. So wird das »Gelächter« des Publikums in einer Vorstellung von Charlie Chaplins *Die Nächte einer schönen Frau* (1923) oder *Zirkus* (1928), das auch Ausdruck purer Schadenfreude sein kann, von Benjamin zum »revolutionärsten Affekt der Massen« (III, 159) hochstilisiert; Walt Disneys 1928 kreierter Kunstfigur »Mickey Mouse« wird undifferenziert zugeschrieben, daß sie »ein ganzes Publikum rhythmisch regieren« könne (II. 3, 962); und von einem vermeintlich »revolutionären Primat des stummen Films« ist pauschal die Rede, »der schwer kontrollierbare und politisch gefährliche Reaktionen begünstigte« (I. 3, 1033). Benjamin setzte ein idealtypisches – politisch reifes, ästhetisch aufgeschlossenes – Publikum voraus, das es so kompakt nie gab. (Sein Zeitgenosse Wladimir Majakowski attackierte 1926 in der Neufassung seines 1918 entstandenen

Hollywood in Hochform: Dreharbeiten zu Richard Boleslawskis *Der Garten Allahs,* 1936, mit Marlene Dietrich

Drehbuchs *Die vom Filmstreifen Gefesselte* mit dem Titel *Kino-Herz. Ein Phantasie-Faktum in vier Teilen mit Prolog und Epilog* gerade solche Illusionen hinsichtlich des Publikumsgeschmacks – vgl. MAJAKOWSKI 1974, 301-329.)
Benjamin unterschätzte daher auch, daß ein Zuschauer sich in einen Film genauso »versenken« (VII. 1, 380) kann wie in ein kultisches, magisches oder rituales Gemälde (vgl. ebd., 358f.) – um von dem filmischen Starkult der zwanziger Jahre, zum Beispiel um Greta Garbo, die Schönheit und die Liebe im Kontrast zum »mechanisierten Leben« (GARBO 1929),[38] und Kultfilmen der dreißiger Jahre, wie Richard Boleslawskis pseudoreligiösen *Garten Allahs* (1936), zu schweigen. Und Benjamin unterschätzte, daß die technisch bedingte »Schockwirkung« (VII. 1, 380) der bewegten Bilder nicht automatisch aus jedem Zuschauer einen mit kritischer, »gesteigerter Geistesgegenwart« (ebd., 379, Anm. 16) macht, der sich im Kino, dem auch von Surrealisten wie Antonin Artaud und Robert Desnos

sowie von Rudolf Harms in seiner *Philosophie des Films* (1926) beschworenen »Kollektivraum« (WITTE 1972, 228), »kontrollieren« (VII. 1, 374) kann. Dennoch dürfen solche unrealistischen Züge von Benjamins Auseinandersetzung mit dem Film nicht darüber hinwegtäuschen, daß er diesen und seine mannigfaltigen »Vorläufer« als Schlüsselphänomene des in der ästhetischen Kultur seit dem kapitalistischen Industriezeitalter erreichten höheren Grades der – wie das Vortragsmanuskript *Der Autor als Produzent* (1934) in Anlehnung an die Konzepte Brechts und Eislers (vgl. BRECHT 1966, I, 180; vgl. EISLER 1985, 370-375) formuliert – »Vergesellschaftung« nicht nur der materiell-technischen, sondern auch der »geistigen Produktionsmittel« (II. 2, 701) betont, als Basisfaktoren der Aneignung der Wirklichkeit, der Dialektik von Inhalt und Form, von Gegenstand und Methode, als wesentliche moderne »Verkehrsformen« (IV. 1.2, 671) gesellschaftlicher Erfahrung und ästhetischer Subjektivität, als Exponenten der »Organisation der Wahrnehmung« (VII. 1, 354), der Historizität menschlicher Sinnlichkeit. Eine solche umfassende »technische Fragestellung« (VI, 183) – wie Benjamin sein Verfahren in einem Fragment von 1934 bezeichnete – nach den neuen Grundlagen des Fortschritts in Kunstproduktion, -distribution und -rezeption war zu seiner Zeit in Ästhetik und Kunsttheorie, insbesondere in der apologetischen »Schulästhetik« (III, 286), aber auch in der Auseinandersetzung kommunistischer Zeitgenossen mit dem Film,[39] keine allgemeine, geläufige Erscheinung.

Medium des Bildhaften

Zwangsläufig stellte sich Benjamin mit seiner »Fragestellung« auch der durch den Film potenzierten Bedeutung des Bildhaften. Diese seine Überlegungen stehen in enger Wechselwirkung mit anderen Teilen und Gesichtspunkten seines literarischen und theoretischen Werkes: darunter mit seinen Ausführungen zur »konstitutiven Idee« (I. 1, 220) der Kunstgattung als »Gebilde« (ebd., 224) mit der Aufgabe, ein »Bild der Welt in seiner Verkürzung zu zeichnen« (ebd., 228), im Buch *Ursprung des deutschen Trauerspiels;* mit seiner destruktiven Metaphorik und unkontemplativen Flaneurperspektive in der Prosasammlung *Einbahnstraße* (1923-1926); mit seiner verdichteten, immer mehrdeutigen »Bilderrede« (IV. 1, 426) in den *Sonetten* (1915-1925) und in den *Denkbildern* (1931-1933), welche bildliche Anschauung, auslegendes Denken und Schreiben, Bildformung und gleichzeitige ideelle Bildauflösung und -entschleierung sowie absichtliche Sinn-Verdunkelung zu vereinen sucht und das Bildhafte nicht – wie klassizistische Kunsttheorien – als sinnliches Erscheinen moralischer Ideen auffaßt; auch mit seinem geschichtsphilosophischen Konzept des »dialektischen Bildes« (V. 1, 580) aus der Spätphase der Arbeit am *Passagen*-Projekt.[40] Und schließlich darf der »operierende Schriftsteller« (II. 2, 683) Benjamin nicht vergessen werden, der sich in Pressearbeiten – wie Siegfried Kracauer in seinen Essays *Kult der Zerstreuung* (1926) und *Die kleinen Ladenmädchen gehen ins Kino* (1927)[41] – mit dem, so Benjamin 1927 in einem Brief an Kracauer, »Zusammenspiel der Phantasie der herrschenden Klasse und der beherrschten Klasse, wie es die Filmindustrie organisiert« (Br SK, 41), auseinandersetzte. Zum Beispiel in dem kleinen Text *Ade mein Land Tirol* von 1930 für die *Frankfurter Zeitung* (an der Kracauer von 1921 bis 1933 tätig war), der anläßlich der Premiere des deutschen Operetten-Tonfilms *Der unsterbliche Lump* von Gustav Ucicky (Regie) und Hans Ritter (Musik) bildliche Stereotype und Hintermänner – den Film-Großproduzenten Joe May, den Medienmagnaten Alfred Hugenberg – dieses »Zusammenspiels« in für ihn typischer Weise, nämlich metaphorisch,[42] glossiert: »Der Joe May ist gekommen, die Bäume schlagen aus. Aus ihren Wipfeln rauscht der Atem Benatzkys. Der Inn spiegelt, wie natürlich, in seinen klaren Wassern die Ufa. Im Hintergrunde erhebt sich der Hugenberg.« (IV. 1, 468.)

Mit Benjamins idealtypischer Vorstellung von einer Kunst, »in deren Schöpfungen die Produktivkräfte und die Massen zu Bildern des geschichtlichen Menschen zusammentreten« (II. 2, 505), wie er sie in seinem Essay *Eduard Fuchs, der Sammler und der Historiker* (1934-1937) proklamierte, hatten derartige Produkte der deutschen, von Alfred Hugenberg lancierten Filmindustrie[43] gewiß nichts gemein. Um so mehr sah er es als seine Aufgabe an, sich der seit dem 19. Jahrhundert durch die Fotografie, besonders seit Ende dieses Jahrhunderts durch die bewegten Bilder im Kino, »wo die Auffassung von jedem einzelnen Bild durch die Folge aller vorangegangenen vorgeschrieben erscheint« (VII. 1, 361), potenzierten Bedeutung des Bildhaften zu stellen. Es lassen sich in Benjamins weit verstreuten Bemerkungen drei zentrale Bestimmungen seiner sozialen und ästhetischen Funktion ausmachen:

Besonderes Vermögen sprach er dem Gebrauch des Bildhaften zunächst nicht nur bei der kontextuellen, szenischen und situativen »Abbildung« oder »Veranschaulichung« vorhandener Zustände und Sachverhalte, sondern bei ihrer »Vergegenwärtigung«, bei ihrer räumlich-zeitlichen »Aktualisierung« (VI, 416) zu. Damit meinte er nicht nur das der Gegenwart verpflichtete, anschauliche historische »Erinnern« (IV. 1, 400), das verfremdende Heranzitieren des »Bildes der Vergangenheit« (I. 2, 695) mit möglichst geringen visuellen Verlusten, wie es zum Beispiel Abel Gance, dem Regisseur von *Napoléon* (1927) und *La fin du monde* (Das Ende der Welt, 1931), in seiner Schrift *Le temps de l'image est venu* (Die Zeit des Bildes ist gekommen, 1927) vorschwebte, auf die Benjamin sich in seinen *Kunstwerk*-Thesen bezog (vgl. VII. 1, 354). Damit meinte er auch die Herstellung eines »schärferen Bewußtseins der Umwelt« (III, 301) vermittels einer »heilsamen Entfremdung zwischen Umwelt und Mensch« (II. 1, 379) in der Gegenwart, die Qualifizierung der Beobachtungsgabe, vor allem der »physiognomischen«, das heißt auf die Dialektik von Innen und Außen zielenden Wahrnehmung des »ganzen Umkreises der sichtbaren Existenz« und »menschlicher Reaktionen in beliebigen Konstellationen« (VII. 2, 822).[44] Gerade der Film sei mittels »überraschender Abwandlung« (IV. 1.2, 797) fähig, ein »Milieu« in seiner vollen Dynamik und Aspektvielfalt zu erfassen, »das jeder anderen Erschließung sich entzieht« (II. 2, 752). (Ernst Bloch spricht in ähnlichem Sinne im ersten Band seines 1938 im amerikanischen Exil begonnenen Buches *Das Prinzip Hoffnung* von der »photographierten Transparenz«, von »Spiegel-, auch Verzerrungs-, aber auch Konzentrierungsbildern« – BLOCH 1970, 477, 474.) So war für Benjamin zum Beispiel Wilfried Basses berühmtes Dokumentarepos *Markttag am Wittenbergplatz* von 1929 »spannender geworden als mancher Detektivfilm« (VII. 1, 74).

Die **erste** wesentliche Funktion der Bildhaften sieht Benjamin also in der Aktivierung sinnlichen, räumlich-gegenständlichen Erfahrungsvermögens, in der Verfremdung gewohnter Milieuerfahrung zwecks Gewinnung unmittelbarer Klarheit über die Lebenswelt und retrospektiver Qualität hinsichtlich ihrer Geschichtlichkeit.

In der Besprechung einer populärmedizinischen Ausstellung in Berlin-Kreuzberg von 1930 schrieb Benjamin: »Was zu sehen ist, darf nie das selbe, oder einfach mehr oder weniger sein, als eine Beschriftung zu sagen hätte. Es muß ein Neues, einen Trick der Evidenz mit sich führen, der mit Worten grundsätzlich nicht erzielt wird.« (IV. 1.2, 560; vgl. auch die Notizen in VI, 416.) Bildeten die anderen »Depositen von Weltzusammenhängen« (Br 2, 694), die Sprachlautbildungen und die linearen, eindimensionalen Schriftzeichen, nur »ein Archiv unsinnlicher Ähnlichkeiten, unsinnlicher Korrespondenzen« (II. 1, 208, 213), so könnten die mehrdimensionalen Bilder, die konkretes Erleben, Anschauen und Abstrahieren vereinigen, die abstrakten Zeichen durchdringen, auflösen und aus ihnen verborgene »Sachverhalte« (IV. 1, 104) und »Tendenzen« (II. 2, 752) hervortreiben. Den »werdenden, lebendigen Formen« der modernen Medien- und Kunstwelt, darunter dem die Sinne miteinander verflechtenden und sensibilisierenden Tonfilm, sprach Benjamin daher die Fähigkeit zu, in der »Materie« des Schriftsprachlichen gespeicherte soziale »Stoffe zur Explosion zu bringen«; sie könnten zum Beispiel »dialektisch den 'Kitsch' in sich aufnehmen, sich selbst damit der Masse näher bringen und ihn dennoch überwinden« (V. 1, 500). Mit solcher Auflösung abstrakter Zeichen leisten Bilder nach Benjamin Widerstand nicht nur gegen die Festsetzung des rationalistischen, abstrakten Wissens und ihm entsprechender Bedeutungserwartungen in der, wie sie Béla Balázs nannte, »Begriffskultur« (BALAZS 1982, 149), sondern auch gegen die Bedeutungszirkel des mythischen Denkens, gegen die Irreleitung der Realitätserfahrung durch den spontan sich in der routinierten Wahrnehmung der modernen Lebenswelt vervielfältigenden »Schein« (I. 3, 831), die ritualisierende und standardisierende, apologetisch-dekorative »ideologische Spiegelwelt« (III, 301) und ihre Lebenssurrogate. Bertolt Brechts lyrische Bildsprache zum Beispiel sah er in diesem Sinne »Richtung auf eine von allen magischen Elementen gereinigte Sprache« nehmen (II. 3, 956, 1424).

Als **zweite** wesentliche Funktion bildhafter Realitätsaneignung betont Benjamin also die Wiedererlangung von durch vereinseitigende Instrumentalisierung der Rationalität, auch durch Alphabetisierung und Mythologisierung sowie auf diese fixierte ästhetische Theorien verdrängter komplexer Bedeutungsstrukturen, komplexer Potentiale kritisch-sinnlicher Reflexion und Assoziation.

In Notizen zu seinen *Kunstwerk*-Thesen schrieb Benjamin, daß Kunst »ein Nachmachen« sei, »dessen verborgenstes Innere ein Vormachen ist. Kunst ist, mit andern Worten, vollendende Mimesis.« (I. 3, 1047; vgl. auch VII. 2, 668.) Das Bildhafte war daher für ihn Ausdrucksform nicht nur des darstellerischen Nachahmens des Bestehenden, sondern auch der Herstellung von zeichengeleitetem Verhalten, das die Grenzen des Gegenstandes überschreitet; es war Medium sowohl anschaulich aufschließender Strukturierung visueller Eindrücke als auch formender, abstrahierender, zusammenziehender (zum Beispiel symbolisierender) Hervorbringung gegenständlicher Phantasien. Unter Berufung auf Kracauer schrieb Benjamin in einer weiteren Notiz zu seinen *Kunstwerk*-Thesen dazu: »In dem Maße als die Wiedergabe der Realität im Film 'treuer' wird, müssen diejenigen

Formelemente im Film an Bedeutung und Durchschlagskraft zunehmen, die das Bild einer totalen Realität zertrümmern.« (VII. 2, 677.) Der Film sollte deshalb auch – wie in den auf die Psychoanalyse zurückgreifenden Filmreflexionen Hugo von Hofmannsthals (*Der Ersatz für die Träume,* 1921; vgl. HOFMANNSTHAL 1987, 269-273) und Siegfried Kracauers (*Film 1928;* vgl. KRACAUER 1963, 295-310)[45] – teilhaben an der plastisch-gegenständlichen Visualisierung von Trauminhalten aus »der tiefsten unbewußten Schicht des eignen Daseins«, des »wirklich gelebten Lebens« (VII. 2, 792), und an der kathartischen »Sprengung des Unbewußten« (VII. 1, 377), am Hervortreiben des »Optisch-Unbewußten« (II. 1, 371; II. 3, 1136). (Für diese seine Thesen hätte Benjamin übrigens gerade in der Filmpraxis der »'Freudianer' des französischen Films« [AIGNER 1929], der Surrealisten, deren »neuen Versuchen« [II. 2, 774f.] in Literatur, bildender Kunst und Theater er große Aufmerksamkeit widmete, Bestätigung finden können, also in Filmen wie *Entr'acte* [Zwischenspiel, 1924] von Francis Picabia und René Clair, *La coquille et le clergyman* [Die Muschel und der Geistliche, 1927] von Antonin Artaud und Germaine Dulac, in *Un chien andalou* [Ein andalusischer Hund, 1929] von Luis Buñuel und Salvador Dali und *Le sang d'un poète* [Das Blut eines Dichters, 1930] von Jean Cocteau.) Mit seiner rezeptiven Offenheit gegenüber dem wirklichen Leben und – infolgedessen – auch gegenüber dem verbal nicht oder kaum Mitteilbaren vermöge das Bildhafte derart bei der Überwindung der Grenze des Sagbaren, der neurotischen »Mitteilungssperre« (II. 3, 1285) für Denken und Fühlen, bei der Befreiung von unbewußten Realitätszwängen mitzuwirken. Damit trage es zur Gewinnung »ungeheuren und ungeahnten Spielraums« (VII. 1, 376) für visuelle Assoziationen bei und zur Erfüllung einer wesentlichen Funktion von Kunst, die Benjamin, wiederum in einer Notiz zu seinen *Kunstwerk*-Thesen, umriß: »Die Menschheit mit bestimmten Bildern vertraut zu machen, ehe noch die Zwecke, in deren Verfolgung dergleichen Bilder entstehen, dem Bewußtsein gegeben sind.« (I. 3, 1047.) Diese Fähigkeit verlieh Benjamin zum Beispiel der allmächtigen, die Grenzen menschlichen Daseins stets überspringenden filmischen Animationsfigur »Mickey Mouse« von Walt Disney (vgl. II. 1, 218f.; VI, 144f.; VII. 1, 377).

Als **dritte** von Benjamins theoretischer Konstruktion hervorgehobene Funktion des Bildhaften ergibt sich somit der psychotherapeutische und antizipatorische Brückenschlag zu noch unscheinbaren und unbeachteten Regungen der Lebenswirklichkeit und der Individuen, zu noch unbewußten Zuständen und Verhaltensformen.

Surrealistischer »Bildraum« im Film: *La coquille et le clergyman* von Germaine Dulac, 1927

Konkurrenz der Gattungen

Auf den für ihn wesentlich von der »Revolution der Technik« seit dem 19. Jahrhundert ausgehenden Prozeß der »Vergesellschaftung« kultureller Potentiale und auf die Entstehung »großer Synthesen«, vor allem des Films, sowie nicht zuletzt auf die Potenzierung bildhafter Formen ästhetischer Aneignung durch diese führt Benjamin auch den »gewaltigen Umschmelzungsprozeß« (II. 2, 687) der Kunstgattungen zurück. Er tat das, um »darauf hinzuweisen, von einem wie umfassenden Horizont aus man die Vorstellungen von Formen oder Gattungen (...) an Hand von technischen Gegebenheiten unserer heutigen Lage umdenken muß« (ebd.). So erhellt er in der *Kleinen Geschichte der Fotografie* und im *Passagen-Projekt* die im 19. Jahrhundert beginnende Umbildung des Kunstensembles anhand der Auseinandersetzungen zwischen der traditionellen Malerei und der neu aufkommenden Fotografie (vgl. II. 1, 374f.; V. 2, 824-846), und in den *Kunstwerk*-Thesen zieht er ähnlich die »Konkurrenz zwischen Photographie (Film) und Malerei als Erklärungsprinzip auch für gewisse scheinbar entlegnere Experimente der modernsten Malerei« (I. 3, 1045) des 20. Jahrhunderts heran, darunter jener des französischen Surrealisten Marcel Duchamp, Schöpfer unter anderem einer *Das große Glas* genannten Bild-Maschine (1912-1923) und eines Films *Blutarmes Kino* (1925), sowie jener der Dadaisten, Futuristen und Kubisten, welche die »rücksichtslose Vernichtung der Aura ihrer Hervorbringungen« und der »Versenkung, die in der Entartung des Bürgertums eine Schule asozialen Verhaltens« wurde, anstreben, indem sie ihnen »mit den Mitteln der Produktion das Brandmal einer Reproduktion aufdrücken« (VII. 1, 379).[46]
Auf ähnlicher Reflexionsebene hob Benjamin diese neuzeitliche »Konkurrenz« der Gattungen und ihrer Kunstsprachen schon im *Moskauer Tagebuch* hervor, wo er zur Charakteristik von Theaterinszenierungen Alexander Jakowlewitsch Tairows »die Zerstückelung in einzelne Szenen (Kinofizierung) durch Fallen des Vorhangs und Beleuchtungswechsel« (VI, 340)[47] anmerkt, und im Aufsatz *Theater und Rundfunk. Zur gegenseitigen Kontrolle ihrer Erziehungsarbeit* (1932), wo er die »Auffindung und Gestaltung des Gestischen« im Epischen Theater Brechts als eine »Zurückverwandlung der in Funk und Film entscheidenden Methode der Montage aus einem technischen Geschehen in ein menschliches« (II. 2, 775) erklärt.[48]
Allerdings ging es Benjamin um mehr als um die Registrierung von bloßer »wechselseitiger Erhellung« (WALZEL 1917), »Wechselberührung« (WAIS 1936) oder »wechselseitiger Deskription« (HARMS 1937, 207)

der einzelnen Künste in Form von Übernahmen gestalterischer Mittel und Methoden – es ging ihm um den über die neuartige Kreuzungssituation zwischen den Gattungen erreichten Gewinn an sozialen und ästhetischen Dimensionen in der Gegenstandsaneignung.[49] Nicht zufällig verdeutlichte er, der Essayist und Übersetzer, diesen gerade mit literarischen Beispielen. So hätten die »Alleinherrschaft des Authentischen« und die Technik der »Montierung« im Film, wie er in seiner Rezension *Krisis des Romans* (1930) zu Alfred Döblins *Berlin Alexanderplatz. Die Geschichte vom Franz Biberkopf* von 1929 betont, die »Verschlossenheit des alten Romans« (III, 233) gesprengt, »neue, sehr epische Möglichkeiten« (ebd., 232) in Struktur und Stil geschaffen, vor allem hinsichtlich der kritisch-dokumentarischen Darstellung der »Metamorphose des bürgerlichen Bewußtseins« (ebd., 235).[50] Ähnlich bestimmt Benjamin die »technische Position« der »totalitätserfassenden Dichtung« (ebd., 517) von James Joyce und die Bedeutung des »Kinematographischen« (II. 3, 1057) der desillusionierenden Erinnerungsbilder im Werk von Marcel Proust, »wo mit tausend Reflektoren, konkaven und konvexen Spiegelungen die Zeit zum Gegenstand der Experimente gemacht wird« (ebd., 1045). Schließlich zieht er zur Bestimmung der »gesellschaftlichen Bedingtheit« (II. 3, 1249) Franz Kafkas Parallelen zwischen der »ungeheuren Verdichtung« des menschlichen Ausdrucks und der großen Sensibilität gegenüber der »Selbstentfremdung des Menschen in diesem Zeitalter« (ebd., 1257) in den Romanen des Pragers und den Stummfilmen Chaplins.[51]

Hier werden von Benjamin Symptome eines neuartigen Prozesses intermedialer Kommunikation bei der Gegenstands- und Methodenwahl von Kunstproduktion, des Dominanzwechsels im Hinblick auf soziale Funktionen innerhalb des Gattungsensembles und der Dehierarchisierung des ästhetischen Wertungssystems seit dem 19. Jahrhundert aufgegriffen und analysiert: Er führt in multidisziplinärer, die Gattungsgrenzen überschreitender Betrachtung die »höchst geistvollen Leistungen« auch des Films unter anderem mittels authentischer »Versinnlichung der geistigen Reflexe und Reaktionen« (I. 3, 1051) ins Feld und macht ihn so zum Reflexionsmedium der sich schon im Systemprozeß der bürgerlichen ästhetischen Kultur des 19. Jahrhunderts vorbereitenden Grenzverschiebungen und -überschreitungen zwischen Kunst und Alltag und des übergreifenden, nicht auf die Ebene der künstlerischen Gestaltung beschränkten »Funktionswechsels« der Künste im 20. Jahrhundert. Denn diese reagierten ja auf mehrere große Herausforderungen, die Benjamin zeitlebens beschäftigten: die neuen Gegenstände, darunter die Großstadt als vielsträngiger und vielstimmiger Schauplatz; die in ihrem Bannkreis auf den

Kunstrezipienten, darunter den Romanleser, massenhaft einströmenden, alltäglich neuen Eindrücke; die vom Dokumentar- und Spielfilm, ferner dem Rundfunk, der Massenpresse und der Werbung geschaffenen neuen Kommunikationsformen und Gestaltungsprinzipien; schließlich jene unübersehbare »Krisis« nicht nur des Romans, des traditionellen bürgerlichen Bildungs- und Entwicklungsromans, mit dessen Mitteln – wie dem durchgängigen, überschaubaren Handlungsaufbau, dem alles überschauenden Erzähler und »großen« Helden – die neuen Realitäten nicht mehr hinreichend zu erfassen waren. Hierbei wirkte in Benjamins Konzeptionsbildung das kulturrevolutionär ausgerichtete ästhetische Denken und Wirken der europäischen Avantgardebewegungen weiter, ebenso wie zum Beispiel in Anna Seghers' Briefwechsel mit Georg Lukács (1938/39; vgl. SEGHERS 1979, 77-109).[52]

Konkurrenz der Kultursprachen

Nun war der Film, an dem Benjamin in hohem Maße die neuen Dimensionen bildhafter Realitätsaneignung exemplifizierte, nicht nur Teil eines künstlerischen Gattungssystems, sondern auch eines Medien-Verbundsystems. Dieses wiederum stand für eine historisch neuartige Vernetzung und Dynamisierung sozialer und kultureller Gebilde, wie sie gerade die zeitgenössische ästhetische Kultur der Weimarer Republik mit ihren »immer dichteren Medien« (BRECHT 1966, I, 178) kennzeichneten. Benjamin ging diesen Grundlagenprozessen in nicht wenigen Schriften, Fragmenten und Notizen nach: außer in Prosatexten, wie der *Einbahnstraße*, in Ausstellungsberichten, Rezensionen und Porträts für Presse und Hörfunk auch in theoretischen Ausarbeitungen, wie den Fragmenten des *Passagen*-Projekts und des Textkomplexes *Roman und Erzählung* (1928-1935), die teilweise in seinen Aufsatz *Der Erzähler. Betrachtungen zum Werk Nikolai Lesskows* (1936) eingingen, in der *Kleinen Geschichte der Fotografie* (1931), in den Aufzeichnungen *Über das mimetische Vermögen* und *Lehre vom Ähnlichen* (1933) sowie im *Fuchs*-Aufsatz. Hier untersuchte er einander überlagernde und den »Konkurrenzkampf« (II, 2, 697) der Kunstgattungen wesentlich bestimmende Typen ästhetischer Kommunikation, des Zusammenspiels von Alltagskultur und Künsten, ihre narrativen Struktur- und Formelemente, ihre Produktions- und Verbreitungsmechanismen, also auch ihre »Reproduktionstechniken« (II. 2, 503). Im Mittelpunkt seiner diagnostischen Verfolgung von kunstpraktischen Verlaufsspuren der Moderne stehen nicht – wie zum Beispiel in den Arbeiten von Georg Lukács *Die Theorie des Romans. Ein geschichtsphilosophischer Versuch über die Formen der großen Epik* (1916, 1920; vgl. LUKACS 1985, 92-146) und *Erzählen oder Beschreiben? Zur Diskussion über Naturalismus und Formalismus* (1936; vgl. LUKACS 1977, 113-165)[53] oder in Ralph Fox' *Der Roman und das Volk* (1937; vgl. FOX 1975) – weltanschaulich-politische Fortschrittsgaranten. Im Mittelpunkt stehen bei Benjamin jene sich im 20. Jahrhundert auch in Deutschland im Zuge der Effektivierung der Informationsverarbeitung rasch durchsetzenden Medien, Kommunikationstechnologien und Zeichensysteme,[54] jene »technischen Revolutionen«, die er als »Bruchstellen der Kunstgeschichte (und der Werke)« (II. 2, 752) ansieht und – allerdings sehr vereinfachend – im Begriff der »Information« (ebd., 444) zusammenfaßt.[55] Zu diesen gehören für ihn außer Film und Hörfunk auch die Illustriertenpresse, die Fotografie, die Dioramen, Verwandlungsbilder und Transparente des Ausstellungswesens, die Mischformen des Unterhaltungsbetriebs, das noch junge »elektrische Fernsehen« (IV. 1.2, 510) und die Werbung, die sich bald auch des Films bediente.[56] An ihnen interessiert Benjamin besonders ihre Rolle bei der Entwicklung eines neuen, eines genormten und wortlosen »Zeichensystems«, das »heute auf den verschiedensten Lebensgebieten – in Verkehr, Kunst, Statistik – im Andringen scheint«, das Ausdruck von Bestrebungen sei, »die Anschauung so weit wie nur möglich vom Wort, geschweige vom Buchstaben zu emanzipieren« (VII. 1, 251). Denn diese Techniken, Medien, Kunstformen und ihre neuen, wie Bloch sie in *Erbschaft dieser Zeit* (1935) nannte, »rebellischen Zeichen« (BLOCH 1979, 166) führten einerseits zur Sprengung des Speichermonopols der Schrift, zum Auseinanderfallen der Verbindung von Schrift und Buch, zur Auflösung der kontemplativen Versenkung in sie; sie führten andererseits zu einer wachsenden Mobilität und technischen Erneuerung der Schrift und ihrer »Bildkraft« (II. 2, 449), so daß im alltäglichen »so dichten Gestöber von wandelbaren, farbigen, streitenden Lettern« (IV. 1, 103) zum Beispiel neben Formen der Wiederkehr antiker Keil- und Hieroglyphenschrift auch universelle Varianten moderner bildhafter »Configurationen« (VI, 32) zu finden waren. Benjamin konstatierte hier Anzeichen der Entstehung einer neuen, eigenwertigen Simulationsöffentlichkeit und eines – mit den ersten deutschen Fernsehexperimenten beginnenden – Medienwechsels von der mechanischen und fotochemischen zur magnetischen und elektronischen Zeichenproduktion und -zirkulation,[57] Anzeichen der massenhaft nicht nur dokumentarisch-authentischen, sondern auch fiktiven Überschreitung kommunikativer Horizonte, der Ausprägung des »Blicks fürs Authentische« (IV. 1.2, 561) ebenso wie für die »sture, sprunghafte Nähe« (IV. 1, 132) einer phantastischen »neuen exzentrischen Bildlichkeit« (ebd., 104). Solche vielseitig verwendbaren, konkretisierenden wie abstrahierenden Formexperimente, grenzüberschreitenden Synthesen mit ästhetischen Neuentdeckungen faszinierten ihn – und das nicht nur wegen ihrer politisch-operativen Dimensionen.[58] Außer den Montagetechniken des Films und des Hörfunks zählen daher auch die neuartigen Wort-Bild-Synthesen zum Beispiel in der Illustriertenpresse und in der Buchgestaltung, welche die »Dinge in der Aura ihrer Aktualität« zeigen (IV. 1.2, 449; vgl. auch VII. 2, 820, Fußnote), die Zeugnisse der »Literarisierung des Theaters in Formulierungen, Plakaten, Titeln« (II. 2, 525) bei Brecht und die traumhaft-assoziativen Bilderfolgen in der Dichtung der sowjetrussischen Imaginisten und Konstruktivisten (vgl. II. 2, 758) zu seiner Materialbasis, ebenso die Formen der Verarbeitung »graphischer Spannungen der Reklame ins Schriftbild« (IV. 1, 102), wie in Stéphane Mallarmés Gedicht *Un coup de dés* (Ein Würfelwurf, 1897) und in Louis Aragons Prosawerk *Le paysan de Paris* (Der Bauer von Paris, 1926). Auch in den unter anderem auf die Manieristen zurückgehenden Sprachübungen des Dadaismus, die dem Zweifel an einer logisch-verstandesmäßigen Welterkenntnis Ausdruck gaben (vgl. VII. 1, 378f.), und besonders in den »magischen Wortexperimenten«, den »passionierten phonetischen und graphischen Verwandlungsspielen« (II. 1, 302) der gegenüber dem Sichtbaren mißtrauischen Surrealisten, die mit ihren Alltagstopographien zukunftsträchtig »im Raum des politischen Handelns den hundertprozentigen Bildraum entdecken«, in einer Sphäre, »wo ein Handeln selber das Bild aus sich herausstellt und ist, in sich hineinreißt und frißt, wo die Nähe sich selber aus den Augen sieht« (ebd., 309), wurde für Benjamin das Bildhafte zum emanzipatorischen Ausdruck von neuen Sinnwelten, zum Umschlags- und Vereinigungspunkt von Phantasie und Intellekt, Erfahrung und Erlebnis. Und er sah durch den fotografischen und filmischen »Geysir neuer Bilderwelten« (III, 152) auch Chancen für eine neue »Bildkraft« (II. 2, 449), das heißt für eine Mehrdimensionalität des Erzählens als schriftgebundenes »weitergebendes, abwandelndes Bewahren« lebensweltlicher Erfahrung »im Medium der Phantasie« (ebd., 642) entstehen, für die Darstellung von Arbeits- und Lebensprozessen, für die – wie Benjamin in Anlehnung an Sergej Tretjakows Schrift *Feld-Herren. Der Kampf um eine Kollektivwirtschaft* (1931; vgl. TRETJAKOW 1972, 114) formuliert –, »Literarisierung der Lebensverhältnisse« (II. 2, 649; VI, 446),[59] für die Vertiefung der Rezeption auch von Gedrucktem – ja für die Erweiterung der gesamten erfahrungsgeprägten und -prägenden Rezeptionshorizonte,

```
C'ÉTAIT                              LE NOMBRE
issu stellaire

                              EXISTÂT-IL
                       autrement qu'hallucination éparse d'agonie

                           COMMENÇÂT-IL ET CESSÂT-IL
                         sourdant que nié et clos quand apparu
                                       enfin
                          par quelque profusion répandue en rareté
                                   SE CHIFFRÂT-IL

                             évidence de la somme pour peu qu'une
                                   ILLUMINÂT-IL

CE SERAIT
pire
        non
            davantage ni moins
                 indifféremment mais autant              LE HASARD


                                  Choit
                                    la plume
                                       rythmique suspens du sinistre
                                                           s'ensevelir
                                                   aux écumes originelles
                              naguères d'où sursauta son délire jusqu'à une cime
                                                                    flétrie
                                        par la neutralité identique du gouffre
```

Lyrik mit »graphischen Spannungen«: Aus dem Erstdruck von Stéphane Mallarmés Gedicht *Un coup de dés,* 1897

die, wie Benjamin unter Bezugnahme auf Le Corbusier schreibt, »sozialen Medien«, durch welche jede Kunstaufnahme »entscheidend gebrochen« werde (III, 679).[60]

Ebensowenig wie Benjamins Interesse am Film auf Produktionen wie die »russischen Massenfilme« (IV. 1.2, 533) von Sergej Eisenstein, Wsewolod Pudowkin und Dsiga Wertow, auf seine potentiell progressive politische Wirkung und seine Nutzung zur Kritik der visuellen Glorifizierung der bürgerlichen Gesellschaft beschränkt war, ebensowenig erschöpfte sich Benjamins Engagement für die vom Film und anderen Künsten und Medien potenzierten bildhaften Aneignungsformen in der Betonung zum Beispiel der Fotomontagen John Heartfields, deren »Technik den Buchdeckel zum politischen Instrument gemacht hat« (II. 2, 693), und der »Arbeit an den neuen Kunstformen unter Heranziehung des ganzen Arsenals der proletarischen Lebens- und Sprachformen« (VI, 445), also auch nicht in der – unrealistischen – Erwartung einer technisch vervollkommneten, massenverbundenen, progressiven »Politisierung der Kunst« durch den Kommunismus, mit der dieser wirksam der »Ästhetisierung der Politik« (VII. 1, 384) durch den Faschismus begegne. Auch der zeitgenössische Kommunismus, zumindest der staatlich etablierte und propagierte, hatte ja mit Pseudo-Enthusiasmus und Geschichtsmanipulation[61] die Politik 'ästhetisiert' – und die Kunst so 'politisiert', daß zum Beispiel die Avantgarden aus dem Traditionsverständnis der Arbeiterbewegung langfristig ausgeblendet blieben, wofür Benjamin die ersten Anzeichen bereits in seinem *Moskauer Tagebuch* vom Winter 1926/27 registrierte (vgl. VI, 294, 321). In isolierter Betrachtung ist die »Politisierungs«-These Benjamins mißverständlich.

Umwertung der Zerstreuung

Aber der Materialreichtum und die Anschaulichkeit, die Benjamin durch die Arbeit an seinen *Passagen* hinsichtlich des historischen Zusammenhangs von Industriekultur, Kulturindustrie und technisch-medialer Neuprägung der Kunstentwicklung erreichte, bildeten die wesentliche Grundlage dafür, daß sein Rückgriff auf die »Apparaturen« des 19. Jahrhunderts und ihre Wirkungsweise in den *Kunstwerk*-Thesen zu einem Vorgriff in Form gerade einer sehr weit gefaßten antifaschistischen Programmatik der »Politisierung der Kunst« im 20. Jahrhundert werden konnte, die de facto mehr beinhaltet als »ihre innigste Verbindung mit didaktischen, informatorischen, politischen Elementen« (I. 3, 1049), wie Benjamin in einer Notiz zu seinen Thesen schreibt. Denn die »Apparaturen« des 19. Jahrhunderts werden historisch-nüchtern, nicht vordergründig und moralisierend ideologiekritisch, nicht einseitig nur als »Schreckensmobiliar des beginnenden Hochkapitalismus« (V. 2, 1018), die des 20. Jahrhunderts daher nicht ebenso einseitig »nur als Verdummungsinstrumente im Interesse der herrschenden Klasse« (III, 224) analysiert. Vielmehr sind für Benjamin die durch sie in hohem Maße ausgelösten Wandlungen in Gegenstandsbezugen, künstlerischen Verfahrensweisen, Gattungs- und Genreentwicklungen sowie ästhetischen Wertungsprozessen wesentliche Erscheinungsformen einer historisch neuen Dialektik von technologischem Fortschritt, sozialen Bedingungen und künstlerischem Ausdrucksbedürfnis. Auf der Grundlage dieser – für ihn im Film gipfelnden – Optimierung der Kunstproduktion plädiert er daher immer wieder auch für die Potenzierung des »Funktionswechsels« der Künste, die »Überführung des Kunstwerkes aus der ritualen in die politische Praxis« (I. 3, 1269), die kritische Aneignung der von der bürgerlichen Kultur- und Kunstindustrie hervorgebrachten, zum Teil über ihren eigenen gesellschaftlichen Boden hinausweisenden Wirklichkeitsentdeckungen und Gestaltqualitäten, für die Entwicklung neuer sozialer Phantasie und Kreativität. Das richtet sich sowohl gegen die faschistische »Ästhetisierung der Politik« als auch gegen »schlechte sozialistische Tendenzkunst« (II. 2, 755); aber darüber hinaus auch gegen »grundsätzliche und starre Unterscheidungen zwischen Konsumenten und Produzenten von Kunst« (III, 581), gegen unkritische Fixierung auf vorindustrielle Realismustraditionen und auf vordergründige »Volkstümlichkeit« (IV. 1.2, 671), schließlich gegen jeden »apparatefreien« (VII. 1, 373) oder »fetischistischen, von Grund auf antitechnischen Begriff von Kunst« (II. 1, 369). Denn die programmatische Vorstellung von einer auf ihre vieldimensionale »Kommunizierbarkeit« (VII. 2, 679) und ihre »organisierende Funktion« (ebd., 811) setzenden »Politisierung der Kunst« erforderte auf der theoretischen Ebene, die Geschichte der Künste mittels eines »soziologischen Blickpunkts« (II. 3, 1137) und einer weiträumigen »technischen Fragestellung« von solchen Verzerrungen zu befreien, ihre »Untersuchung aus dem Bereich ästhetischer Distinktionen in den sozialer Funktionen« (II. 1, 381) zu rücken. Innerhalb seines auf die Dialektik des gesellschaftlichen Gebrauchszusammenhangs zielenden Gesamtkonzepts wurde von Benjamin dann der gängige – in Schriften wie Kracauers *Kult der Zerstreuung* (1926; vgl. KRACAUER 1963, 311-320) oder Eislers *»Freizeit« im Kapitalismus. Die materialistische Grundlage des Kitsches* (1933; vgl. EISLER 1985, 204-208) zumeist negativ verwendete – Begriff der »Zerstreuung« um- und aufgewertet, dabei deutlicher in das Politisch-Soziale gewendet: Es ging Benjamin um die »Zerstreuung des Scheins« (V. 1, 468) neuer bürgerlich-kultureller »Phantasmagorien« und um die Aufhebung der mittels dieser von der bürgerlichen Gesellschaft betriebenen sozialen, auch räumlichen »Zerstreuung« beziehungsweise »Dislocierung« (Br 2, 733) der modernen Massen in Scheingemeinschaften. Diese Pseudokollektiva in der Freizeitsphäre sah er als eine »chronische Katastrophe« (IV. 1.2, 557) schon in Nachkriegsdeutschland an. Über sie vollzog sich ja die, wie es Brecht 1931 nannte, »Einbeutung« (BRECHT 1966, I, 196) der Massen und die Erschütterung ihrer Sozialerfahrung, forciert durch »unter der Hand« und »oft nachhaltiger« als »Propagandafilme« wirkende Medienprodukte (VII. 2, 668) – so Benjamin unter Berufung auf Kracauer und den kommunistischen Filmtheoretiker Léon Moussinac, Autor von *Nais-*

sance du cinéma (Die Geburt des Kinos, 1925) und *Le cinéma soviétique* (Das sowjetische Kino, 1928). Und der Film – von Benjamin idealtypisch als »kollektives Gebilde« (II. 1, 382) und als »vollendet Reproduzierbares« (II. 3, 1138) akzentuiert – wurde für ihn dabei zu einem der entscheidenden Träger der neuen Funktionen von Kunst überhaupt, zum Hoffnungsträger für die Überwindung auch der Krisenerscheinungen der Avantgarden in den dreißiger Jahren.
Darum ließ Benjamin – wie noch Ernst Bloch im *Prinzip Hoffnung* (vgl. BLOCH 1970, 472-477) – in seinen Filmreflexionen auch immer wieder die Erinnerung an das »konsequente, ideologische Schema« (II.2, 753), die »gewaltige physiognomische Galerie« (II. 1, 380) und die Montagekunst mit ihrem universellen »Schnitt« durch die moderne massenhafte »Erfahrung« (VI, 470; vgl. auch I. 3, 1140) in sowjetischen Stummfilmen der Jahre 1925/26 aufleben; die Erinnerung an Sergej Eisensteins *Panzerkreuzer Potemkin,* Wsewolod Pudowkins *Die Mutter* und Dsiga Wertows *Der sechste Teil der Erde,* aber ebenso zum Beispiel an Charlie Chaplins »so volkstümliche Gestalten« mit »richtigem Akzent« (VI, 103), die für ihn darauf zu deuten schienen, »daß die Herrschaft der Bourgeoisie wakkelt« (ebd., 104). Und darum zog er zur Fundierung seines Gesamtkonzepts vielfältige theoretische Quellen heran: außer Alois Riegls *Spätrömischer Kunst-Industrie* und Brechts *Dreigroschenprozeß* zum Beispiel auch László Moholy-Nagys multidisziplinäre Untersuchung *Malerei, Fotografie, Film* (1925; vgl. II. 1, 382f.), Rudolf Harms' *Philosophie des Films. Seine ästhetischen und metaphysischen Grundlagen* (1926; vgl. VII. 2, 669), Pudowkins Arbeit über Montage und Schauspielerführung *Filmregie und Filmmanuskript* (1928; vgl. VII. 1, 367, Anm. 9), Carl Schmitts *Über das Zeitalter der Neutralisierungen und Entpolitisierungen* (1929; vgl. VII. 2, 673) und Rudolf Arnheims *Film als Kunst* (1932; vgl. VII. 1, 367, Anm. 9).
Sieht man von diesen und anderen praktischen und theoretischen Quellen ab, wurde Benjamin bei seiner Auseinandersetzung mit dem Massenmedium Film vom zeitgenössischen deutschen Filmschaffen der zwanziger und dreißiger Jahre, seinen filmerzählerischen und -theoretischen Konzeptionsbildungen[62] kaum unmittelbar berührt – auch kaum vom Wirken von Drehbuchautoren, Regisseuren und Wissenschaftlern wie Béla Balázs, Slatan Dudow, Emil Hesse-Burri, Willy Haas, Lotte Lenya und Ernst Ottwalt, mit denen er gelegentlich Kontakt hatte (vgl. u. a. I. 3, 1025; VI, 418, 431, 535). Diese Lücken und Widersprüche in seiner Beschäftigung mit dem Film spiegeln ebenfalls seinen – allerdings keinesfalls untypi-

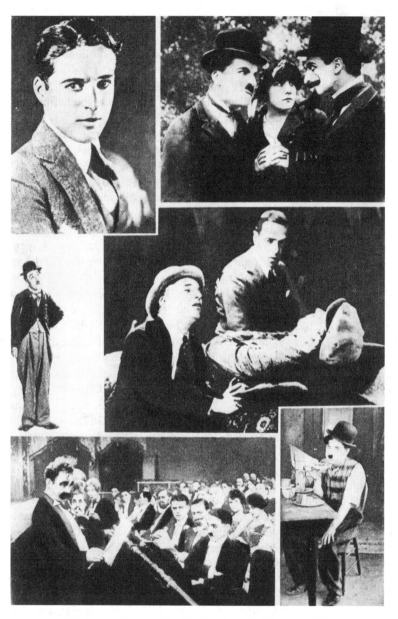

Gestalten mit »richtigem Akzent«: Charlie Chaplin in *A Woman of Paris/Die Nächte einer schönen Frau,* 1923

schen – schwierigen Alleingang als linker Intellektueller in der Weimarer Republik und dann im französischen Exil wider.

Um so höher ist aber die subjektive Leistung Benjamins zu werten. Diese liegt vor allem in einem kulturgeschichtlichen Herangehen an den Film als Medienprodukt und als Massenmedium über seine materiell-technischen und kollektiven Produktions- und Wirkungskontexte sowie deren historische Ursprünge, über seine Folgen für das gesamte überkommene künstlerische Gattungsensemble und dessen Aneignung sowie über seine Stellung innerhalb widersprüchlicher Konstellationen der modernen bürgerlichen ästhetischen Kultur – einem Herangehen, durch das der Film zugleich vieldimensionaler perspektivischer Bezugspunkt der Begründung neuer sozialer, politischer und ästhetischer Funktionen der Künste wird. Mit diesen Akzentsetzungen beweisen die Filmarbeiten in Benjamins Werk gerade die Fruchtbarkeit der aspektreichen Fragestellungen der west- und osteuropäischen Avantgarden und des antifaschistischen Impulses für ein neuartiges kulturhistorisch-ästhetisches Denken.

Über diesen ihren geschichtlichen Zeugnischarakter hinaus gehört zu ihrer Bedeutung darum weiterhin, daß sie heutzutage nicht fordern, der »Aura« ihrer zumeist fragmentarischen, unsystematischen und widerspruchsvollen Materialdarbietung und -interpretation vorbehaltlos zu folgen, aber immer noch dazu anregen, mit ihnen weiter komplex nachzudenken über Filmgeschichte als Mediengeschichte innerhalb der Kontinuität der Widerspruchsbewegung kulturell-ästhetischer Formationen, die Bedingtheit moderner Gattungsentwicklungen in den Künsten und die nicht nur politischen Potentiale veränderter Rezeptionsweisen.

Denn gerade Benjamins facettenreiche, zum Teil kultursemiotisch orientierte Gedanken zur Bedeutung bildhafter Formen ästhetischer Aneignung zu ihrem Platz im wesentlich vom Film mitbestimmten modernen Medienverbund, zu den durch diesen forcierten Konkurrenzbeziehungen zwischen Schrift- und Bildkultur diskutieren in einer beharrlichen Suchbewegung antizipatorisch neue, an der komplexen Dialektik von sozialen Bedingungen, technologischen Fortschritt und künstlerischen Ausdrucks- und Rezeptionsbedürfnissen orientierte ästhetische Konzepte. Sie können und dürfen daher nicht in plane Theorie übersetzt, schon gar nicht auf jene vereinfachend und mißverständlich formulierte »Politisierungs«-These reduziert werden. Weitaus wichtiger und tragfähiger für ihre Wertung und Nutzung ist ihr enger, nicht immer sofort augenfälliger Zusammenhang mit der von Benjamin im Urtext seiner *Kunstwerk*-Thesen vorgenommenen, wesentlich vom Film ausgehenden Ausrichtung ästhetischer Aneignung auf die universalen geschichtlichen Konstellationen von Natur, Mensch und Technik. Benjamin proklamiert hier nicht, wie zum Beispiel die Geschichts- und Kulturpropaganda der Sozialdemokratie, als Ziel die technisch perfektionierte »Naturbeherrschung«, sondern »ein Zusammenspiel zwischen der Natur und der Technik«, und betont: »Die gesellschaftlich entscheidende Funktion der heutigen Kunst ist Einübung in dieses Zusammenspiel. Insbesondere gilt das vom Film.« (VII. 1, 359.) Das verweist auf seine Rezeption des sozial- und kulturkritischen Denkens sowohl von Vertretern des französischen utopischen Sozialismus, darunter Charles Fourier und Auguste Blanquis, als auch von Exponenten der ost- und westeuropäischen Avantgardebewegungen.[63] Im Zusammenhang mit dieser seiner »pädagogischen Utopie« (II. 2, 565) und ihrer Orientierung auf ein umfassendes »Zusammenspiel« in der modernen Zivilisation betrachtet, enthält Benjamins dialektische ästhetische Theorie ein auf weitreichender Traditionswahl beruhendes, universell historisierendes und dialogisierendes Medienkonzept. Es führt Brechts »soziologisches Experiment« (BRECHT 1966, I, 151) einer Kommunikationsutopie weiter, es korrespondiert mit Blochs Vision von einer »guten Traumfabrik« mit einer »Kamera der kritisch anfeuernden, planhumanistisch überholenden Träume« (BLOCH 1970, 476). Die geschichtliche Widerspruchsbewegung von Kunstgattungen und Zeichensprachen im kulturellen Alltagskontext soll produktiv gemacht, nicht im Bannkreis eines kulturindustriellen, totalitär kommerzialisierten, Gegenkonzepte verdrängenden oder vereinnahmenden Systems des »Massenbetrugs« (HORKHEIMER/ADORNO 1986, 108) mit »kalkulatorischem Zug« (ADORNO/EISLER 1977, 33), eines starren Systems von Zeichen-Sendern einerseits und Zeichen-Empfängern andererseits, belassen werden, wie es Zeit-, zum Teil auch Weggenossen Benjamins kritisch beschrieben. Denn in den von der Moderne seit dem 19. Jahrhundert geschaffenen Gegenstandseroberungen, Gestaltungsinnovationen und Rezeptionsgewohnheiten, den von ihnen ausgehenden Provokationen etablierter Wahrnehmungs- und Erfahrungsweisen sah Benjamin Chancen für ein zukunftsweisendes »mimetisches Vermögen« aufkeimen, für eine ästhetische, nicht ästhetisierende Vermittlung zwischen Natur, Mensch und Technik mit »neuer Schwingungsbreite« (II. 2, 445).

So bewies Benjamin einerseits, daß eine politische Kunst notwendig ist, die »den Prozeß gegen Ausbeutung, Elend und Dummheit rücksichtslos führt« (IV. 1.2, 561), und andererseits zugleich, daß solche Kunst nur die Übergangsstufe zu einer umfassenden ästhetischen Aneignung sein kann, die das »wahre Bild der vom befreiten Menschen bearbeiteten Natur«

(VII. 2, 745) zu ihrem Ausgangspunkt wie zu ihrem Ziel macht. Allerdings mußte er hinzufügen: »In der Gegenwart darf an dieses Bild noch kaum gedacht werden.« (Ebd.)

Anmerkungen

1 Zu den im 18. und 19. Jahrhundert geschaffenen theoriehistorischen Voraussetzungen für die Analyse dieser Wandlungen siehe PRACHT 1987.
2 Siehe dazu Anm. 9 im vorangegangenen Kapitel.
3 Zu diesen Quellen Benjamins siehe DIECKHOFF 1987, 16–42, und DÖRR 1988, 117–139.
4 Siehe dazu BERGER 1975.
5 Siehe dazu LINDNER und WITTE (beide 1984).
6 Zur historisch-theoretischen Dimension dieser Herausforderung siehe HAUCKE 1988.
7 Siehe dazu FRANZ 1983, HERTEL 1988 und SCHRAMM 1990.
8 Zu Gisèle Freunds und Benjamins Auseinandersetzung mit der Fotografie siehe REIJEN 1989.
9 Zum Beispiel betonte Kurt Moreck in seinem Text *Die kulturelle Mission des Kinos* (einem Nachdruck aus seiner *Sittengeschichte des Kinos*) zwar, daß angesichts der »absoluten Modernität« der Kinofilme, die »unserer Zeit Wesen tiefer und rücksichtsloser offenbaren als alle mit Klios Griffel geschriebenen Annalen« (MORECK, 1929, 40), der »überlieferten und von uns übernommenen Kunstgesetze nicht mehr zeitgemäß und zu erweitern sind« (ebd., 39). Aber er legte traditionalistische Maßstäbe an, betonte »innere Werte« wie »Gefühl«, »Gesittung«, »Ehrfurcht« und »Erhebung« und sah die »kulturelle Mission« des Kinos darin, die »stumpfe Menge zu bewegen, ein für den Bestand der Gesellschaft notwendiges Gemeingefühl und schließlich eine neue Humanität zu erwecken«; so würden deren »rohe und brutale Instinkte emporgeläutert zu feineren Empfindungen« (ebd., 40). – Ähnlich unterstrich Rudolf Oertel in seinem *Filmspiegel* die »schöpferische Gestaltung einer sittlichen Idee« (OERTEL 1940, 302) durch den Film, sah seine »höchste Mission« darin, »ein Diener des Ewigen, Wahren, Guten, Menschlichen und Schönen zu sein« (ebd., 303). Dabei seien die »Fragen der Kunstart, des Materials und des Stils (...) nebensächlich« (ebd., 302).
10 Benjamin wollte Balázs' Buch für die *Frankfurter Zeitung* rezensieren (vgl. Br SK, 36, 49); das übernahm aber dann Kracauer (vgl. KRACAUER 1927). – Zur historischen Stellung von Balázs' Werk siehe GERSCH 1982.
11 Zum expressionistischen Film siehe EISNER 1980, zum surrealistischen siehe KUENZLI 1987 und VIRMAUX 1975.
12 Zur Interpretation der *Kunstwerk* Thesen Benjamins vor dem Hintergrund der Geschichte der Filmpraxis und -theorien in den zwanziger und dreißiger Jahren siehe HAUCKE 1986, HELLER 1985, 227–230, und WUSS 1990 b, 255–265.
13 Benjamin wirkte bis 1933 an einigen Romanen und Theaterstücken Speyers beratend mit; vgl. VI, 794, und den Hörfunktext *Rezepte für Komödienschreiber. Gespräch zwischen Wilhelm Speyer und Walter Benjamin* für den »Südwestdeutschen Rundfunkdienst« Frankfurt a.M. (9. Mai 1930) in VII. 2, 610–616. Die Filmbespre-

chung Benjamins sah Axel Eggebrecht nach vorangegangenen Verrissen als Ehrenrettung an; vgl. EGGEBRECHT 1975, 235.
14 Zur Problematik der Literaturverfilmung siehe ALBERSMEIER/ROLOFF 1989, KARSTEN 1990 und PAECH 1988, 104–150.
15 Davon waren auch avantgardistische Kunstkonzepte nicht völlig frei, wie Juri Tynjanows Essay *Kino – Wort – Musik* (1924) belegt, in dem er die Filmkunst als »die Kunst des abstrakten Wortes« interpretiert (MIERAU 1987 a, 386).
16 Siehe dazu BARTELS 1988 und FÜRNKÄS 1988, 223–252.
17 Douglas Fairbanks (*Der Dieb von Bagdad*, 1924) sagte in einem Selbstporträt: »Abenteuer und Film, nichts anderes ist das als der Versuch, die triste Wirklichkeit einmal für Sekunden in ein strahlendes, einfaches, freieres Dasein überzublenden.« (FAIRBANKS 1929.)
18 Siehe dazu KROLOP 1987; zu Benjamins Kraus-Rezeption siehe FEHÉR 1986, FÜRNKÄS 1987 und REEMTSMA 1991.
19 Siehe dazu KAUSCH 1988.
20 Siehe dazu HERTLING 1982, 1–17, KÄHLER 1982, 155–214 (über Benjamin 215–232), LETHEN 1970, OLBRICH 1980 und SCHLENSTEDT 1983.
21 Zum Großstadtsujet im Film siehe MÖBIUS/VOGT 1990; speziell zu deutschen Berlin-Filmen siehe VOIGT 1987. – Ob Benjamin außer Wilfried Basses *Markttag am Wittenbergplatz* von 1929 (vgl. VII. 1, 74) auch Walter Ruttmanns *Berlin. Die Sinfonie einer Großstadt* (1927) und Robert Siodmaks *Menschen am Sonntag* (1929) sah, läßt sich nicht nachweisen.
22 In einem *Aufruf des Reichsverbandes Deutscher Rundfunkteilnehmer* von 1935 zur Bildung von »Fernsehgemeinschaften« wurde »die noch intensivere unwiderlegbare Propaganda des mit eigenen Augen Geschauten« betont: »Es lebe das erwachte und sehend gewordene Deutschland!« (DAHL 1983, 199.) – Zur faschistischen Manipulation des Bildhaften siehe ELFFERDING 1987, HINZ 1979 und PAUL 1990.
23 Zur zeitgenössischen Diskussion dieser Problematik siehe DIMPFL 1981 und HIRDINA 1981, 72–126.
24 In einem Brief an Brecht vom 23. Dezember 1933 schrieb Benjamin, daß er sich »den Film von Bartosch angesehen« habe (zitiert in: UNSELD 1972, 32). Gemeint ist wahrscheinlich Berthold Bartoschs *L'idée* von 1932, einer der ersten nicht-komischen Animationsfilme. Ob Benjamin darüber hinaus avantgardistische Filmexperimente, z. B. die von Hans Richter (*Rhythmus*, 1923, 1925), Viking Eggeling (*Diagonal-Symphonie*, 1924) und Man Ray (*Emak Bakia*, 1927), rezipierte, läßt sich nicht nachweisen.
25 Zu filmgeschichtlichen Aspekten dieser Krisenerscheinungen am Beispiel sowjetischer Künstler siehe BULGAKOWA 1986.
26 Siehe dazu HOFFMANN 1988, 139–142, und WELCH 1985.
27 Siehe dazu FUCHS 1988, 45–124.
28 Ähnlich argumentiert Viktor Borissowitsch Schklowski, dessen Buch *Sentimentale Reise* (1923, franz. 1926) Benjamin im Jahre 1928 rezensierte (vgl. III, 108f.), in seinem Text über die *Tarzan*-Filme – wie *Tarzan of the Apes* (1914) und *Tarzan* (1918) – und über die Wirkung von sogenannter »Massenliteratur« (vgl. MIERAU 1987 a, 126–129).
29 Siehe dazu PROKOP 1982 (darin über Benjamin 22–46).
30 Siehe dazu WAGNER 1990 a.
31 Zum kulturkritischen und -revolutionären Anspruch der Avantgarden siehe HEPP 1987.

32 Siehe dazu den autobiographischen Bericht LACIS 1971, 60–63, sowie die Darstellungen von MIERAU 1987 b, 350–357, und MITTENZWEI 1989, I, 394f.
33 Siehe dazu KOCH 1990.
34 Siehe dazu die Dokumentation bei MIERAU 1987 b, 515–526 (darin auch die *Potemkin*-Texte von Oscar A. H. Schmitz und Benjamin).
35 Zur Entstehungsgeschichte dieses Buches siehe KLEMM 1988.
36 Zu diesem auch für die Geschichte der Filmpolitik wichtigen Denkmuster siehe MÜHL-BENNINGHAUS 1987.
37 Zur modernen Montagetheorie siehe SCHWALBE 1987.
38 Siehe dazu GERSCH 1987, besonders 225–237.
39 Vgl. z. B. Hans Günthers den Horizont purer politisch-ideologischer Kritik nicht überschreitende Darstellung *Der Film im Dritten Reich* für die Exilzeitschrift *Der Gegen-Angriff* (1934; GÜNTHER 1981, 562–566).
40 Zu Benjamins früher Gattungstheorie siehe SCHLAFFER 1985, zur Prosasammlung *Einbahnstraße* FÜRNKÄS 1988, 223–287, zu den *Sonetten* BOIE 1984 und TIEDEMANN 1986, zu den *Denkbildern* STOESSEL 1983, 97–116, und zum »dialektischen Bild« ROCHLITZ 1983.
41 Zu Kracauers *Filmkritik als Kulturkritik* siehe SCHWEINITZ 1987 und ... 1988 sowie WUSS 1990 a.
42 Vgl. Benjamin auch in seiner *Allegorie: Der Film dringt in das Reich der Kunst ein* aus dem Produktionskreis der *Kunstwerk*-Thesen (I. 3, 1044).
43 Siehe dazu SPIKER 1975, speziell zu Hugenberg BARKHAUSEN 1982, 78–90.
44 Zum physiognomischen Denken und seiner Bedeutung für die Geschichte der Filmtheorien siehe JAMPOLSKI 1986; darin u. a. über Rudolf Arnheim, Béla Balázs und Ludwig Klages.
45 Zur psychoanalytischen Filminterpretation siehe KINO UND COUCH 1990 und POSTRACH 1986.
46 Zum deutschen Dadaismus siehe BERGIUS 1988, zum russischen Futurismus siehe JANECEK 1984 und ZELINSKY 1990.
47 Siehe dazu in den zeitgenössischen Arbeiten von Ossip Brik (*Film im Meyerhold-Theater*, 1926; vgl. MIERAU 1987 a, 156f.) und von Wsewolod Meyerhold (*Kinofizierung des Theaters*, 1930; MIERAU 1987 b, 533–540) sowie die Analyse von NATEW 1988.
48 Siehe dazu GERSCH 1975, 143–173.
49 Siehe dazu BARCK 1986 a.
50 Zur Auseinandersetzung Döblins mit dem Großstadtsujet und dem Film siehe DIERSEN 1986 und ... 1987, KLEINSCHMIDT 1989 (darin über ein bisher unbekanntes, im Deutschen Literaturarchiv Marbach a. N. aufgefundenes Manuskript) und TEBBE/JÄHNER 1987.
51 Zu Kafkas Filmreflexion siehe JAHN 1962, zu Benjamins Kafka-Rezeption siehe MAYER 1990.
52 Zum Großstadtthema siehe TEBBE/JÄHNER 1987, zu neuen literarischen Montagetechniken siehe KREUZER 1982 und NEUHAUS 1971.
53 Zu den Parallelen und Kontrasten zwischen Benjamins und Lukács' Konzeptionsbildung siehe FEHÉR 1986, GREFFRATH 1981, 79–85, und TRABITZSCH, 71–77.
54 Siehe dazu BEHRENS 1986 sowie BARTSCH, GERBER und SIEBERTH (alle 1988).
55 Siehe dazu ARNTZEN 1971.

56 Der erste Werbefilm entstand 1898 für »Dewars Scotch Whiskey«; 1923 drehte die Wuppertaler Firma »Kinomat« Scherenschnitt-Streifen für »Nivea«-Erzeugnisse.
57 Zur Geschichte des deutschen Fernsehens siehe DAHL 1983, 196–205, und URICCHIO 1990. – 1935 kam das Magnettonband, 1936 das Kodak-Farbdiapositiv in Gebrauch. Konrad Zuse konstruierte 1939 die elektromechanische Rechenmaschine »Z 2«; im selben Jahr begann in den USA Howard H. Aiken in Zusammenarbeit mit dem Büromaschinenkonzern International Business Machines (IBM) einen digital arbeitenden Rechenautomaten zu entwickeln.
58 Keimformen dieses anhaltenden Interesses Benjamins für die Wort-Bild-Korrespondenzen finden sich bereits in seinen frühen Fragmenten aus den Jahren 1918 bis 1921 *Über die Fläche des unfarbigen Bilderbuches* und *Zu einer Arbeit über die Schönheit farbiger Bilder in Kinderbüchern. Bei Gelegenheit des Lyser* (d. i. Johann Peter Lyser, eigentl. J. P. Burmeister, 1803 oder 1804–1870); vgl. VI, 112f., 123–125. – Zu den im folgenden genannten avantgardistischen Experimenten siehe die Überblicksdarstellungen HARMS 1988, HOESTEREY 1989, HÜNEKE 1989 und WILLEMS 1989.
59 Siehe dazu FABER 1990 und MIERAU 1987 c.
60 Benjamin bezog sich hierbei wahrscheinlich auf die Schrift *La peinture moderne* (Die moderne Malerei, 1925) von Le Corbusier (eigentl. Charles Edouard Jeanneret); vgl. auch VII. 2, 815f.
61 Beispiele hierfür bilden unter anderen Dsiga Wertows monumentales *Wiegenlied* (1937) und Michail Romms den Personenkult beschönigender Film *Lenin 1918* (1939) über die vermeintliche »Freundschaft« zwischen Lenin und Stalin.
62 Siehe dazu die Überblicksdarstellung HILCHENBACH 1982.
63 Zu Benjamins Rezeption utopisch-sozialistischer Konzepte siehe RELLA 1982 und SAGNOL 1984. Historische Parallelen zwischen diesen und avantgardistischen Ideen untersucht EVARD 1990.

Der Erzähler als Produzent

Medientheorie und Medienpraxis in
Benjamins Hörfunkarbeiten

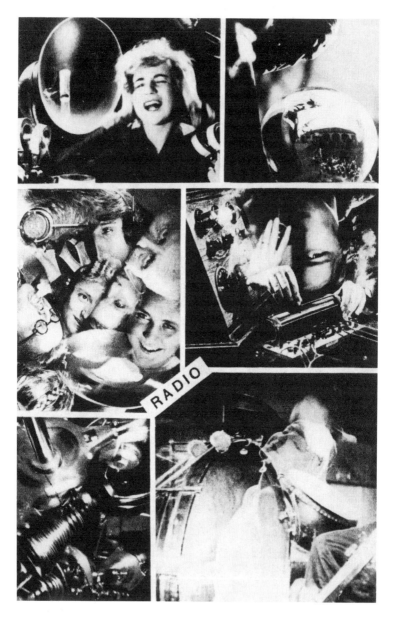

Radiokultur der Weimarer Republik im experimentellen Film: *Die tönende Welle* von Walter Ruttmann, 1928, ein Dokumentar-Tonfilm im Auftrage der AEG

Im deutschen Hörfunk, besonders in den Kinder- und Jugendprogrammen der renommierten »Funk-Stunde A. G.« in Berlin (gegründet 1923) und der »Südwestdeutschen Rundfunkdienst A. G.« in Frankfurt am Main (gegründet 1924),[1] fand Walter Benjamin von 1927 bis 1933 ein Aktionsfeld, auf dem er seine kulturhistorisch-ästhetischen, soziologischen und medienprogrammatischen Überlegungen als Autor wie als Sprecher praktikabel machen konnte. Seine publizistischen Wirkungschancen, die er bei beiden Sendern hatte, bezeichnete er in einem Brief vom 28. Februar 1933 an Gershom Scholem rückblickend sogar als seine »einzig ernsthaften« (Br 2, 563; Brw Scho, 38).

Die Hörfunkarbeiten Benjamins – seine Autoren- und Verlegerporträts, Buchbesprechungen, Funkessays und Hörspiele wie auch seine rundfunktheoretischen Schriften[2] – stehen in einer Vielzahl von lebens- und werkgeschichtlichen Konstellationen. Zu diesen gehören seine eigene Kindheitserfahrung, sein Interesse für die aufklärerischen Bemühungen um das Kinderbuch und seine Sammlerleidenschaft, sein Engagement für eine sozialkritische, unter anderem auf die Bestrebungen der ost- und westeuropäischen Avantgarden und des Epischen Theaters zurückgreifende ästhetische Pädagogik[3] und nicht zuletzt seine mediengeschichtlichen und -theoretischen Wirkungsabsichten. Auf die letztere Konstellation kommt es im folgenden an.

Mediengeschichtliche Literaturbetrachtung

Der Rundfunk entwickelte früh Formen eigener Literaturproduktion – von der dialogisierten »Funknovelle« bis zum »Lehrstück«, vom Funkessay bis zum szenischen Rätsel. Die Literatur und ihre neuen Medienformen sind in jener Schrift, in der Benjamins Auseinandersetzung mit den modernen Massenmedien gipfelt, in den Thesen *Das Kunstwerk im Zeitalter seiner technischen Reproduzierbarkeit,* allerdings weitgehend ausgeblendet. Benjamin untersuchte die vielfältigen Folgen der durch die »Revolution der Technik« (II 2, 753), die Anwendung moderner Produktions- und Reproduktionsverfahren ausgelösten »Industrialisierung der Literatur« (V. 2, 1209) vorrangig in anderen Arbeiten: in einem Komplex von Aufzeichnungen zum Thema *Roman und Erzählung* aus den Jahren 1928 bis 1935, in seinen Exkursen zur Massenpresse des 19. Jahrhunderts im *Passagen*-Projekt (1927-1940) und in den an dieses angrenzenden *Baudelaire*-Studien (1937-1939), vor allem aber in seinem 1936 – also teilweise parallel zu seinen zwischen 1935 und 1939 in vier Arbeitsstufen entwickelten

Kunstwerk-Thesen – entstandenen Essay *Der Erzähler. Betrachtungen zum Werk Nikolai Lesskows*. In diesem ging es Benjamin weniger um eine literaturgeschichtliche Betrachtung des Werkes des russischen Autors und um eine Genregeschichte von Erzählung und Roman (vgl. Br 2, 711),[4] vielmehr um historische Grundlagen und Entwicklungstendenzen der ästhetischen Vermittlung von sozialer »Erfahrung« (II. 2, 442). Die Entwicklung dieser Tätigkeit interpretiert er in seinem Essay daher vor allem an den Veränderungen in den kommunikativen Situationen entlang (also mit einem völlig anderen Blickwinkel als sein Zeitgenosse Georg Lukács in seinem – ebenfalls 1936 entstandenen – großen »Weltanschauungs«-Aufsatz *Erzählen oder Beschreiben? Zur Diskussion über Naturalismus und Formalismus* – vgl. LUKACS 1977, 113-165). Dergestalt folgte er seinem zuvor in einem *Rückblick auf Stefan George* (1933) entwickelten wissenschaftlichen Plädoyer für »geschichtliche Besinnung, die weit über den Rahmen literarhistorischer Behandlung hinausgreift« (III, 395). Benjamin stellt zunächst zwei vermeintlich »archaische Typen« (II. 2, 440) der künstlerischen Aneignung von lebensweltlicher Erfahrung in den Mittelpunkt: **erstens** den alten Erzähler der vorbürgerlichen Zeit und seine mündlich tradier- und wandelbare, faßlich, anschaulich und gestisch gestaltete Erfahrungsmitteilung mit stets unabgeschlossenem Sinn, die in hohem Maße traditionsverpflichtet und an das Naturerleben, an das Arbeits-, Lebens- und Alltagsdasein des Volkes, insbesondere der Handwerker und Bauern, gebunden war, die als kollektiver Wissensspeicher fungierte, stets exemplarisch und lehrhaft Rat gab sowie gesellig rezipiert wurde (vgl. ebd., 441f.). Auf diesen – für Benjamins Begriff von Volkstümlichkeit stehenden – Kommunikations- und Gestaltungstyp ästhetischer Erfahrung folgt **zweitens** der Romancier des Zeitalters der Schrift- und Buchkultur, der als bürgerliche, vielfältig isolierte Privatperson gebunden ist an das einseitige, geschlossene, systematische Schriftzeichen, an nach diesem ausgerichteten Gestaltungsprinzipien, die zugleich die Tradierbarkeit seiner literarischen Produktion sichern, der aber keinen sozial verbindlichen Rat mehr weiß und sich nicht mehr exemplarisch auszusprechen vermag. (Vgl. ebd., 442f. Ein ähnlicher Gedankengang findet sich in Hugo von Hofmannsthals berühmtem *Brief des Lord Chandos an Francis Bacon* von 1902; vgl. HOFMANNSTHAL 1979, 465.) Der Roman ist für Benjamin daher der Höhepunkt der »Unterwerfung« des Erzählens »unter die Letter« (III, 314), wie es in einem seiner – mit seinen Hörfunkarbeiten in engem Zusammenhang stehenden – Essays über Kinderbücher, *Grünende Anfangsgründe. Noch etwas zu den Spielfibeln* (1931), heißt. Den Endpunkt des Literaturgenres Roman sieht Benjamin schon mit Gustave Flauberts *L'éducation sentimentale* (1845; *Jules und Henry oder Die Schule des Herzens,* 1921) erreicht, in dem statt kollektiv tradierter Erfahrung nur noch das vereinzelte bürgerliche Individuum als Medium allen Geschehens und dessen vergebliche Suche nach dem sogenannten »Sinn des Lebens« (II. 2, 455) walteten.

Für die Wertung der Medienpraxis Benjamins als Hörfunkautor sind zwei Grundzüge seiner Darstellung wichtig: Einerseits kritisiert er hier die Abstinenz einer aus dem 19. Jahrhundert stammenden, im 20. Jahrhundert weiterlebenden Romantradition gegenüber dem wirklichen Lebensprozeß breiter sozialer Schichten und ihre Ratlosigkeit, wie er sie bereits in seinem polemischen Essay für die Debatte um Sergej Eisensteins *Potemkin*-Film, der *Erwiderung an Oscar A. H. Schmitz* von 1927, ausmachte (vgl. ebd., 751f.), und wie sie für ihn in der »Krisis des Romans« gipfelte, die er in seiner 1930 erschienenen Rezension zu Alfred Döblins Roman *Berlin Alexanderplatz* (1929) charakterisierte (vgl. III, 230-236). Andererseits attackiert Benjamin hier die Normativität der Schriftkultur, die ja rasch einen eigenen Zweig geistiger und ökonomischer Produktion bildete, sich verselbständigte, die Verschriftlichung von Politik und Kultur sowie die Akademisierung des Wissens beschleunigte, sich nicht zuletzt aber auf das alltägliche Denken und Sprechen, auf das Erkennen, Bezeichnen und Mitteilen, also auf den Charakter der Vermittlung zwischen Sein und Denken auswirkte.[5]

Beide von ihm in seiner Kulturdiagnostik beleuchteten Sachverhalte sieht Benjamin dann – **drittens** – noch forciert durch die modernen, sich seit dem 19. Jahrhundert im Zuge der Effektivierung der Informationsverarbeitung immer mehr durchsetzenden Massenmedien, Kommunikationstechnologien und Zeichensprachen, die er im *Erzähler*-Essay mit dem Begriff der »Information« (II. 2, 444) zuzammenfaßt. Noch in der späten Studie *Über einige Motive bei Baudelaire* (1939) ist es für Benjamin vor allem die Presse, die journalistische »Information«, die als Exponent der historisch neuartigen »Konkurrenz zwischen den verschiedenen Formen der Mitteilung« (I. 2, 611) fungiert, weil sie sich durch »Neuigkeit, Kürze, Verständlichkeit und vor allem Zusammenhanglosigkeit der einzelnen Nachrichten untereinander« (ebd., 601) auszeichnet. Dazu kommen natürlich noch die »Effekthascherei« (VI, 177) und die »modischen Akzente« (VII. 2, 819) in Fotografie, Werbegrafik, Film und Schallplattenproduktion sowie im Ausstellungs- und Unterhaltungsbetrieb, welche zunehmend die »Preisgabe der Kontinuität der Erfahrungen im Erlebnis« (ebd., 743), die Verflüchtigung der »sicheren, mitteilbaren, der Überlieferung fähigen Inhalte« (ebd., 801) bewirkten.[6]

Benjamin gebraucht in seinem *Erzähler*-Essay allerdings einen vereinfachenden Begriff von »Information«, der nur den Aktualitäts- und Faktenfetischismus der Sensationspresse als Faktor des modernen Koordinatensystems zur Realitätswahrnehmung erfaßt, das Phänomen der wachsenden »Abhängigkeit von den Schlagworten der Tagespresse« (III, 21), welches ihn bereits in einem frühen Essay über Karl Hobreckers Buch *Alte vergessene Kinderbücher* (1924) beschäftigte. Die durch die modernen Apparate der »Information« technisch vermittelte ästhetische Perfektion bei der Transformierung von Wirklichkeit zum Schein und des Scheins zur Wirklichkeit, die er in seinem *Passagen*-Projekt und in anderen Arbeiten untersuchte, interessierte ihn in dieser Exilschrift weniger.
Zweifelsohne schufen die von Benjamins historischer Konstruktion erfaßten Vorgänge neue, zum Teil schwierige Existenz- und Wirkungsbedingungen für traditionsverbundene Literaten, die sich nicht zu multimedialen Autoren zu entwickeln vermochten.[7] Bereits in den zwanziger Jahren stellte das belletristische Buch nur **ein** Massenmedium neben anderen dar, war die sogenannte Schöne, in Buchform verbreitete Literatur nicht die dominierende, weder im Anteil an der Gesamttitelzahl noch im Anteil der verbreiteten Exemplare aller Titel.[8] Benjamins kulturkritische Ausführungen haben unter anderem deshalb fast immer auch einen neoromantischen Zug, sind auch von der »Furcht« davor gezeichnet, »daß das alles ersetzt wird: die Schilderung durch den Fernseher, die Worte des Helden durchs Grammophon, die Moral von der Geschichte durch die Statistik, die Person des Erzählers durch alles, was man vor ihr erfährt« (II. 3, 1282; vgl. auch 1285). Aus dieser Perspektive erklärt sich ebenfalls Benjamins Skepsis in dem hier zitierten Aufzeichnungskomplex *Roman und Erzählung* gegenüber den Versuchen der Adaption filmisch-bildhafter Erzählelemente und -techniken in der Literatur: »Alle Bemühung der neueren Erzähler, die alte Genauigkeit in Schilderung, Zeitablauf, Innenleben zu demolieren, Film, Überschneidungen, Photomontage: natürlich, das alles will auf eine neue Sachlichkeit hinaus, vor allem aber doch auf eine **neue Ungenauigkeit**, die unerbittlich genug ist, überkommene Genauigkeit zu zerstören. Wir wollen: neue Genauigkeit, neue Ungenauigkeit in **einem Argot** des Erzählens.« (Ebd., 1283; vgl. auch 1286.)[9]
Hier legt Benjamin seine Idealvorstellung von einer sowohl traditionsbewußten als auch technischen Neuerungen gegenüber aufgeschlossenen Kunstsprache (»Argot«) dar, die nicht den Produkten der kommerzialisierten »Information« die Dominanz überlassen wollte. Er entwickelte sie auf der Grundlage nicht nur seiner in den zwanziger Jahren beginnenden, auf ein breites ästhetisches Traditionsverständnis zielenden Rezeption sozial-

kritisch engagierter Prosa und Dramatik, wie der Majakowskis, Brechts, Döblins und Kafkas, sowie des visuellen und politischen Potentials sowjetischer Stummfilme, darunter der von Eisenstein und Pudowkin, sondern auch seiner vor allem praktischen Auseinandersetzung mit dem auditiven Medium Rundfunk.

Noch seine im Exil verfaßte Rezension zu Anna Seghers' zeitgeschichtlichem Bergarbeiterroman *Die Rettung* (1937), die 1938 in der *Neuen Weltbühne* erschien, lebt von einem synthetisierenden Blick, in dem literarische, also schriftgebundene, Erzählweise und mündliche Erzähltradition zusammenfließen, wie er sie im *Erzähler*-Essay theoretisch charakterisierte und zuvor im Hörfunk praktizierte: Hier, in *Die Rettung,* würden in einprägsamen Milieuschilderungen die Gesellschaft »selber dingfest« (III, 535) gemacht und die allgewaltigen Störungen im psychischen Haushalt, in der Erlebnisfähigkeit der von der Weltwirtschaftskrise Betroffenen. Benjamin hebt ferner die Fülle der Gestalten hervor und deren Funktion als Zeugen der Zeit, die Genauigkeit bei der Erschließung ihres Lebensalltags, die Verschachtelung von vielen Episoden, die chronik- und lesebuchartige Gestaltung, die aber auf geradlinige zeitliche Perspektive verzichtet, den Sinn der Autorin für die Wiederbelebung des mündlichen Erzählens, des Sprachgeistes des Volkes. Es heißt: »Sie erzählt mit Pausen wie einer, der auf die berufenen Hörer im Stillen wartet und, um Zeit zu gewinnen, manchmal innehält.« (Ebd., 533) Das Buch sei daher »weit entfernt vom Roman, der im Grunde nur an den Leser denkt. Die Stimme der Erzählerin hat nicht abgedankt. Viele Geschichten sind in das Buch eingesprengt, welche darin auf den **Hörer** warten.« (Ebd.)

So war Benjamins in hohem Maße mediengeschichtlich ausgerichtete Literaturbetrachtung offen für die neuen Möglichkeiten zur Überwindung nicht nur der »Krisis des Romans«, sondern auch der Krise der ästhetischen Erfahrungsmitteilung überhaupt, für die »ganz neuen Formen des Erzählens« (II. 3, 1282), wie sie sich sowohl in der Schriftkultur als auch in den Kommunikations- und Gestaltungsmöglichkeiten des neuen Massenmediums Rundfunk zeigten.

Die Chance des Erzählers

Es ging Benjamin bei seinem medienpraktischen Engagement besonders für deutsche Kinder- und Jugendfunkprogramme um weitaus mehr als um die nun technisch multiplizierte Wiedereinsetzung des in seinem späteren *Erzähler*-Essay idealisierten alten Rhapsoden, der klassischen Erzähler-Figur – eine Vorstellung, die zum Beispiel Arnold Zweig in seiner Rede *Epik und Rundfunk* (1929) für die Kasseler Tagung »Dichtung und Rundfunk« vertrat (vgl. HAY 1975, 212).[10] Es ging ihm, immer mit kritischem Blick auf das »entscheidende Geschehen dieser Tage in Wirtschaft, Technik, öffentlichem Leben« (IV. 1, 103), um neue Handlungsspielräume und neue literarische Ausdrucks- und Gestaltungsmöglichkeiten, um literarisch-publizistische, über die bloße ästhetische Opposition hinausgehende Bewältigung der von Zeitgenossen wie Karl Kraus, Hugo von Hofmannsthal, Robert Musil und Rainer Maria Rilke vor allem als Sprachkrise,[11] von ihm vor allem als Prozeß der »Verkümmerung der Erfahrung« (I. 2, 611) gekennzeichneten modernen Existenzproblematik. Daher auch seine Rückgriffe auf Themen wie Kindheit und Spiel, auf »Spielzeug und Spielen« als »kollektive Gebilde« (III, 128), als Spiegel menschlicher Beziehungen, auf politische Geschichte und Historie der »technischen Kultur der Kollektiva« (ebd., 130), auf Natur- und Sozialentwicklung, auf das »Kontinuum der Geschichte« (I. 2, 701) erschütternde Katastrophen; daher auch seine zwischen Rekonstruktion des mündlichen Erzählens und Dekonstruktion des überkommenen schriftgebundenen Erzählens sich bewegende medienbewußte Stilstrategie; daher auch seine Kritik des einseitigen »Rationalismus, der im Kinde den kleinen Erwachsenen sah« (III, 129), des mit den »Attributen der idealistischen Philosophie« (ebd., 208) versehenen »chimärischen Ideals« (ebd., 206) der auf idealtypisch-konformes Durchschnittsverhalten zielenden bürgerlich-aufklärerischen Didaktik, die vorrangig autoritäre Moralität und formale Rationalität vermittelte. Das war eine Kritik, die vor dem Hintergrund der unter anderem durch die Industrialisierung und die Dynamisierung des politischen Lebens in der Weimarer Republik ausgelösten neuartigen kollektiven Krisen und Suchbewegungen, der diversen Strategien der pädagogischen Bewältigung gesellschaftlicher Konflikte und der Verschärfung von Abgrenzungsmustern, der Partikularisierung sozialer Erfahrungsprozesse und -bereiche zu sehen ist, die sich auch in den zunehmenden kinder- und jugendspezifischen Angeboten von Buch-, Film- und Hörfunkproduktion zeigten.[12] Gerade der deutsche Rundfunk gebärdete sich, wie Ernst Schoen (1894-1960), einst Benjamins Schulfreund und von 1924 bis 1933

Programmleiter des Frankfurter Senders, in einem Gespräch mit diesem sagte, als »riesenhafter Volksbildungsbetrieb« (IV. 1.2, 550), verstand sich gar, nach einem Wort Fedor von Zobeltitz', als »'gesprochene Enzyklopädie'« (FÜNF JAHRE ... 1929, 95) mit bürgerlich-missionarischem Anspruch.[13]
Daher wollte Benjamin auch medienbewußten Widerstand leisten gegen die sich sowohl in der schriftgebundenen als auch in der gesprochenen Sprache reflektierende, durch die Gesellschaft der Weimarer Republik, ihre »Volksbildung« und ihre Medien bedingte Verkümmerung von Erfahrung, ihre Versachlichung, Abstraktion und Reduktion, wie er sie in seiner Kritik an der universell tauschbaren »Information« der modernen Massen- und Mediengesellschaft und an ihren vielfältigen taktilen, visuellen und auditiven Reizen registrierte; einer »Information«, welche stets ihre eigene plausible Erklärung zu sein vorgab (vgl. II. 2, 445). Es ging ihm um die Erneuerung sozialer und ästhetischer Erfahrung durch Ausprägung von Bedeutungs- und Assoziationsvielfalt, wie er sie auch als Prosaschriftsteller, Kritiker und Übersetzer anstrebte,[14] durch Ausweitung und Qualifizierung gesellschaftlicher »Kommunikation« (IV. 2, 944), durch Veränderung von Bildungsinhalten und Traditionsbeziehungen, durch substantielle Umgestaltung literarischer Arbeit, wie sie auch unter anderen von Alfred Döblin in seinem Referat *Literatur und Rundfunk* von 1929 (vgl. HAY 1975, 232; DAHL 1983, 111f.) und von Lu Märten in ihrer Schrift *Stimme als selbständige Wesenheit und Rundfunk* von 1931 (vgl. MÄRTEN 1982, 136-139)[15] betont wurde.
Aus der von der technischen Produktivkraftentwicklung und den sozialen Bedürfnissen geprägten Kommunikationsweise des Hörfunks, seiner spezifischen Gegenstandsaneignung und Strukturenbildung, seiner massenhaften Verbindlichkeit eröffneten sich ja neue Chancen für die Befreiung des Erzählens von der normativen Schriftkultur, die Benjamin in seinem Text über Spielfibeln als unabdingbar ansah gerade für die »Aktivierung des Spieltriebs« und für die »Bestätigung kindlichen Selbstvertrauens« (III. 1, 223). Im Rundfunk konnte der traditionsbewußte Literat Benjamin nun zum Beispiel historische Gestalten, wie einen Augenzeugen des *Erdbebens von Lissabon* am 1. November 1755 (FS, 31. Oktober 1931)[16], »zu Wort kommen« (VII. 1, 223), Zeitzeugen des Alltagslebens im 19. Jahrhundert, so einen *Berliner Straßenjungen* (FS, 7. März 1930), »erzählen lassen« (ebd., 97), konnte er einprägsam »Bilder und Szenen (...) in der Rede vorführen« (ebd., 92). Ihn reizte zweifellos die neue Dimension, welche »die Stimme, die Diktion, die Sprache – mit einem Wort [,] die technische und formale Seite der Sache« (II. 3, 1506), gewinnen konnte.

DER RUNDFUNK
ALS KOMMUNIKATIONSAPPARAT

AUS EINEM REFERAT VON BERT BRECHT

Unsere Gesellschaftsordnung ermöglicht es, daß Erfindungen gemacht und ausgebaut werden, die sich ihren Markt erst erobern, ihre Daseinsberechtigung erst beweisen müssen, kurz Erfindungen, die nicht bestellt sind. So konnte die Technik zu einer Zeit so weit sein, den Rundfunk herauszubringen, wo die Gesellschaft nicht so weit war, ihn aufzunehmen. Das war der Rundfunk in seiner ersten Phase als Stellvertreter. Als Stellvertreter des Theaters, der Oper, des Konzerts, der Vorträge, der Kaffeemusik, des lokalen Teils der Presse und so weiter. Es war dies die goldene Jugendzeit unseres Patienten. Ich weiß nicht, ob sie schon aus ist, aber wenn sie aus ist, wird sich auch dieser Jüngling, der, um geboren zu werden, keinerlei Befähigungsnachweis vorzuweisen brauchte, doch noch wenigstens hinterher nach einem Lebenszweck umschauen müssen. So fragt sich ja auch der Mensch erst in reiferen Jahren, wenn er seine Unschuld eingebüßt hat, wozu er eigentlich auf der Welt ist.

Rundfunkdebatte: Erstdruck von Brechts Rede in den *Blättern des Hessischen Landestheaters,* Darmstadt 1931/32

Im Idealfall waren dergestalt – wie beim Film – beim Hörfunk neue »materielle Elemente« und neue »geistige« (II. 2, 774) eng miteinander verbunden. Hier konnte gesprochene Sprache sich als lebendiges Medium der rhythmischen gedanklichen und emotionalen Bewegung, der flexiblen Veränderung und Spontaneität aus dem Blickwinkel sozialer Relevanz, der unabgeschlossenen Aspekt- und Bedeutungsvielfalt, der Nähe zum Bildhaften, zum Konkreten, Faktischen und Erfahrbaren beweisen. Durch das technische Medium wurde sie umfassender als bisher in die Lage ver-

setzt, die in der Schrift angelegte Tendenz zur Starrheit, zum Endgültigen, zur Abstraktion zumindest teilweise wieder aufzuheben – ein idealtypisches Konzept, das bereits in der sprachkritischen Theoriebildung der deutschen Spätaufklärung, durch Johann Georg Hamann, Johann Gottfried Herder und deren Erben, wie den – durch Benjamin und Werner Kraft in den dreißiger Jahren wiederentdeckten (vgl. II. 3, 1392-1409) – Deutschbalten Carl Gustav Jochmann (1789-1830), entworfen wurde.[17]
So ließ sich also auch Benjamins in Notizen zu seinen späteren Thesen *Über den Begriff der Geschichte* (1940) umrissenes Ideal von einer »integralen Prosa, die die Fesseln der Schrift gesprengt hat und von allen Menschen verstanden wird« (I. 3, 1238), zumindest teilweise schon praktizieren – technisch optimal und universell, unmittelbar aktuell und seriell, mit schier unbegrenztem Wirkungsradius, mit der Chance, an nahezu »unbegrenzte Massen sich zu gleicher Zeit zu wenden«, welche die neue »Verkehrsform« (IV. 1.2, 671) Rundfunk bot. (In Deutschland zählte der Rundfunk im Jahre 1928 insgesamt 2 200 000, im Jahre 1932 insgesamt bereits 4 200 000 Teilnehmer – vgl. DAHL 1983. Sieht man vom Gebrauch von Schallplattenaufnahmen ab, erfolgten das Sprechen des Hörfunkpublizisten und das Zuhören großer Hörermassen ja gleichzeitig. Erst 1934/35 kamen das Magnettonband und das von Eduard Schüller entwickelte »Magnetophon«, das Tonbandgerät, auf.)
Trotz der bei dominierender Gleichzeitigkeit von Sprechen und Hören, Senden und Empfangen bestehenden räumlichen Trennung von Sender und Empfänger, trotz des Isoliertseins des Produzierenden, des Verlustes der »Autorität« des »leiblichen Sprechers« und der fehlenden unmittelbaren »Resonanz« (II. 3, 1282)[18] reizte Benjamin aber nicht zuletzt eines am Hörfunk: der Zwang zur Ausdrucksökonomie, zur richtigen »Mischung« (VII. 1, 220) der Textelemente mit Rücksicht sowohl auf den Gegenstand als auch auf die Zeitvorgabe, der Zwang zum Experimentieren, zu »einer gänzlichen Umgestaltung und Umgruppierung des Stoffes aus dem Gesichtspunkt der Popularität heraus« (IV. 1.2, 671), der Zwang zur Entwicklung der Fähigkeit zu einer »Popularität, die nicht allein das Wissen mit der Richtung auf die Öffentlichkeit, sondern zugleich die Öffentlichkeit mit der Richtung auf das Wissen in Bewegung setzt« (ebd., 672). Im Idealfall, muß man hinzufügen.

Integrale Prosa

In seinen essayistischen »Fachvorträgen« (VII.1, 101) für Kinder und in seinen »Hörmodellen« (IV. 1.2, 628) griff Benjamin daher bewußt zurück sowohl auf »typische [,] dem Alltagsleben entnommene Situationen« (ebd.) als auch auf »Befreiungskämpfe der Menschheit« (VII. 1, 151) – von der Französischen Revolution 1789 bis zum »großen Kampf gegen die Mietskaserne« (ebd., 118) seit 1925. Er war dabei einem Begriff von »Volkstümlichkeit« verpflichtet, der sich weitgehend mit dem später von Brecht entwickelten deckt (vgl. BRECHT 1966, II, 56-73). Deutlich wird das unter anderem in seinem Funkessay *Theodor Hosemann* (FS, 14. April 1930), in dem es über Adolf Glaßbrenner heißt, daß dieser zeige, »welche Kraft im Volke und in seiner Sprache steckt, wieviel man von ihm lernen kann und vor allem, wie wenig es auf die Dauer unterdrückt werden kann« (ebd., 128), und in seinem Hörspiel *Was die Deutschen lasen, während ihre Klassiker schrieben* (FS, 16. Februar 1932). Dieses enthält in den Worten der Gestalt des Buchhändlers Heinzmann ein publizistisches Credo Benjamins: »Was wir brauchen, das sind volkstümliche Schriften. Sie sollen das Große, Schöne und Erhabene zeigen, und je genauer sie's mit dem Alltag, den Handgriffen in der Wirtschaft und bei der Arbeit, mit Mathematik und Mechanik vereinigen, desto besser.« (IV. 1.2, 662)

Für Benjamin war der Essay eine sehr effektive Form, um in diesem Sinne im deutschen Kinder- und Jugendfunk Fuß zu fassen und neue literarisch-publizistische Wirkungsstrategien zu entfalten. Denn dieses offene – in Gegenstandsbezügen und Gestaltungsmöglichkeiten offene – Genre des »Versuchs«, das heißt: der Erprobung und Erkundung unter wechselnden Perspektiven, ohne vorgefaßte Urteile und Meinungen, konnte Komponenten der aktuellen Politik, der Geschichte und der Künste auf der inhaltlichen, des Feuilletons, der Reiseskizze oder auch der wissenschaftlichen Abhandlung auf der formalen Ebene spannungsreich integrieren. Es war als persönlich-souveräne literarische Kommunikationsform zugleich eine kollektiv verbindliche Form der gegenstands- und erfahrungsgebundenen Reflexion, des Fragens und Suchens, des Durchspielens von Falschem und Richtigem, der geistigen Flexibilität. Und es vermochte politische, wissenschaftliche und künstlerische Erkenntnisse und Bekenntnisse sowohl durch dokumentarisch gestütztes Argumentieren als auch durch poetisierendes, die Gedanken umspielendes Erzählen mit ästhetischem Reiz zu verbinden.[19] Daher war es besonders geeignet, nun den Hörer, sein »eigenes Interesse«, das »sachlichen Wert für den Stoff selber besitzt« (ebd., 672), anzusprechen und sich mit ihm als Dialogpartner zu »unterhalten« (VII. 1, 131). Gerade Benjamins Hörfunkessays bieten deshalb produktive Synthesen aus »volkstümlichem« (VI, 446), also auf die moderne Lebens- und Arbeitswelt sowie ihr historisches Gewordensein sich beziehendem »Erzählen« und der Anwendung moderner Strategien der »Information«, der neuen visuellen »Zeichensprache« (VII. 1, 252) und des »neuen Rauschens« (II. 3, 1283) im zunehmend massenmedial geprägten kulturellen Alltag.

Besonders aufschlußreich in dieser Hinsicht ist ein Text aus dem Jahre 1932: *Die Eisenbahnkatastrophe vom Firth of Tay* (FS, 4. Februar; SWR, 30. März). In diesem geht es um weit mehr als um jenes Ereignis am 28. Dezember 1879 in Schottland, in der Nähe von Dundee, wo die über drei Kilometer lange, bis dahin als Wunderwerk des Brückenbaus geltende Brücke über den Firth of Tay zusammengebrochen war und einen Zug mit 90 Menschen in die Fluten hatte stürzen lassen.
Dieser Funkessay steht zunächst für Benjamins viele »simultan unternommene Arbeiten« (Br 2, 542), insbesondere zu »Grenzgebieten« (IV. 1, 395) der Kultur- und Mediengeschichte, darunter der Technikgeschichte. Denn einer der wichtigsten Gegenstände Benjamins war »der Mensch im Zeitalter der Maschine« (II. 3, 1456), wie er in seinen Notizen zu dem Vortrag *Bert Brecht* (SWR, 24. Juni 1930) formulierte. In einem unmittelbaren entstehungsgeschichtlichen Zusammenhang befindet sich dieser Essay mit Benjamins fragmentarischen, etwa aus dem Jahre 1929 stammenden und in den *Passagen*-Komplex gehörenden Aufzeichnungen *Der Saturnring oder Etwas vom Eisenbau* (vgl. V. 2, 1060-1063), in denen er auch auf die Eisenbahnkatastrophe eingeht (vgl. VII. 1, 233, 237), aus Jean Ignace Isidore Gérard Grandvilles Text- und Grafiksammlung *Un autre monde* (Eine andere Welt) von 1844 und Alfred Gotthold Meyers, des »ersten Geschichtsschreibers des Eisenbaus« (VII. 2, 605), Buch *Eisenbauten. Ihre Geschichte und Ästhetik* von 1907 zitiert (vgl. V.1, 215, 223; vgl. auch ebd., 46, und V. 2, 1224). Der Essay verweist ferner auf die Passage über die Lokomotivwerkstätten der Borsig-Werke in Berlin-Tegel im Vortrag für die Berliner »Funk-Stunde« am 5. April 1930 (vgl. *Borsig*, VII. 1, 115f.).
Darüber hinaus steht dieser Essay Benjamins für seine großen Bemühungen darum, an exemplarischen Fällen »gesellschaftliche Umwälzungen zu zeigen«, die in den »Veränderungen der Wahrnehmung ihren Ausdruck fanden« (VII. 1, 354), wie er in seinen *Kunstwerk*-Thesen schreibt. Zu diesen epochenbestimmenden »Umwälzungen« zählte für ihn die Entste-

hung des modernen Eisenbahnwesens. Das belegen verschiedenste Texte – von den theorieintensiven Rezensionen zu Karl Gröbers *Kinderspielzeug aus alter Zeit. Eine Geschichte des Spielzeugs* (1928) und zu Dolf Sternbergers *Panorama oder Ansichten vom 19. Jahrhundert* (1938) über das Feuilleton *Kriminalromane, auf Reisen* (1930) bis hin zu den Fragmenten der Materialsammlung *U* über den utopischen Sozialisten Claude Henri Comte de Saint-Simon und die Eisenbahnen im *Passagen*-Projekt (1927-1940). Diese Ausarbeitungen belegen unter anderem, wie Benjamin die »geschichtliche Signatur« der Eisenbahn herausarbeitete, die darin bestehe, »daß sie das erste (...) Verkehrsmittel darstellt, welches Massen formiert« (V. 2, 744), und daß sie ein »gesteigertes Bedürfnis nach wechselnden Impressionen« (III, 583) schuf.[20] Auch das ist für sein Medienkonzept aufschlußreich.

Ein weiterer wichtiger entstehungsgeschichtlicher Zusammenhang wird durch die Tatsache gebildet, daß Benjamins Essay ein Serienprodukt ist: Er gehört in die Reihe von Geschichten über »einzigartige und merkwürdige Ereignisse« (VII. 1, 221) der Natur- und Menschheitsgeschichte, namentlich den *Untergang von Herculanum und Pompeji im Jahre 79 u. Ztr.* (FS, 18. September 1931), das *Erdbeben von Lissabon* am 1. November 1755 (FS, 31. Oktober 1931; SWR, 6. Januar 1932), den *Theaterbrand von Kanton* am 25. Mai 1845 (FS, 5. November 1931; SWR, 3. Februar 1932) und *Die Mississippi-Überschwemmung 1927* (FS, 23. März 1932). (Vgl. VII. 1, 214-231; 237-243.) In diesen Vorträgen wollte Benjamin Einblicke in »das lebendige Kräftespiel der Geschichte« (VII.2, 603) geben, Beiträge zur »Entzauberung der finsteren Gewalten« (VI, 219) nicht nur der Natur leisten. Dieselben Absichten sind in seinem Essay über die Eisenbahnkatastrophe von 1879 ausfindig zu machen.

Dieser verweist ferner auf den kulturkritischen Grundzug von Benjamins Beschäftigung mit der Technikgeschichte: Er wußte auch um die »Beklemmung« (III, 576), die zum Beispiel das moderne Verkehrsmittel Eisenbahn im 19. Jahrhundert schon erzeugte, um seine Romantisierung, Dämonisierung und Fetischisierung innerhalb der bürgerlichen Technikrezeption, in philosophischen Konzepten und in Alltagsphantasien, die sich wiederum niederschlugen in der »Gigantomachie« (IV. 1, 381) selbst von Spielwaren, zum Beispiel jener »sinnreichen 'Katastrophenwagen', die beim fälligen Eisenbahnunglück in die vorgesehenen Teile zerfielen« (III, 129), deren Hersteller offensichtlich darauf spekulierten, daß, wie Benjamin später in den *Kunstwerk*-Thesen schreibt, »Komik und Grauen (...), wie es die Reaktionen von Kindern zeigen, eng beieinander (liegen)« (VII. 1, 377, Anm. 14). Insofern weist sein Essay schon voraus auf die vor allem im Teil *N* über Erkenntnis- und Fortschrittstheorie seines *Passagen*-Projekts, im Essay *Eduard Fuchs, der Sammler und der Historiker* (1934-1937) und in seinen Thesen *Über den Begriff der Geschichte* (1940) sich findende Deutung der Geschichte als permanenten »Katastrophen«-Zusammenhang (V. 1, 593), auf seine Kritik an der Fetischisierung des technischen Fortschritts und der Formel von der »Naturbeherrschung« (I. 2, 699), an einer verdinglichten »Kulturgeschichte« (II. 2, 478) und an einer politischen Historiographie aus der Perspektive der »Sieger« (I. 2, 696).[21] Schon sein Hörfunktext über die *Räuberbanden im alten Deutschland* (SWR, 23. September 1930; FS, 2. Oktober 1930) faßte diese ganz selbstverständlich als »ein Stück der Kulturgeschichte« (ebd., 152) auf, als Teil der Historie der Lebens- und Arbeitsbedingungen, der Sitten und Gebräuche, die in der offiziellen Geschichtsschreibung aber häufig nur als »Kleingedrucktes« (ebd., 181) erschien, wie sein Vortrag *Dr. Faust* (FS, 30. Januar 1931; SWR, 28. März 1931) betonte. Benjamin wollte auch in seinen Medienarbeiten nicht einem »zweifelhaften Bildungsbedürfnis dienen (...), sondern lebendiger Überlieferung« (IV. 2, 944), er wollte mithelfen bei der Entwicklung des »eigentlichen Genies der Erziehung«, der »Beobachtung« (II. 2, 766), wie es in seinem 1929 unter dem Einfluß der sowjetischen Regisseurin Asja Lacis (1891-1979) entwickelten *Programm eines proletarischen Kindertheaters*[22] heißt, der Fähigkeit zur »restlosen Auswertung der gegebenen Umwelt« und zum historisch bewußten Umgang mit den verschiedensten Realitätsveränderungen besonders seit dem 19. Jahrhundert, die wesentlich durch die »technische Kultur« (III, 130) bestimmt wurden. Das erinnert an tragende Gedanken seiner frühen Filmtexte, darunter der *Erwiderung an Oscar A. H. Schmitz* von 1927 (vgl. II. 2, 752-754).

Der Titel *Die Eisenbahnkatastrophe am Firth of Tay* assoziiert, was Benjamin gerade nicht erzählen wollte: eine »Sensationsgeschichte« (II. 2, 635), eine »Schauergeschichte« (VII. 1, 153), ein »'Schicksal'«, gestaltet aus der sogenannten »'Seelentiefe'« (VII. 2, 802). Das taten einst bereits die Presse und Lyriker wie Johannes Proelß und August Leverkühn in eher sentimentalen, auf menschliche Anteilnahme setzenden Gedichten: *Der Todesgruß auf der Tay-Brücke* (vgl. PROELSS 1880) und *Die Taybrücke* (vgl. LEVERKÜHN 1885). Theodor Fontane, dessen von 1861 bis 1882 erschienene *Wanderungen durch die Mark Brandenburg,* dessen mit »Erfahrung« durchsetztes Sehen (VII. 1, 139) Benjamin in einer undatierbaren, 1929 oder 1930 erfolgten Sendung vorstellte (vgl. ebd., 137-145), hatte in seiner heroisch-dramatischen Ballade *Die Brück' am Tay*

(28. Dezember 1879) (1880) den Kampf zwischen chaotisch erscheinenden Naturelementen und menschlicher Arbeit in den Mittelpunkt gerückt (vgl. FONTANE 1964, 285-287).[23] Benjamin zitiert deren 4. bis 6. Strophe (vgl. VII. 1, 235f.). Vermutlich geht die Idee zu dem Hörfunkessay auf diese Ballade zurück. Aber er steht inhaltlich eher der 1898 erschienenen Novelle *Berufstragik,* die unter dem ein Jahr später verwendeten Titel *Die Brücke über die Ennobucht* bekannter ist, von dem Ingenieur und Schriftsteller Max Eyth (1836-1906) nahe (vgl. EYTH 1899, 181-333; EYTH 1973); daß Benjamin sie kannte, läßt sich allerdings nicht nachweisen. Eyth untersuchte genau die technischen und arbeitsorganisatorischen Bedingungen sowie die Sicherheitsvorkehrungen während des Baus und sah in ihren Mängeln die Gründe für die Katastrophe, die er nüchtern schilderte. (Die Historiographie betonte später noch deutlicher als wesentliche Unglücksursache die technisch nachlässig, allzu kostenbewußt kalkulierte Brückenkonstruktion.)[24]
Benjamins Text hat aber in Gestaltung und Adressatenkonzept andere Akzente. Wie dem von ihm mehrfach, darunter in einem Hörfunkvortrag *Johann Peter Hebel* (SWR, 29. Oktober 1929), gewürdigten volkstümlichen Erzähler aus dem 19. Jahrhundert, den auch Brecht sehr schätzte,[25] ging es ihm darum, »aufschlußreiche und gewichtige Vorfälle mit dieser Evidenz des Hier und Jetzt auszustatten« (II. 2, 635), und zur Entwicklung von »Geistesgegenwart« (ebd., 640) gegenüber der modernen Lebens- und Arbeitswelt beizutragen. Er wollte, wie er einleitend sagt, den Vorfall von 1879 »in die Geschichte der Technik, besonders die des Eisenbaus hineinstellen« (VII. 1, 232), in die Entwicklung einer »neuen Technik«, die »ganz neuen Bedürfnissen« (ebd., 233) entsprach, und dabei belegen, »daß die sinnfälligsten Veränderungen des Erdballs im Lauf des vorigen Jahrhunderts alle mehr oder weniger mit der Eisenbahn zusammenhingen« (ebd., 232).
Obwohl er diese seine Geschichte gerade nicht »nur so als Schrecken oder Graus« (ebd.) erzählte, konnte er mit Aufnahmebereitschaft und auch Vorwissen seitens seiner überwiegend jungen Zuhörer gewiß rechnen. Besonders auf die ursprüngliche, nach seiner Auffassung »heute nur noch im Kinde ungebrochen« wirkende »Gabe der Mimesis« (VII. 2, 792) beim Spielen, auf das elementare Interesse von Kindern, den von ihm immer wieder beschworenen »Physiognomikern der Dingwelt« (III, 217; IV. 1, 389; V. 1, 274), an mechanischen Vorgängen und spannenden Ereignissen stellte er sich ein, indem er auch hier Schulung des »Sachverständnisses der Hörer« (II. 3, 1507), wie sie seine *Reflexionen zum Rundfunk* von 1930 oder 1931 unterstreichen, betrieb. Diese war aber nur durch »Exe-

kutive an den Stoffen« (II. 2, 763) zu erreichen, durch eine populäre Umgestaltung und Umgruppierung des Materials – eine Verfahrensweise, die er in seinem Text *Zweierlei Volkstümlichkeit. Grundsätzliches zu einem Hörspiel* (1932; gemeint ist Benjamins *Was die Deutschen lasen, während ihre Klassiker schrieben*) theoretisch begründete, und die er vorbildhaft verkörpert sah zum Beispiel in Brechts Radiostück *Der Flug der Lindberghs* (bzw. *Der Ozeanflug,* 1929). Denn in diesem sei es Brecht gelungen, »das Spektrum des 'Erlebnisses' zu zerlegen, um ihm die Farben der 'Erfahrung' abzugewinnen«; eine Erfahrung, die aus der »Arbeit, nicht aus der Erregung des Publikums zu schöpfen war« (II. 2, 537). Benjamin entwickelte deshalb eine spezifische Montagestilistik, welche das Historische und das »Hier und Jetzt«, Ereignisse, Gestalten und vielfältige Aspekte »in eine sprunghafte neue Beziehung zueinander« (III, 16) setzte – wie die Kinder die Dinge beim Spiel. Diese Stilistik ist auch vor dem Hintergrund der von ihm kritisch beobachteten Übermacht der schnellebigen, reduzierten und eingängigen »Information« und »Sensation« in Illustriertenpresse und Wochenschau, deren Neigung, all ihre Gegenstände in einer enthistorisierenden »Aura« der »Aktualität« (IV. 1.2, 449) zu präsentieren, zu verstehen.

Benjamin kombinierte überlegt unterschiedliche Materialien, Darstellungsweisen und Abstraktionsstufen, historisch Verbürgtes (Berichte, Dokumente) und Fiktives (Stimmungsbilder, Reflexionen) miteinander: Die einleitenden Bemerkungen, die das Ereignis schon vorwegnehmen und es also relativieren – die »Brücke stürzt ein« (VII. 1, 232) –, enthalten eine persönliche Reminiszenz an »eins meiner Lieblingsbücher« mit Grandvilles technik-utopischem »Ulk« (ebd., 232f.) um einen Kobold auf einer gußeisernen, unzählige Weltraumkörper miteinander verbindenden Brücke. Es folgen die historische Erinnerung an irdische, zum Teil »komisch«, als »Spiel« (ebd., 233) wirkende Eisenbauten des 19. Jahrhunderts, wie die Wintergärten, Passagen und Bahnhofsgebäude, und ein weiterer historischer Rückblick, diesmal auf den Zusammenhang von Lokomotiv-, Schienen- und Brückenbau in England, beginnend mit der »Lokomotive Nr. 1« (vgl. ebd., 234). Dieser Textteil, der zur Geschichte der Eisenbahn und des Eisenbahnbaus in Deutschland überleitet, auch zeitgenössische Gutachten über die vermeintliche Gefährlichkeit der »Dampfwagen« als Krankheitsursachen und juristische Streitfälle um sie erwähnt (vgl. ebd.), endet mit einem Zitat des englischen Sozialreformers und Kunstpublizisten John Ruskin (1819-1900), des Förderers der Präraffaeliten, des Gegners der kapitalistischen Industrialisierung und auch der mit ihr verbundenen Verkehrsmittel, der aber »in andern Dingen nicht auf den Kopf gefallen war« (ebd.), einem Zitat, in dem dieser Reisen und Reisende mit dem Verschicken von Paketen verglich. (Diese Textpassage erinnert an die über die *Lokomotive Nummer eins* in Band 3 *Romantik und Liberalismus. Imperialismus und Impressionismus* von Egon Friedells *Kulturgeschichte der Neuzeit. Die Krisis der europäischen Seele von der schwarzen Pest bis zum Weltkrieg,* 1932, den Benjamin für sein *Passagen*-Projekt heranzog. Vgl. V. 2, 1121, 1295, und FRIEDELL 1983, 148 – 153.) Daran schließen sich Sätze im Stil der aktualisierenden Sensationsreportage an: »Es war wieder einer jener schottischen Sturmtage. Um 7 Uhr 15 abends hätte der Zug in Dundee ankommen sollen (...)«. (Ebd., 235.) Was man »als allerletztes von dem Zug hörte« (ebd.), wird mit den Worten Theodor Fontanes in der 4. bis 6. Strophe seines Gedichts gesagt. Danach kommt eine referierende Darstellung späterer Rekonstruktionen des Unglückshergangs, in der es heißt: »Augenzeugen dessen, was an diesem Abend geschehen war, gab es nicht. Keiner von denen, die im Zuge waren, wurde gerettet. So weiß bis heute niemand, ob nicht der Sturm, schon ehe der Zug auf der Brücke war, die Mitte einfach weggerissen hat, ob nicht die Lokomotive ins Leere raste. Der Sturm jedenfalls soll ungeheuerlich getobt haben, daß alle Geräusche in ihm untergingen. Trotzdem behaupteten andere Ingenieure damals [,] und gewiß vor allem diejenigen, die die Brücke gebaut hatten, es sei der Zug gewesen, den der Sturm aus den Gleisen gehoben und gegen das Geländer geschleudert hätte. So sei die Brustwehr gerissen, und die Brücke selber sei erst viel später in sich zusammengefallen.« (Ebd., 236.) Benjamin fügt diesen Rekonstruktionen keine neuen hinzu, sondern schildert die Entdeckung des Unglücks durch den von Fischern, die den Feuerschein der herabstürzenden Lokomotive beobachtet hatten, alarmierten Lokomotivführer: »Er hatte im Mondlicht eine klaffende Lücke entdeckt. Der mittlere Teil der Brücke war fort.« (Ebd.) Dann schließt Benjamin schon – mit Hinweisen darauf, daß die Eisenkonstruktion später sich rasch vervollkommnete. Als Beleg dafür führt er den zur Pariser Weltausstellung 1889 errichteten Eiffelturm an, ein Produkt und ein »Denkmal« der »Erfindung der Radiotelegraphie«, der exakten »Berechnung« und Bauvorbereitung (ebd., 237). Damit hat diese Geschichte – wie die von *Caspar Hauser* (FS, 22. November 1930) – »kein richtiges Ende«, dafür aber den Vorzug, daß sie im Bewußtsein der Hörer »noch weiter geht« (VII. 1, 14). Zumindest sollte sie 'weitergehen'. Das hatte erfordert, Stoffe und Handlungsmuster »umzumontieren« (II. 3, 1286), ein »Netz von Erinnerungen und Fragen« (III, 123) im Hörer zu entwickeln. Denn nur so war »den Anforderungen eines

Publikums zu entsprechen, das Zeitgenosse seiner Technik ist« (II. 2, 776).

Die unterschiedlichen Exkurse Benjamins – in die Geschichte der technischen Utopien, des Sozialen und der Mentalitäten, der Stadtarchitektur, des Eisenbahn- und Brückenbaus –, sein Gebrauch unterschiedlicher Stilebenen – Alltagssprache, Zeitungsberichterstattung, lyrische Verdichtung –, und literarischer Genres – Bericht, Szene, Erzählung –, schließlich sein permanenter Wechsel der Zeit- und Erzählebenen stehen für eine bestimmte, auf sein Interesse am Filmischen verweisende Medienstrategie. Sie stehen für eine nicht primär didaktische, sondern deiktische, auf Beispiele sich gründende, durch Anschaulichkeit wirkende Darstellungsweise. Dieser Dokumentar- und Montagestil mit seinem erklärten Wechsel der Räume, Szenen und Zeiten, der Gestaltungsformen, Abstraktionsstufen und Perspektiven, mit seiner diskontinuierlichen Anordnung der einzelnen Bausteine, welche durch ihre Brüche lineare Kausalität vermeidet, bringt Spannung und Bewegung in das Material. Diese wiederum fördern die synästhetische Wirkung, die Entstehung der visuellen Assoziation. So zielt Benjamin auf »wirklich lebendiges **Wissen**« (IV. 1.2, 672), auf das Begreifen technischer und sozialer Phänomene »von innen aus« (VII. 1, 132) und im Zusammenhang mit den »verschiedensten Milieuveränderungen« (III, 208). »Wissen« war ihm dabei vor allem Wissen um die wirkliche geschichtliche »Tragweite« (VII. 1, 232) technischer Neuerungen. Daher wollte er die Katastrophe von 1879 »darstellen nur wie einen kleinen Zwischenfall in einem großen Kampfe, in dem die Menschen siegreich geblieben sind und siegreich bleiben werden, wenn sie nicht etwa selbst ihre Arbeit wieder vernichten« (ebd.). Nicht zufällig taucht ein ähnlicher Gedanke in den späteren *Kunstwerk*-Thesen auf, wo der Krieg als Beweis dafür interpretiert wird, »daß die Gesellschaft nicht reif genug war, sich die Technik zu ihrem Organ zu machen« (ebd., 383).

Mediengeschichte – Medienutopie

Neben dem technikgeschichtlichen gibt es einen weiteren – für sein Medienverständnis wichtigen – Schwerpunkt in Benjamins Hörfunkarbeiten: Er schrieb sie auch in »engster Fühlung mit den Forschungen, die in der jüngsten Zeit zur sogenannten Soziologie des Publikums unternommen wurden« (IV. 1.2, 673), wie es in dem Text *Zweierlei Volkstümlichkeit. Grundsätzliches zu einem Hörspiel* von 1932 heißt, und die »immer mehr

die Bedingungen zu erforschen sucht, welche dem dichterischen Schaffen durch die Zeitverhältnisse gegeben waren« (ebd.).[26] So stehen im Zentrum des Hörspiels *Was die Deutschen lasen, während ihre Klassiker schrieben*, zu dem er diesen Text verfaßte, »das Literatur**gespräch** jener Tage« an der Schwelle vom 18. und 19. Jahrhundert und die soziologische »Typisierung« (ebd.) der Gestalten: Literaten, Verleger, Buchhändler, Schauspieler und Pastoren, die »Stimmen« der Aufklärung, der Romantik und des 19. Jahrhunderts üben sich in der Kultur des Literaturstreits, dialogisieren miteinander unter anderem über sogenannte 'hohe' und 'niedrige' Kunst, schließlich über eine »mittlere Kultur« (ebd., 670) und über neue Kommunikationsmittel. Selbstbewußt betont die »Stimme des 19. Jahrhunderts« am Schluß einerseits die Progressivität seiner Buchkultur, die Tatsache, daß es »eine mittlere Kultur allgemein verbreitet« habe (ebd., 670), andererseits aber auch die von ihm geschaffenen modernen technischen Vermittlungsformen – von der Telegrafie bis zum Grammophon: »Ich habe Ausgaben auf den Markt gebracht, die unter die Leute kamen (...). Zugleich aber hat mein Jahrhundert dem Geist die Mittel gegeben, schneller sich zu verbreiten als durch Lektüre.« (IV. 1.2, 670)[27]
Fast alle Texte Benjamins für den Kinder- und Jugendfunk bieten solche Exkurse in die Geschichte der von ihm in das Zentrum seiner Kunstsoziologie und -theorie gestellten »Reproduktionstechniken« (II. 2, 503). So verweist er in *Straßenhandel und Markt in Alt- und in Neuberlin* (1929 oder 1930; Sendung undatierbar) auf den Zusammenhang von »Reklamewesen« (VII. 1, 78), dessen Geschichte er pronociert im *Passagen*-Projekt nachgeht, und Buchhandel, erzählt er im Vortrag *Theodor Hosemann* (1930) aus der Geschichte der Lithographie (vgl. ebd., 126). In seinem Text *Dr. Faust* (1931) spricht er über die einst als »Zauberei« angesehene »Camera obscura« und die auf deren Prinzip beruhende »Laterna magica« (ebd., 185); in *Berliner Puppentheater* (FS, 7. Dezember 1929) erwähnt er die »lebendigen Bilder«, die Puppenarrangements, und das Theatrum mundi, das »Welttheater« mit Bilderrollen, »eine Art mechanischer Vorläufer des jetzigen Kinos« (ebd., 85), und im ersten Teil seiner *Berliner Spielzeugwanderung* (FS, 15. März 1930) geht er auf die »Schnellbücher (...), Folgen von winzigen Photos«, und das »Lebensrad« (ebd., 103), die Phasenbild-Scheibe, ein. Sein Vortrag *Johann Peter Hebel* (1929) veranschaulicht das Zusammenfließen von Unbekanntem und Bekanntem, von Unvertrautem und Vertrautem im Bewußtsein des Zeitungslesers durch Vergleich mit dem Verfahren der »Photomontage« (II. 2, 635); der Vortrag *Kinderliteratur* (SWR, 15. August 1929) verweist auf die ästhetische Verwandtschaft zwischen den »Typen« (VII. 1, 256) von Charlie Chaplins

Filmen und denen der Romane von Charles Dickens, dabei Philippe Soupaults *Chaplin*-Aufsatz von 1928 zitierend (vgl. in Benjamins *Rückblick auf Chaplin* von 1929, III, 157-159). Ebenfalls in *Straßenhandel und Markt* ... von 1929 oder 1930 erwähnt er Wilfried Basses Film *Markttag am Wittenbergplatz* (1929; vgl. ebd., 74). Und im Text über Theodor Fontanes *Wanderungen durch die Mark Brandenburg* (1929 oder 1930) führt er als Beleg für den Fortschritt der technischen Produktivkräfte und die Veränderungen der Produzenten den frühen Konkurrenten des Hörfunks, den »Bildfunk« (ebd., 141), an.

Schließlich fanden in Benjamins Hörfunkarbeiten auch medienutopische Menschheitsträume aus dem 19. Jahrhundert und früheren Epochen, wie sie unter anderen der von ihm sehr geschätzte Erzähler, Dramatiker und Publizist Paul Scheerbart (1863-1915) phantasievoll überlieferte,[28] den ihnen angemessenen Platz. Und zwar in einem 1932/33 geschriebenen, vom deutschen Rundfunk unter dem »neuen Regime« (Br 2, 562; Brw Scho, 38) nicht mehr produzierten Hörspiel. Es handelt sich hierbei um eine Collage aus bio-bibliographischen Bruchstücken über einen Gelehrten, mit dem Benjamin unter anderem das Talent zu gewichtigen philosophisch-literarischen Schlüssen aus kleinen und verkleinerten Gegenständen, die Spannweite oft gegenläufiger Denkabenteuer und die Zersplitterung und versprengte Publikation des Lebenswerks verband: *Lichtenberg. Ein Querschnitt.* [29]
Hier beflügelt Benjamins – freies – Zitieren aus der »faszinierenden Gedankenwelt« (Br 2, 563; Brw Scho, 39) Georg Christoph Lichtenbergs (1742-1799), aus den *Briefen aus Englands* (1776, 1778), dem *Göttingischen Taschenkalender* (1777-1799), aus den posthumen *Vermischten Schriften* (1844-1853) und *Aphorismen* (1904) sowie anderen Werken (vgl. die Nachweise in IV. 2, 1072f.), die er auch in einer großen, als verschollen geltenden Lichtenberg-Bibliographie erfassen wollte (vgl. Br 2, 538), das Zitieren als Form der »Unterbrechung« von schriftsprachlich überlieferten Abläufen (vgl. II. 2, 522, 534f., 536) seine Lust am Fabulieren und medienpraktischen Gestalten. Klare Sprache eines Wahlverwandten mißt sich mit den Kleinodien aus der Wörter-Welt des Göttingers, die sie zu erfassen sucht. Die vielen Perspektiven dieses »Querschnitts« entsprechen den vielen Denk- und Forschungsimpulsen des Physikers, Philosophen und Schriftstellers aus dem sogenannten »aufklärerischen« 18. Jahrhundert – einem Säkulum, dessen verschlungenen, auch von Aberglauben, Pseudowissenschaft und Scharlatanerie mitbestimmten Verlaufsspuren Benjamin außer in dem Hörspiel für die Berliner »Funk-Stunde«

Was die Deutschen lasen... von 1932 auch in Funkessays für den »Südwestdeutschen Rundfunk« nachging: *Johann Peter Hebel* (1929), *Der Erzzauberer Cagliostro* (14. Februar 1931) und *Die Bastille, das alte französische Staatsgefängnis* (29. April 1931).[30] Zum Beispiel umgreift diese akustische Collage der Taten und Ideen Lichtenbergs dessen Installation des ersten deutschen Blitzableiters, dessen Begeisterung für den berühmten Hamlet-Darsteller David Garrick (1717-1779), dessen psychologisches Interesse an Kriminalfällen und dessen astronomische Wißbegier besonders hinsichtlich des Mondes.

Von diesem Himmelskörper aus peilt das Hörspiel die Titelfigur an; Lichtenbergs Erkenntnisdrang wird komödiantisch in die Neugier der Mondbewohner und ihrer offiziellen Repräsentanten, des »Mondkomitees für Erdforschung« (IV. 1.2, 696), transformiert. Der Präsident des kosmischen Gremiums, »Labu«, stellt »als gesicherte Tatsache der Wissenschaft« fest, daß aus keinem Menschen »etwas geworden« sei (ebd., 697) – »Folge der unglücklichen Verfassung der Menschen« (ebd., 698). Nach Gründen für dieses Unglücklichsein suchen drei Mondsprecher – »Quikko«, »Sofanti« und »Peka« – mit jeweils unterschiedlicher Beobachtungsperspektive: Der erste macht die Lebensumstände der Testperson Lichtenberg verantwortlich, der zweite falsches Verhalten, der dritte angeborene Persönlichkeitsmängel. Das sind Kurzschlüsse aus drei geschilderten Situationen, die aber niemanden recht überzeugen. Denn die erste, Lichtenbergs Englandaufenthalt, läßt gerade seinen weiten biographischen Horizont ermessen; in der zweiten besiegt die Liebe zum Blumenmädchen Dorothea seine Neigung zur Hypochondrie; und in der dritten beweist ein Geniestreich Lichtenbergs die Haltlosigkeit der statischen Physiognomik des Zeitgenossen Johann Kaspar Lavater.

In seiner letzten Sitzung ist das »Mondkomitee« daher gezwungen, »den Grundsatz unserer Forschungen in Zweifel zu ziehen, daß die Menschen, weil sie niemals glücklich sind, es zu nichts bringen. Vielleicht ist es ihr Unglück, das sie vorwärtsbringt, manche von ihnen so weit wie Herrn Professor Lichtenberg, der nicht nur seiner Mondkarte wegen aller Ehren wert ist, welche wir zu vergeben haben.« (Ebd., 720.) Zum Schluß wird »Sphärenmusik« (ebd.) eingeschaltet.

Das Ganze, eingeschlossen die Schematisierungen und Notizen Benjamins (vgl. VII. 2, 837-845), liest sich wie das Szenarium zu einem Film des Genres »Science fiction«. Aus verblüffender räumlicher Entfernung – vom Mond her – wird Lichtenberg angepeilt, und zwar mit Spezialapparaturen, »mit denen man alles, was auf der Erde geschieht [,] hören und sehen kann« (VII. 2, 837). Die Sprecherfigur stellt diesen »Maschinenpark der Gesellschaft für Erdforschung« den Hörern vor; eine Ausrüstung zur Observation, welche die Gleichzeitigkeit in den zwei Handlungsräumen Erde und Mond, die Simultaneität im Kosmos sichern, große Zeiträume ohne Verluste beim Handlungsfluß bewältigen hilft: »Wir haben da erstens ein Spectrophon, durch welches alles gehört und gesehen wird, was auf der Erde vorgeht; ein Parlamonium, mit dessen Hilfe die für die durch Sphärenmusik verwöhnten Mondbewohner oft lästige Menschenrede in Musik übersetzt werden kann, und drittens ein Oneiroskop, mit welchem die Träume der Irdischen beobachtet werden können. Das ist wegen des Interesses für die Psychoanalyse, das auf dem Mond herrscht, von Bedeutung.« (IV. 1.2, 697) Das Objektiv des »Terreskops« (VII. 2, 839) vermag sogar bereits die Texte von Lichtenbergs Tagebüchern zu erfassen, »die ja einmal wohl auf Erden zu einigem Renommee gelangen werden«. (IV.1.2, 720) Natürlich wurde auf dem Mond auch »von jeher photographiert«, mittels neuartiger »Photographiermethoden« (ebd.), und »nur wenige Mondminuten« bilden »ein Erdjahr« (ebd., 697): »Wir haben es hier mit der Erscheinung der Zeitzerrung zu tun, die Ihnen ohne Zweifel geläufig ist.« (Ebd.)

Benjamin verweist hier nicht nur auf sein Interesse für den Film, sondern zitiert und adaptiert – außer den Namen der »Mondwesen« Labu, Quikko, Sofanti und Peka (ebd., 696) – wichtige Details aus *Lesabéndio, ein Asteroidenroman* (1913) von Paul Scheerbart, dem Werk eines weiteren Wahlverwandten, dem er bereits zwischen 1917 und 1919 einen Text widmete (vgl. II. 2, 618-620), und dessen Schrift *Glasarchitektur* (1914) zu den Quellen für sein 1927 begonnenes *Passagen*-Projekt zählt (vgl. V. 1, 46f., 581; V. 2, 1225-1227).[31] Auch Parallelen zur Dramatik Wladimir Majakowskis, auf die Benjamin in seinem Bericht *Neue Dichtung in Rußland* (1927; vgl. II. 2, 755-762) einging, der wahrscheinlich zur Textbasis seines Hörfunk-Debüts *Junge russische Dichter* gehörte (SWF, 23. März 1927; vgl. II. 2, 757, über Majakowskis *Mysterium buffo. Heroisches, episches und satirisches Abbild unseres Weltalters in sechs Aufzügen,* 1918), sind erkennbar. Man denke zum Beispiel an die »funk-megaphonischen Sprachrohr-Anlagen« im 5. Bild von *Die Wanze. Eine Zauberkomödie in neun Bildern* (1929) und an die »Zeitmaschine« in *Das Schwitzbad. Ein Drama in sechs Aufzügen mit Zirkus und Feuerwerk* (1930). Vor allem aber belebt Benjamin hier mittels medienutopischer Elemente Spielformen frühromantischer »Ironisierung« und »Illusionsstörung« (I. 1, 84), denen er in seiner Dissertation *Der Begriff der Kunstkritik in der deutschen Romantik* (1918/19) nachging. Er macht humorvoll die von fiktivutopischer und realer Medientechnik mitbestimmten Sichtweisen seines

Werkes im Werk selbst anschaulich. Das »Spectrophon«, das den raschen Wechsel des Blickwinkels in der akustischen Szenerie erlaubt und – mit Hilfe sowohl der »Totalen« als auch der »Großaufnahme« – die Hauptfigur des Göttinger Professors nahebringen kann, überträgt die Kameraführung, die Schnitt- und die Montagetechnik des Films auf das Hörspiel; das »Oneiroskop«, das Träume registriert, ergänzt die Außenperspektive durch radikale Innenansichten; und das »Parlamonium« schließlich, das einen Wortschwall in Sphärenklänge zu verwandeln vermag, illustriert das ästhetische Gleichgewicht von Sprache und Musik im Hörspiel. All diese Analogiebildungen verweisen kunstpraktisch auf die zeitgenössische theoretische, vor dem Hintergrund einer neuen Medienlandschaft unter anderen von Rudolf Leonhard (*Kunst und Technik*, 1924; *Die Situation des Hörspiels*, 1928), Ludwig Kapeller (*Der Tonfilm – die »Gouvernante des Rundfunks«*, 1928), Hermann Pongs (*Das Hörspiel*, 1930), Siegfried Kracauer (*Film und Rundfunk*, 1930; *Literatur und Rundfunk*, 1931), Hans Flesch (*Hörspiel, Film, Schallplatte*, 1931) und Richard Kolb (*Das Horoskop des Hörspiels*, 1932), ferner von Kurt Weill, Rudolf Arnheim, Béla Balázs, Arno Schirokauer und Erwin Piscator geführte Diskussion um die »Möglichkeiten absoluter Radiokunst« (K. Weill, 1925).[32]

Diese Diskussion war bereits durch einen frühen, noch unentwickelten Konkurrenten des Hörfunks, den »Bildfunk«, beeinflußt. Über ihn heißt es in Benjamins *Gespräch mit Ernst Schoen* für die Wochenzeitung *Die literarische Welt* (1929): »Für den Augenblick freilich hat der Rundfunk es nicht mit dem Fernsehen in vollem Umfang zu tun. Aber gerade was den zunächst in Frage kommenden Ausschnitt, den Bildfunk, betrifft (dessen Einrichtung von der Reichsrundfunk-Gesellschaft abhängt), leuchtet uns ein, daß seine künstlerischen Verwendungsmöglichkeiten, wie Ernst Schoen sagt, um so vielfältiger sein werden, je mehr es gelingen wird, ihn von bloßer Reportage zu emanzipieren, mit ihm zu spielen.« (IV. 1.2, 550)[33]

Das war sinngemäß auch das Anliegen von Benjamins weiteren Hörspielen. In diesen machte er bewußt, wie die Medientechnik nicht nur als Funktionsträger von Senden und Empfangen, sondern als Ausdrucks- und Gestaltungsträger sowie als Rezeptionsvorgabe fungiert. Die Spezifika des neuen Mediums, seine »eigenen Form-Artgesetze« (ebd., 671), werden in ihnen zum Gegenstand spielerischer Darstellung, die zum Erkennen der modernen Lebenswelt hinführt.

Das Medium im Medium

In seinem gemeinsam mit Ernst Schoen (von dem auch die Musik stammt) verfaßten Funkspiel nach Wilhelm Hauffs Märchen *Das kalte Herz* (SWR, 16. Mai 1932)[34] gelangen acht literarische Gestalten aus ihrem Buch in einen Rundfunksender. Sie machen »Höllenlärm« (VII. 1, 317) und wollen ihr Stück spielen, wollen zu neuem Dasein erhoben werden. Der Kohlenmunk-Peter: »(...) wir stehen nun schon hundert Jahre in Hauffs Märchenbuch. Da können wir nur zu einem Kind auf einmal sprechen. Nun soll doch aber Mode sein, daß die Märchenfiguren jetzt aus den Büchern herauskommen und ins Stimmland hinübergehen, wo sie sich dann vielen tausend Kindern auf einmal präsentieren können.« (Ebd., 318.) Die Figuren kommen, so der Sprecher, »wie gerufen« (ebd., 317) – gerade wurde ihr Märchen in das Programm genommen.
Das erinnert an die Exposition in einem bahnbrechenden Theaterexperiment der frühen zwanziger Jahre, in *Sechs Personen suchen einen Autor. Eine Komödie im Entstehen* (1921) von Luigi Pirandello (1867-1936), der in seinem dramatischen Schaffen Elemente des Epischen Theaters vorwegnahm. (Benjamin bezieht sich in der Passage über den Filmdarsteller seiner *Kunstwerk*-Thesen auf Pirandellos Roman *Es wird gefilmt* von 1927 – vgl. VII. 1, 366; I. 2, 451.) Schoen und Benjamin nutzen hier die Technik des »Theaters auf dem Theater«, des – den ästhetischen Schein durchdringenden, entlarvenden – »Spiels im Spiel«: Indem die (Buch-) Gestalten spielen, realisieren sie sich, werden sie zu Medien-Gestalten. Denn die Autoren wollten keinen Theater-Ersatz, keine illusionäre Hör-Bühne, sondern Wort-Szenerien, Hör-Szenen, die zwischen »Hörwelt« und »Anschauungswelt« überzeugend zu vermitteln fähig waren (VII. 2, 651f.).
Ehe aber die Figuren in das »Stimmland hinübergehen« (VII. 1, 318) dürfen, müssen sie eine Bedingung erfüllen, die der Sprecher stellt: »Wer ins Stimmland eintreten will, muß ganz bescheiden werden, allen Putz und alle äußere Schönheit muß er ablegen, so daß von ihm nur die Stimme übrigbleibt.« (Ebd., 320.) Sie müssen also ihre traditionellen Kostüme aufgeben, um allein als Klangfiguren agieren zu können. So verwandeln Benjamin und sein Ko-Autor das visuelle Defizit des Mediums Hörfunk in ein akustisches Plus: Indem die Figuren der Requisiten ihrer traditionellen Rollen entledigt werden, stellt der Sprecher sie den Hörern vor, wenn schon nicht vor Augen.
Neben der üblichen stilistischen Angleichung der Märchenmotive an die mediale »Transformierung« (II.1, 211) erfolgte auch eine Veränderung in

der Figurenkonstellation: Weggelassen wurde die Mutter des Kohlenmunk-Peters, hinzugefügt wurde die Müllersfamilie, die bei Hauff nicht explizit vorkommt, hier aber als Schuldner des Kohlenmunk-Peters fungiert (vgl. VII. 1, 322-326). Ebenfalls zugesetzt wurde der Postillon, und zwar als Ohren-Zeuge für die Reisen des reich gewordenen Kohlenmunk-Peters nach Frankfurt am Main (wo es natürlich auch den »Frankfurter Rundfunk« gibt – ebd., 335), nach Paris, London, Konstantinopel und nach Rom (wo das marktschreierische, aus der Gegenwart stammende »Stimmengewirr«, zum Beispiel der Zeitungsverkäufer, auch auf den »Duce«, Mussolini, aufmerksam macht – ebd., 336).
Die wichtigste Figur in diesem Hörstück ist aber der »Sprecher«. Er ist nicht nur ein konventioneller 'Rahmenerzähler', sondern als Kommentator und Vermittler zwischen Märchen, (medialer) Realität und Gegenwart ein am Sprech-Spiel der Figuren Beteiligter. Er steht für die Vermittlung zwischen anschaulichen Vorgängen und Hörvorgängen, zugleich für jenes didaktische Innehalten, jene »Unterbrechung« (II. 2, 775) der spielerischen Illusion, die Benjamin in seinen theoretischen Skizzen zum Hörfunk und in seinen Brecht-Studien, wie *Theater und Rundfunk. Zur gegenseitigen Kontrolle ihrer Erziehungsarbeit* (1932) und *Was ist das epische Theater? Eine Studie zu Brecht* (1931; 1939), hervorhob. Denn Benjamin und Schoen bieten hier kein Hörspiel mit durchgehender Handlung, sondern mit aneinandergesetzten Szenen, welche die Figuren selbst erzählen. Einerseits kommentiert der Sprecher für die Hörer das Spiel der Figuren: »Laßt sehen, wie das ausgeht!« (VII. 1, 339) Und andererseits kommentiert er die Besonderheiten der medialen Darstellungsweise, zum Beispiel die Zeitraffung: »Oh vergeht hier ein Jahr im Stimmland schnell.« (Ebd., 344.)
Was sich hier in Form einer Märchenadaption vollzieht, ist nichts anderes als die in den *Kunstwerk*-Thesen Benjamins theoretisch erfaßte »Reproduktion eines auf Reproduzierbarkeit angelegten Kunstwerks« (VII. 1, 356), das zu einem »Gebilde mit ganz neuen Funktionen« (ebd., 358) wird.

Noch umfassender als in der Märchenadaption *Das kalte Herz* wurde das neue Medium zum Gegenstand in einem Hörspiel, das Benjamin 1932 selbst für den Frankfurter Sender inszenierte und das in einer gekürzten und variierten Fassung auch im Kölner »Westdeutschen Rundfunk« aufgeführt wurde: *Radau um Kasperl* (SWR, 10. März 1932; WERAG, 9. September 1932).[35] Hier hat es Kasperl, der Nachfahre des Harlekin aus dem italienischen Stegreifspiel und des Hanswurst der deutschen Barock-

THEATER UND RUNDFUNK
ZUR GEGENSEITIGEN KONTROLLE IHRER ERZIEHUNGSARBEIT

VON
WALTER BENJAMIN

»Theater und Rundfunk« — im Unbefangenen ist es vielleicht kein Gefühl der Harmonie, das die Betrachtung dieser beiden Institute wachruft. Zwar ist das Konkurrenzverhältnis hier nicht ganz so scharf wie zwischen Rundfunk und Konzertsaal. Dennoch weiß man von der immer weiter ausgreifenden Aktivität des Rundfunks auf der einen Seite, der immer zunehmenden Theaternot auf der anderen zuviel, um sich von vornherein von einer Gemeinschaftsarbeit zwischen beiden ein Bild machen

Erstdruck von Benjamins rundfunkprogrammatischem Aufsatz, der zusammen mit Brechts Rede *Der Rundfunk als Kommunikationsapparat* in den Darmstädter *Blättern des Hessischen Landestheaters* von 1931/32 erschien

komödie, der verspielte, vorwitzige, listige, auch liebenswürdige und »lustige« Narr mit den »eckigen Bewegungen« (VI, 133), wie Benjamin ihn in einem Fragment *Kasperletheater* von 1921 charakterisiert, der Schelm, der stets das Publikum in die Handlung einbezieht, nicht mehr mit der »Großmutter« und dem »Teufel« zu tun.[36] Denn er erfährt leibhaftig, »wie der Rundfunk ist« (IV. 1.2, 695): Er ist hier ein moderner possenhafter »Zauberlehrling« im turbulenten Kampf mit den von Goethe im Briefwechsel mit Karl Friedrich Zelter visionär geschauten »allen möglichen Facilitäten der Kommunikation« (ebd., 669; GOETHE 1834, 43f.), wie die »Stimme des 19. Jahrhunderts« in Benjamins Hörspiel *Was die Deutschen lasen, während ihre Klassiker schrieben* von 1932 zitiert. Seine Identität als Figur des Jahrmarkts-Puppentheaters wird modifiziert, erfährt — wie schon in den zum Teil sozialkritisch ausgerichteten »wundervollen Kasperlekomödien« von Franz Graf von Pocci (1807-1876), darunter *Kasperl wird reich* (1872), die Benjamin in seinem Hörfunkessay *Berliner Puppentheater* von 1929 erwähnte (VII. 1, 84) — seine »Umfunktionierung« (VI, 182), und zwar innerhalb der modernen Medienwelt. Denn die Kasperl-Figur ist, wie die Figuren Brechts, »der Umformung,

139

19.45 (7.45) SWF (M)
Radau um Kasperl
Ein Hörspiel für Kinder
von **Walter Benjamin**

H a u p t p e r s o n e n :
Kasperl
Herr Maulschmidt
Rundfunkansager
N e b e n p e r s o n e n :
Fischweib
Empfangschef
Bahnhofsvorsteher
Löwenwärter
Taxichauffeur
Eiliger Herr
Kasperls Frau Puschi
viele Tiere
Leitung: Der Verfasser
(Uebrigens sind Kasperls Erlebnisse in diesem Hörspiel, wie schon der Titel sagt, mit Radau verbunden. Die Kinder werden gebeten, zu erraten, was die hierbei auftretenden Geräusche bedeuten und ihre Meinung darüber dem Südwestfunk mitzuteilen.)

Ankündigung der Sendung für den 10. März 1932 in der *Südwestdeutschen Rundfunk-Zeitung*, Frankfurt a. M.

der Demontierung und Verwandlung fähig« (II. 2, 666). Sie erinnert mit ihrer Ausgangssituation, wie sie Benjamins Exposé *Kasperl und der Rundfunk. Eine Geschichte mit Lärm* vorsah (vgl. VII. 2, 833) – dem Auftrag von seiner Frau »Puschi«, in die Stadt zu gehen und einen Fisch zu kaufen –, an die Gestalt des Packers Galy Gay in Brechts Stück *Mann ist Mann* (1926), auf die Benjamin in seinem Hörfunkvortrag *Bert Brecht* von 1930 einging (vgl. II. 2, 665f.).[37]
In seinem Stück konfrontiert Benjamin die Kasperlefigur also mit den tückischen Objekten der komplizierten, schwer durchschaubaren großstädtischen sozialen, technischen und medialen Realität. Wie es in Benja-

mins Exposé heißt, sollte das »Kernstück« jeder der lebendigen Episoden »jeweils in verschiedenen charakteristischen Geräuscharten« bestehen (VII. 2, 832), darunter in Straßenlärm und Glockenspiel. Den Hörern wurde zur Aufgabe gemacht, die Episoden »nach ihrer Fantasie und ihrem Gefallen sich auszumalen« (ebd., 833). Auch hier sollte also der Weg von der Hör- zur Anschauungswelt gegangen werden.

Geduldig erklärt der Hörfunk wiederum sich aus sich selbst, seine Praxis, seine Technik, und zwar in der repräsentativen zweiten Hauptgestalt, eines »Herrn Maulschmidt, Sprecher am Rundfunk« (IV. 1.2, 674). Der Sprecher ist also erneut mehr als nur ein erklärender Koordinator, wenn er Studios, Mikrofone und andere Instrumente, Schaltungen in andere deutsche und europäische Städte, die »Fading«-Geräusche, das Senderschwinden (ebd., 678), das kommunikationstechnische Prinzip des Rundfunks vorführt, das auf einseitige Vermittlung, nicht auf zweiseitigen Austausch, wie ihn Telegraphie und vor allem Telefon ermöglichen, hinausläuft.[38]

Schnell erfaßt Kasperl diese – von Benjamin in seinem Berliner Jugendfunk-Essay *Straßenhandel und Markt in Alt- und in Neuberlin* (um 1929/30) beklagte – »Schattenseite vom Rundfunk« (VII. 1, 77), die Einseitigkeit der Kommunikation und die Unsichtbarkeit von Produzent und Rezipient. Und er nutzt diese Kommunikationsspezifik auf seine Weise aus – Schimpfkanonaden auf den Oberbürgermeister und den Polizeipräsidenten des Handlungsortes »Putzingen« (IV. 1.2, 678f.) ausstoßend. Benjamins Exposé sah übrigens statt »Putzingen« den Ort der zweiten Sendung vom September 1932, Köln, vor, als Schimpfobjekt zusätzlich den Bahnhofsvorstand, ferner die Anrufung einer medienpolitischen Instanz, des »Überwachungsausschusses«, und die Verhaftung Kasperls wegen »Rundfunkstörung« (VII. 2, 833). Es sollte also das technische Aufklärungsspiel, das den Rundfunk nicht nur als Medium, sondern als Situations- und Handlungsträger nutzt, in Rundfunk-Persiflage umschlagen – und in die Groteske, vor allem durch die anschließende Verfolgungsjagd auf Kasperl, bei der – wie in bekannten Stummfilmen, darunter Mack Sennets *Barney Oldfields Wettlauf ums Leben* (1913) und Buster Keatons *Der General* (1926) – die Eisenbahn, hier durch ihre markanten Geräusche repräsentiert, eine wichtige Rolle spielt (vgl. ebd., 834f.).

Gegen Schluß triumphiert aber doch das der Aktualität und der Authentizität verpflichtete Medium: »Wer zuletzt lacht, lacht am besten. Wir vom Rundfunk sind noch schlauer als du«, sagt der Sprecher, »Herr Maulschmidt«, zu Kasperl. »Während du in der Stadt deine Schandtaten verübt hast, haben wir heimlich hier in deinem Zimmer unter dem Bett ein Mikrophon aufgebaut, und nun haben wir alles, was du gesagt hast, auf Platten (...)« (IV. 1.2, 695).

Benjamin strebte also stets »Didaktische Transparenz« (VI, 182) nicht nur der behandelten Gegenstände, sondern auch des sie darstellerisch vermittelnden Mediums Rundfunk an. Seine Hörfunkarbeiten sind daher, wie zuvor zum Beispiel Hans Fleschs *Zauberei auf dem Sender* (1924), Bertolt Brechts *Der Ozeanflug* (bzw. *Der Flug der Lindberghs,* 1929) und Walter Bischoffs *Hörspiel vom Hörspiel* (1930), »Lehrstücke« auch im Sinne der Darstellung der – wie es in einer programmatischen Verlautbarung der Zeitschrift *Der neue Rundfunk* von 1926 hieß – »spezifischen Möglichkeiten« (DAHL, 105) des neuen Mediums, seiner Suche nicht nach der optimalen Umsetzung präformierter »Kunstwerte«, sondern nach dem optimalen »Bündnis zwischen Ausdruck und Maschine« (ebd., 106). Sie sind »Hörmodelle« (IV. 1.2, 629) – Hör-Modelle. Analog den von Benjamin im späteren *Kunstwerk*-Aufsatz betonten avantgardistischen Filmkunstwerken dienen sie dazu, »den Menschen in denjenigen Apperzeptionen und Reaktionen zu üben, die der Umgang mit einer Apparatur bedingt, deren Rolle in seinem Leben fast täglich zunimmt«. (VII. 1, 360; im Original hervorgehoben.)
Politische Utopien wie die Brechts von der gesellschaftlichen Funktion des Rundfunks, Fiktionen von der Aufhebung der Trennung zwischen Produzenten und Rezipienten, zwischen Sendern und Empfängern (vgl. BRECHT 1966, I, 127-147)[39] treten bei Benjamin zugunsten virtuoser spielerischer Experimentierfreude zurück. Benjamin gab sich nicht der Illusion hin, einen »Apparat« von Grund auf ändern zu können; er versuchte, auf das Programm Einfluß zu gewinnen. Er konzentrierte sich auf das – vor Beginn der experimentierfeindlichen Ära des nationalsozialistischen Rundfunkzentralismus, der Ära der faschistischen Politisierung der Medien, der Ära des hörigen »Volksgenossen« am »Volksempfänger 301«, dann am »Deutschen Arbeitsfrontempfänger 1011«[40] – Machbare, ohne darüber das Denkbare, die langfristige »Politisierung des Rundfunks« (II. 3, 1498) in kritisch-demokratischem Sinne, aufzugeben. Darunter verstand er aber vor allem die gezielte Weiterentwicklung der spezifischen ästhetischen Möglichkeiten des Hörfunks und der ihnen innewohnenden emanzipatorischen Potentiale – die bei den zeitgenössischen sogenannten »proletarisch-revolutionären« Autoren übrigens weitgehend unreflektiert blieben[41] –, darunter verstand er vor allem die Ausprägung des Realitätsverständnisses der Hörer in einem medial optimierten »Lehrgang des physiognomischen Sehens« (VII. 1, 91), in welchem der Hörfunkautor

als Produzent sich als historisch bewußter »Vergegenwärtiger« von sozialen »Situationen« und charakteristischen »Typen« (II. 2, 636), als Erzieher zu eigenständigem Urteilsvermögen in Sachen »Menschlichkeit« (VII. 1, 152) betätigt, zu einem Urteilsvermögen, das souverän ist gegenüber dem bloßen Anschein, dem direkten persönlichen Nutzen, den Ansichten autoritärer Personen und Institutionen sowie geltenden Vorschriften. Und das stets mit gegenstands- und erfahrungsgebundener Reflexion, mit spielerischer Argumentation und mit überlegter Proportions- und Sinnbildung über eine medienbewußte Montagestilistik. So stehen seine Hörfunkarbeiten in den Traditionen der ost- und westeuropäischen Avantgarden und ihrer Vorläufer, zeichnen sie Grundzüge einer modernen Medienpraxis und -theorie aus, die sie nicht nur für Rundfunkhistoriker wichtig erscheinen lassen: soziales Engagement und kritisches Geschichtsbewußtsein, Technikbegeisterung und konstruktive Phantasie, Kritik idealistischer »Volksbildung« und sozialkritische Volksverbundenheit, gattungsübergreifende Optik und experimentelle, das eigene Erkennen und Erfahren fördernde ästhetische Spezifik.

Anmerkungen

1 Zur Entwicklung des Rundfunks in der Weimarer Republik siehe DAHL 1983, besonders S. 13–102 (mit Zeittafel und Bibliographie, 245–250, 251–253), und SCHNEIDER 1987; speziell zu der des Schul- und Bildungsfunks siehe HALEFELDT 1976. Die Berliner »Funk-Stunde«, den Sender mit dem damals modernsten und vielfältigsten Programmangebot, behandeln AMZOLL 1988, 54–64, und ELFERT 1985; den Frankfurter »Südwestdeutschen Rundfunkdienst« untersucht DILLER 1975. – Benjamins Arbeiten analysierte SCHILLER-LERG 1984 mit rundfunkhistorischer Schwerpunktsetzung; siehe u. a. 23–27, 77–83, 272–275 und das Résumé *Programmarbeit zwischen Theorie und Praxis*, 397–421, sowie die zusammenfassenden Darstellungen SCHILLER-LERG 1988 und ... 1989.
2 Eine Übersicht über die Programmsparten und Sendetermine von Benjamins Hörfunkarbeiten geben die chronologischen und systematischen Tabellen bei SCHILLER-LERG 1984, 530f., 537–541. Siehe auch die Anmerkungen der Herausgeber von Benjamins *Gesammelten Schriften,* VII. 2, 583–653, 831–845.
3 Zu diesen biographischen und werkgeschichtlichen Zusammenhängen siehe die Arbeiten von BRÜGGEMANN 1988, DAUBE 1988, FACHINELLI 1982, DODERER 1988, HOFFMANN 1987, PELZER-KNOLL 1986 und ZIPES 1988.
4 Zu diesen Aspekten siehe KESSLER 1983.
5 Siehe dazu GOODY/WATT 1981, KITTLER 1986, ONG 1987 und SCHLIEBEN-LANGE 1982.
6 Siehe dazu HILLACH 1980 und GREFFRATH 1981, 34–78. – Es ist zu berücksichtigen, daß Benjamin in den zwanziger Jahren Zeitgenosse einer äußerst bewegten und vielgestaltigen Presselandschaft war. So gab es im Jahre 1931 allein in Berlin nicht weniger als 45 Morgen-, 14 Abend- und zwei Mittagszeitungen; siehe dazu die in GERSCH 1988 aufbereiteten Materialien zum Besuch Chaplins in Berlin.
7 Zur Entwicklung dieses Autorentyps im 20. Jahrhundert siehe die Untersuchung von PRÜMMER 1988.
8 FAULSTICH 1988, 227, nennt für die deutsche Buchproduktion von 1920 einen Anteil belletristischer Titel an der gesamten Buchproduktion von 23,4 Prozent, für 1930 von 15,3 Prozent (Daten nach WINCKLER 1986).
9 Zur Geschichte der *Filmischen Schreibweise* siehe das Kapitel in PAECH 1988, 122–150.
10 Zur zeitgenössischen Diskussion des Verhältnisses von Literatur und Hörfunk siehe MÜLLER-WALDECK 1987.
11 Siehe dazu GÖTTSCHE 1987.
12 Siehe dazu TENORTH 1988. – Eine neue, kompakte Überblicksdarstellung zum zeitgenössischen pädagogischen Denken arbeitet heraus, daß selbst die – auf den Generationenkonflikt und den Mythos »Jugend« reagierende – reformpädagogische Diskussion in der Weimarer Republik unter dem Einfluß von Kulturpessimismus, neuidealistischem Kult, Parlamentarismus- und Parteienverachtung stand, einen starken Hang zur »Gemeinschafts«-Ideologie, zum »Führer«-Kult und zum philosophischen Irrationalismus entwickelte, daß diese damit letztlich sogar dem Faschismus in die Hände arbeitete. Siehe LANGEWIESCHE/TENORTH 1989.
13 Zu diesem Selbstverständnis siehe auch Schriften wie Wilhelm Fischers *Reproduktion* und Jörg Magers *Eine neue Epoche durch Radio* (beide 1924), Hans Bredows *Rundfunk* (1927), das Sammelwerk *Das Wissen im Rundfunk. Auswahl von Rundfunkvorträgen* (1927) und Dolf Sternbergers *Echte und falsche Popularität bei*

Rundfunkvorträgen (1932). Zu diesen und weiteren Publikationen siehe AMZOLL 1988, 31–75.
14 Siehe dazu die Untersuchungen von FÜRNKÄS 1988, 1–9, KLEINER 1980, 16–47, und STOESSEL 1983, 67–116.
15 Lu Märten (1879–1970) trat auch als Filmtheoretikerin hervor. Vgl.: *Arbeiter und Film* (1928), *Über die Bild-Werte und Sprach-Werte im Film und die gegensätzlichen Anschauungen darüber* (o. J.), *Plattform der Filmanschauung* (o. J.), *Film – Herkunft, Wesen und Veränderung seines Wesens: Ton. Grundlage der Kritik und Anforderung an den Film als Kunst* (1934). In: MÄRTEN 1982, 116–129, 139–147.
16 Die bei der Erstnennung von Hörfunkarbeiten Benjamins verwendeten Abkürzungen in den Sendedaten »FS« und »SWR« beziehen sich auf die »Funk-Stunde A. G.« (Berlin) und die »Südwestdeutsche Rundfunkdienst A. G.« (Frankfurt a. M.).
17 Siehe dazu BEUTIN 1976, 34–54, SCHIEWE 1989, 65–148, und WAGNER 1990 e, besonders 304ff.
18 Vgl. Benjamin auch in seinem Text *Auf die Minute* (1934) für die Prosasammlung *Vier Geschichten* (IV. 1.2, 761–763).
19 Siehe dazu DÖRR 1988, 112–116, FABER 1979 und KÄHLER 1982, 215–232.
20 Siehe dazu PAECH 1988, 72–75, SCHIVELBUSCH 1977 a und 1977 b sowie WAGNER 1990 b.
21 Siehe dazu LÖWY 1990 und WAGNER 1990 a, zur Rezeption WAGNER 1990 c, besonders 1501–1508.
22 Siehe dazu LACIS 1971, 21–25 (dass. in Benjamins *Gesammelten Schriften*, II. 3, 1491–1495), ferner die Untersuchungen von FACHINELLI 1982 und HOFFMANN 1987.
23 Zu den lyrischen Verarbeitungen des Stoffes durch Proelß, Leverkühn und Fontane siehe MAHR 1982, 163–169.
24 Zu Eyths Novelle und zum technikgeschichtlichen Hintergrund siehe SEGEBERG 1987, 107–172 (mit historischen Abbildungen und Erläuterungen).
25 Zur Hebel-Rezeption Brechts siehe KNOPF 1973; zu der Benjamins siehe FABER 1985.
26 Vgl. auch Benjamin in seinen Schriften *Kritik der Verlagsanstalten* (1930; II. 2, 769–772), *Literaturgeschichte und Literaturwissenschaft* (1931; III, 283–290, darin über das von Emil Ermatinger hrsg. Sammelwerk *Philosophie der Literaturwissenschaft*, 1930) und *Wie erklären sich große Bucherfolge? »Chrut und Uchrut« – ein schweizerisches Kräuterbuch* (1931; ebd., 294–300). Siehe dazu LÜDKE 1980. – Deutlich sind auch die Parallelen zu Siegfried Kracauers Arbeiten *Die Biographie als neubürgerliche Kunstform* (1930) und *Über Erfolgsbücher und ihr Publikum* (1931); vgl. KRACAUER 1963, 75–80, 64–74.
27 1884 erfand Paul Nipkow das elektrische Teleskop, die Grundlage des Fernsehens; 1886 entdeckte Heinrich Hertz die Fernwirkung elektromagnetischer Wellen; 1887 wird Emil Berliners Grammophon patentiert; 1897 entwickelt Karl Ferdinand Braun die nach ihm benannte Kathodenstrahlröhre. Siehe dazu REUTER 1990.
28 Siehe dazu JAMPOLSKI 1988, besonders 183–185.
29 Das Hörspiel wurde 1990 inszeniert von Hartmut Kirste für den Hessischen Rundfunk, II. Programm (26. September 1990, 21.00 Uhr), und den Südwestfunk Baden-Baden, I. Programm (23. Oktober 1990, 20.05 Uhr). Zuvor entstand 1980 beim Sender Freies Berlin unter der Regie von Jan Franksen eine Fernsehadaption mit

Zwischentexten von Helmut Heißenbüttel (Wiederholungsausstrahlung am 11. April 1983, 21.15 Uhr, über das III. Programm der Nordkette NDR/SFB/RB).
30 Mit der historischen Figur des Scharlatans, wie er sie im Hörfunkessay über den *Erzzauberer Cagliostro* von 1931 vorführte, und dem Phänomen der Massenbeeinflussung setzte sich Benjamin noch im Exil auseinander; vgl. seine Rezension zu Grete de Francescos Buch *Die Macht des Charlatans* (1937): II, 544–546. Siehe auch Siegfried Kracauer über »die Beziehungen zwischen der fascistischen Propaganda und der Scharlatanerie« in seinem Exposé *Masse und Propaganda (Eine Untersuchung über die fascistische Propaganda)* von 1936. In: KRACAUER 1989, 89. – Zum aufklärerischen Universalismus Lichtenbergs siehe die Bibliographie JUNG 1972 und das Sammelwerk ZIMMERMANN 1988.
31 Vgl. auch Benjamin in dem 1922/23 entstandenen Fragment zu Scheerbarts *Münchhausen und Clarissa* von 1906 (VI, 147f.) und im Essay *Sur Scheerbart* (1934; II. 2, 630–632); ferner im Text *Spurlos wohnen* der Prosasammlung *Kurze Schatten* (1933; IV. 1, 428). In Benjamins *Verzeichnis der gelesenen Schriften* sind außer den genannten Arbeiten Scheerbarts enthalten: *Rakkóx der Billionär* (1899/1900; vgl. VII. 1, 446) und *Die große Revolution, ein Mondroman* (1902; vgl. ebd., 437).
32 Siehe dazu AMZOLL 1983 und AMZOLL 1988, darin besonders die Abschnitte *Radio/Schallplatte/Tonfilm – musikalische Verwertungspraxis um 1930* (39ff.), *Vorbild der stumme Film – akustische Potenz des Hörspiels* (76ff.) und *Kurt Weills Entwurf einer »absoluten Radiokunst« – Walter Ruttmanns »Weekend«* (94ff).
33 Zu dieser Diskussion siehe REISSER 1930. – Zur Geschichte des deutschen Fernsehens siehe DAHL 1983, 196–205, REISS 1979 und URICCHIO 1990.
34 Neu inszeniert von Hermann Naber für den Südwestfunk Baden-Baden, I. Programm (16. Oktober 1990, 20.05 Uhr).
35 Beide Fassungen vergleichen SCHILLER-LERG 1984, 252–269, 534–536, und MÜLLER 1988. – Das Hörspiel wurde 1990 für den Südwestfunk Baden-Baden neu inszeniert (I. Programm, 7. Oktober 1990, 16.38 Uhr).
36 Zum plebejischen Grundzug der Kasperl-Figur siehe die Untersuchung von RALL 1975.
37 Vgl. auch Benjamin in *Was ist das epische Theater? Eine Studie zu Brecht* (1. Fassung von 1931 – II. 2, 526f.; 2. Fassung von 1939 – ebd., 534).
38 Die Faszination dieser Kommunikationstechnik für die kindliche Psyche und Phantasie durch seine Potenzierung des »Mediums der Stimme« beschrieb Benjamin im Text *Das Telefon* seiner autobiographisch geprägten Prosasammlung von 1932/34 bzw. 1938 *Berliner Kindheit um Neunzehnhundert* – vgl. IV. 1, 243; VII. 1, 391. Es ist wahrscheinlich, daß dieser Text Teil seines Vortrages *Aus einer unveröffentlichten Skizzensammlung: Berliner Kindheit um 1900* für den Frankfurter Sender war, mit der er einen Tag vor der faschistischen Machtergreifung, am 29. Januar 1933, seine Hörfunkarbeit beenden mußte.
39 Siehe dazu die Untersuchung von HERTEL 1988 (mit Bibliographie der Texte Brechts über den Rundfunk und Verzeichnis der Sendungen von und mit Brecht in den Rundfunksendern der Weimarer Republik, 36–38).
40 Zum Rundfunk im faschistischen Deutschland siehe DAHL 1983, 146–180.
41 Siehe dazu NÖSSIG 1980, 399–404.

Zum Bilde Benjamins

Dimensionen der Rezeption medienwissenschaftlicher Aspekte seines Werkes in Westeuropa von 1980 bis 1990

Reiner Dieckhoff

Mythos und Moderne

Über die verborgene Mystik in den
Schriften Walter Benjamins

Jochen Becker

Passagen und Passanten

Zu Walter Benjamin und August Sander

Buch-, Zeitschriften- und Zeitungspublikationen der achtziger Jahre über Benjamin

»Nicht alles an diesem Leben ist musterhaft, exemplarisch aber ist alles« (II. 1, 311), schrieb Benjamin in seinem Essay *Zum Bilde Prousts* (1929/34). Das kann auch für seine eigene Existenz gelten. Denn sie brachte wissenschaftliche Leistungen hervor, die nicht selten dem gängigen 'Muster' fern waren, in keine der bestehenden Fachdisziplinen paßten und passen wollten. Zu ihren »exemplarischen« Grundzügen gehörte daher die Forderung nach wechselseitiger »Durchdringung von historischer und kritischer Betrachtung« (III, 289) in Ästhetik und Kunsttheorie. Benjamin erhob sie vor dem Hintergrund der Krise des wissenschaftlichen Lebens seiner Zeit, die gerade auch am Umgang mit den modernen »Apparaten« und »Apparaturen«, mit den Massenmedien und ihren Produktionen ablesbar war. Diese Krise bildete aber nur eine »Teilerscheinung einer sehr viel allgemeineren« (ebd., 284) – nämlich jener sowohl der bürgerlichen Gesellschaft als auch der Arbeiterbewegung in den zwanziger und dreißiger Jahren.

Wesentliche Impulse zu einer Analyse des Benjaminschen Werkes im Sinne allseitiger »Durchdringung«, einer Analyse der sich in ihm niederschlagenden Ausbruchsversuche des deutsch-jüdischen Intellektuellen aus den Bannkreisen der Integrationsideologien des Kaiserreichs, der Weimarer Republik und des Nazisystems, seiner Verarbeitung moderner Krisenerfahrung im Deutschland besonders der Jahre von 1918 bis 1933 und im anschließenden französischen Exil sowie der inneren Dramatik seines »versuchsweisen« und »extremen« Wahrnehmungs- und Schreibstils, der »aktualen und politischen Momente« (Br 1, 368) seiner Schriften sind seit den siebziger Jahren vor allem durch Philosophen und Literaturwissenschaftler, Politologen und Medientheoretiker aus der Bundesrepublik Deutschland, aus Frankreich, Italien und anderen Ländern gegeben worden.[1] Eine neue Stufe erreichte die Benjamin-Rezeption dann in den achtziger Jahren auf der Grundlage der 1977 vorläufig abgeschlossenen Ausgabe *Gesammelte Schriften*[2] und wichtiger neuer Teileditionen, unter anderen von autobiographischen Aufzeichnungen und Hörfunktexten.[3] Zweifelsohne wurde Benjamins Werk durch die verschiedenen Rezeptionsoptiken, wie die Herausgeber jüngst erneut betonten, auch zum »Gegenstand oft müßiger Spekulation« (VI, 815).[4] Nichtsdestoweniger gilt es, viele von den Material- und Methodenangeboten aus diesem neueren westeuropäischen, für die Erschließung seiner theoretischen und künstlerischen Potentiale wichtigen »Prozeß der Überlieferung« (I. 2, 696) weiterführend zu bewahren und anzueignen. Das setzt allerdings Vermeidung interpretatorischer Selbstgenügsamkeit und also Kenntnisnahme voraus, zu der die folgende, sich auf medienwissenschaftliche Aspekte der Benjamin-Rezeption in Buch-, Zeitschriften- und Zeitungspublikationen der Jahre 1980 bis 1990 konzentrierende Überblicksdarstellung beizutragen versucht.[5]

Der auratische Utopist

Für die Untersuchung der in den achtziger Jahren in Westeuropa sich vollziehenden Rezeption der medienwissenschaftlichen Aspekte von Benjamins Werk erscheinen zunächst Fragen wie jene wichtig, die Momme Brodersen 1982 in seinem Sammelwerk mit italienischen Arbeiten stellte: »An welche politischen und kulturellen Probleme knüpfen die einzelnen Untersuchungen an? Wie weit werden politische Zusammenhänge reflektiert? Welche Grundanschauungen hinsichtlich der Funktion und des Inhalts der eigenen Arbeit kristallisieren sich heraus? Worin geht der einzelne 'Beiträger' über seinen Gegenstand hinaus?« (BRODERSEN 1982, 146.) Genau in diesen Fragestellungen stecke »das **verwertbare** Moment auch einer systematischen Beschäftigung mit der Rezeptionsgeschichte eines Autors und seines Werkes: in der Frage nämlich, welche soziale Erfahrung sich in ihr selbst wiederum dokumentiert« (ebd.). Die modernen audiovisuellen Massenmedien vermitteln – in welchem Umfang und in welcher Qualität auch immer – soziale Erfahrung, und sie bilden selbst einen Teil der erfahrenen sozialen Realität. Für die Vielfalt der Blickwinkel, aus denen in den achtziger Jahren diese grundlegenden Tatsachen reflektiert wurden, stehen Arbeiten unter anderem zur Kritik der modernen »Bewußtseinsindustrie« (KLUGE 1985), über eine anzustrebende »Informations- und Kommunikationsökologie« (DANQUART 1991), über das Schicksal von Sprach- und Schriftkultur (vgl. ZIMMER 1990), über die Chancen demokratischer Selbstorganisation im Medienverbund (vgl. JENS 1989, OBERREUTER 1982) und über das Konkurrenzverhältnis zwischen öffentlich-rechtlichen und privaten Anbietern (vgl. ROSS 1990).
Vor diesem Hintergrund verwundert es nicht, daß an der Spitze der medienwissenschaftlichen Deutungsobjekte der Benjamin-Rezeption dessen Thesen über *Das Kunstwerk im Zeitalter seiner technischen Reproduzierbarkeit* (1935-1939) stehen, zumeist allerdings nur ihre bisher als »zweite deutsche Fassung« deklarierte Arbeitsstufe (vgl. I. 2, 471-508)[6] – die als Taschenbuchband der *edition suhrkamp* inzwischen in 17. Auflage das 161. Tausend erreichte –, und die in ihnen enthaltene kommunikativ-funktionale Medienutopie Benjamins mit ihrer Betonung des emanzipatori-

schen und organisatorischen Potentials technisch optimierter Kunst und ihrer Hoffnung auf politisch progressive Umwälzung kollektiver Wahrnehmungsformen. So wurde 1980 von Herbert Nagel darauf gedrungen, Benjamins Analysen der Ausprägung »epochal neuer Wahrnehmungsweisen« (NAGEL 1980, 81) im 20. Jahrhundert zu nutzen, denn man müsse »eigentlich um die Wahrnehmungsmuster kämpfen« (ebd., 95). Und gerade Benjamin habe die veränderten Wirkungsweisen der Künste »von einem in Auflösung begriffenen Zentrum: dem Individuum her« (ebd., 83) untersucht und »die Masse zu erfinden begonnen«, habe dabei entdeckt, »daß das Medium die Masse überhaupt erst erzeugt« (ebd., 84). In der Buchausgabe des Einstellungsprotokolls zu dem deutschen Film von 1933 *Hitlerjunge Quex* wurden die Filmreflexionen Benjamins in diesem Sinne als marxistische Filmtheorie apostrophiert (vgl. ARNOLD 1980). Ähnlich hob Barbara Kleiner in ihrem Buch über Benjamin als Sprachtheoretiker und Übersetzer dessen Eintreten für die »offene Fundierung der Kunst auf Politik, die an die Stelle vorbürgerlicher Bindung an Religion tritt«, für die »Operationalisierung des Kunstwerks im politischen Zusammenhang« (KLEINER 1980, 81f.) hervor. Peter Gorsen reklamierte in seiner Arbeit über Alltagsästhetik Benjamins vom technischen Fortschritt ausgehende Utopie egalitärer Kunstverwertung, chancengleichen Kunstgebrauchs (vgl. GORSEN 1981). Krista R. Greffrath behandelte in ihrer Monographie über den Geschichtsbegriff Benjamins ausführlich diese optimistische »Hoffnung auf eine neue Kollektivität«, auf einen »qualitativen Sprung in der gesteigerten Subjektivität« und auf die »Fundierung der Kunst auf Politik« (GREFFRATH 1981, 103). Peter Dahl zog die *Kunstwerk*-Thesen für seine Sozialgeschichte des deutschen Rundfunks heran (vgl. DAHL 1983, 132-137). Solche Aufzählungen ließen sich bis in die jüngste Zeit fortsetzen.

Im Zusammenhang mit seiner primär technisch-medial, vom Strukturmerkmal der »technischen Reproduzierbarkeit« her vorgenommenen Ableitung neuer kulturrevolutionärer Perspektiven interessierte die Interpreten auch Benjamins Kritik idealistischer Kunstauffassungen – darunter der Verabsolutierung der Kunstautonomie und der Vorstellung linearer, deterministischer Kausalität in Kultur- und Kunstgeschichte. So hob Michael Kötz in seinem Kinobuch an Benjamins »radikal-politischer Spekulation auf die Chance des Kinos« hervor, daß in ihr der Film »als Möglichkeit der Vergesellschaftung bürgerlich-autonomer Kunst, als das Ende exklusiver Ästhetik« erscheine, als Medium der Abgrenzung von der »Versenkung des Bürgers« (KÖTZ 1986, 59) in das autonome Kunstwerk, der Verbindung von Urteilen und Genießen. Es heißt resümierend: »Der

Film unternimmt für Benjamin gewissermaßen die Aufdeckung der imaginären Realität autonomer Kunst, die Emanzipation des Ästhetischen vom 'parasitären Dasein am Ritual'.« (Ebd., 60.) Allerdings ging es Benjamin um mehr als nur darum, bürgerlich-autonome Kunst produktionstechnisch zu optimieren und rezeptiv zu demokratisieren. Hartmut Engelhardt gab in seiner Rezension zu dem Buch von Peter Gorsen ferner zu bedenken: Die von Benjamin unterstrichene technische Struktur führe nicht automatisch zu einer Revolutionierung von Kunstproduktion und -rezeption; die massenhafte Verbreitung von Kunstwerken zerstöre nicht die »Einmaligkeit« zum Beispiel der Künstlerpersönlichkeit, sondern magisiere sie allgegenwärtig, etwa im »Starkult«; ein hochkünstlerischer Spielfilm verlange gerade »Sammlung«, sogar »Versenkung« (vgl. ENGELHARDT 1983). Hans-Jürgen Brandt wies in einem Aufsatz auf weitere illusionäre Züge von Benjamins Filmkonzept hin: Das vermeintliche Zusammentreffen von kritischer und genießender Haltung sei nicht nur von den Realitäten des Massenbewußtseins in den hochentwickelten kapitalistischen Ländern weit entfernt, sondern auch von der realen Filmgeschichte; die These von der politisch-progressiven, kritische Distanz schaffenden »Chockwirkung« der filmischen Montagetechnik, von der durch sie bewirkten Verhinderung von regressiven Assoziationen stelle eine unkritische Übertragung der Theorie des Epischen Theaters auf den Film und eine Versimplifizierung der Montagetheorie Sergej Eisensteins dar; überdies seien die politisch wie filmerzählerisch revolutionären Besonderheiten des frühen sowjetischen Stummfilms, auf den sich Benjamin primär bezieht, schon zu seinen Lebzeiten durch die kapitalistische Tonfilmproduktion in den dreißiger Jahren, auch durch deren Massen- und Milieudarstellungen, ad absurdum geführt, ja beseitigt worden. Darum trügen viele seiner medientheoretischen Thesen »utopischen Charakter« (BRANDT 1983, 53). Ähnlich argumentieren Dieter Prokop in der erweiterten Ausgabe seiner Filmsoziologie (vgl. PROKOP 1982, 42-45, 70), ein Lexikonartikel über Kulturindustrie und Massenkultur (vgl. KULTURPOLITISCHES WÖRTERBUCH 1983, 366-370) und Ferenc Fehér in einem Aufsatz über die Beziehungen zwischen Lukács und Benjamin (vgl. FEHÉR 1986).
Benjamin sah allerdings manche seiner Thesen – wie die über die moderne kapitalistische Filmproduktion – noch kritischer als nicht wenige seiner heutigen Kritiker (vgl. u. a. I. 3, 1021). In seinen umfangreichen Arbeitsnotizen verwies er so darauf, daß es sich bei seinen durch ihre spätere Rezeption kanonisierten Thesen um ein 'Werk im Fortschreiten' handelt,

das – bei aller Absolutheit mancher Formulierung – keinen filmtheoretischen Absolutheitsanspruch erhebt.
Kaum kritisch verhielt er sich dagegen zu seinen Reflexionen über die sogenannte »Aura« (vgl. u. a. VII. 1, 353f.), den augenfälligsten Beispielen für seine theoretischen Unsicherheiten, für seine innere Zwiespältigkeit und die utopischen Züge seines Kunstbewußtseins. Schon Arnold Hauser zum Beispiel kritisierte daher zu Recht die pauschale Konfrontation der »mechanisch konzipierten 'technischen Reproduzierbarkeit'« mit der sogenannten »Aura«, in deren Reflexion Benjamin selbst das originale, einmalige und unersetzliche Kunstwerk unangemessen mystifiziere (HAUSER 1983, 700 f.). Unverdrossen stilisierten aber die meisten der Benjamin-Rezipienten mit »Aura« zu einem theoretischen Begriff, was bei Benjamin in Wahrheit eine Metapher beziehungsweise eine als Begriff gebrauchte Metapher ist, eine ästhetische Hilfskonstruktion, in welcher er Ideengut aus unterschiedlichsten philosophischen Perioden und Denkrichtungen, Traditionalität und Modernität, Bildhaftigkeit und Begrifflichkeit zu vereinen suchte. (So zum Beispiel der Benjamin-Biograph Werner Fuld in einem Aufsatz – vgl. FULD 1979). Die auf gründlichen philosophiehistorischen Kenntnissen fußenden Analysen von Reiner Dieckhoff in seiner Kölner Dissertation von 1976 über die »verborgene Mystik« (Untertitel des unveränderten Drucks DIECKHOFF 1987) in den Schriften Benjamins haben bis heute offensichtlich kaum die kritische Distanz gegenüber Benjamins methodologischen und begriffsbildnerischen »Aura«-Experimenten zu fördern vermocht. Aber gerade hinsichtlich der Quellen und der Genese dieser seiner Metaphorik, ihres Charakters als – so Benjamin selbst in den späten *Zentralpark*-Fragmenten von 1938/39 – »Projektion einer gesellschaftlichen Erfahrung unter Menschen in die Natur« (I. 2, 670) leistete sie viel. Denn sie ging detailliert der »Verschränkung verschiedener Vorstellungen und Einflüsse« (DIECKHOFF 1987, 106) – darunter der deutschen Romantik, der Theosophie, des französischen Surrealismus, der Lebensphilosophie Ludwig Klages' und des deutschen Anarchismus' – nach, spürte den Widerspruch zwischen »materialistischer Kunsttheorie« und »Retheologisierung« schon in frühen Arbeiten Benjamins kritisch-distanziert auf, um zu der These zu gelangen: »Der Verfall der Aura, auf den Benjamin überall zu stoßen glaubt, ist demgemäß der Verfall einer Vorstellung.« (Ebd., 113.) Zu ähnlichen Ergebnissen kamen auch Chryssoula Kambas in ihrer Analyse der Verwendung von »Aura« bei Benjamin, dem »Denker einer Zwischen-Zeit«, der zwischen »Aufklärungskonzept« und »technischer Utopie« agiere (KAMBAS 1983, 128), und unlängst Birgit Recki in ihrer philosophiehistorisch gestützten,

»Aura« als Metapher beziehungsweise metaphorischen Begriff mit »subjektivem Ursprung« (RECKI 1988, 23) bei Benjamin und Adorno vergleichend untersuchenden Analyse (vgl. ebd., 70–134). In das Kulturgeschichtliche wendeten diese theoretische Problematik Hans Robert Jauss und Karlheinz Stierle in ihren Arbeiten über »Aura« und »Spur« in Benjamins *Passagen*-Projekt (vgl. JAUSS 1987, STIERLE 1987 a).
Weitgehend enthistorisierend verfuhr dagegen die 1981 als (West-) Berliner Dissertation vorgelegte, 1983 in Buchform publizierte Arbeit von Marleen Stoessel über Sprache und Erfahrung bei Benjamin. Hier erscheint dessen – widersprüchlich verwendete, keineswegs all seine ästhetische Erfahrung und Erkenntnis erfassende – »Aura«-Metapher primär als Frucht eines utopischen Wunschdenkens in theologischem Sehnsuchtshorizont – und nicht auch als Reflex einer romantizistische, anarchistische und technikfetischistische Elemente einschließenden Verarbeitung der Stoff-, Gestalt- und Rezeptionsveränderungen der Künste seit dem 19. Jahrhundert. Nur punktuell wird verdeutlicht, was im Phänomen der »Aura« und der These von ihrem »Verfall« beziehungsweise ihrem »Verlust« (vgl. STOESSEL 1983, 44), in der Vorstellung von der ästhetischen »Entgrenzung« (ebd., 46) der Dinge und der »Utopie einer herrschaftsfreien Beziehung« (ebd., 48) zwischen Natur und Menschen und Menschen untereinander hier sich als Benjamins eigene historische Erfahrung kristallisiert. Kaum wird eine exakte Analyse des Wandels der Reflexionsgehalte und Bedeutungskomplexe in Benjamins Denken seit den zwanziger Jahren, seiner terminologischen Schwankungen, seines Verhältnisses zur geschichtlichen Bewegung – einschließlich zu jener der Kunstpraxis und -theorie, zum Beispiel zu Konzepten von Zeitgenossen wie Adorno, Bloch, Brecht, Eisler und Tretjakow – vorgenommen. Dies alles erschließt sich gerade nicht durch bloße Konfrontation von Texten, Motiven, Metaphern und Begriffen, durch mimetische, paraphrasierende Lektüre.

Der Avantgardist

Solche Lektüreweisen gehören zu den Ursachen für bis heute anhaltende Schwächen der Rezeption der medienwissenschaftlichen Aspekte von Benjamins Werk, auf die unlängst Elisabeth Lenk hinwies: die unkritische Kanonisierung der *Kunstwerk*-Thesen und einzelner ihrer Theoreme, ihre Loslösung aus ihrem Zusammenhang mit Benjamins weiträumigen wissenschaftlichen und publizistischen Aktivitäten in den zwanziger und dreißiger Jahren, ihren stofflichen und methodischen Verbindungen mit den *Baudelaire*-Studien und dem *Passagen*-Projekt, ihre Loslösung auch von Siegfried Kracauers wichtigen Vorleistungen bei der Ausprägung von Medienkritik als Kulturkritik. Sie vermutet, »daß die ungleich größere Schätzung, die unter Zünftigen bei uns Benjamin gegenüber Adorno zuteil wird, keineswegs mit dem esoterischen und komplexen Gesamtwerk Benjamins zu tun hat, sondern ganz allein auf Benjamins Reproduzierbarkeitsthese beruht, die mit der Entwicklung der neuen Medien vereinbar zu sein scheint, auch wenn Benjamins Vorhersage eines sachlich testenden Verhältnisses zu den Medien nicht eingetreten ist.« (LENK 1990, 76.) Tatsächlich versuchte man bisher kaum, sich der Komplexität von Benjamins Medienutopie, »des Reichtums und der Mannigfaltigkeit Benjaminscher Denkprozesse« auch in seinem umfassenden »Plädoyer für das Kino« (PRESCHL 1990) anzunehmen. Um so mehr gebührt gerade Analysen von Quellen, Zeitgenossen und Weggenossen Benjamins Aufmerksamkeit.

Zum Beispiel wies Chryssoula Kambas hin auf die Bedeutung von Benjamins Rezeption unterschiedlichster Schriften, wie Alois Riegls *Die spätrömische Kunst-Industrie nach den Funden in Österreich-Ungarn* (1901; vgl. KAMBAS 1983, 128-141), Tristan Tzaras *Die Photographie von der Kehrseite* (1924), László Moholy-Nagys *Malerei, Fotografie, Film* (1925; vgl. 116-128) und Paul Valérys *Propos sur la poésie* (1928; vgl. 95-104), Sergej Tretjakows Romanchronik *Feld-Herren* (1931; vgl. 39-45) und Bertolt Brechts *Der Dreigroschenprozeß. Ein soziologisches Experiment* (1931; vgl. 64-71). Sie untersuchte ferner Benjamins Kontakte zum emigrierten Institut für Sozialforschung (vgl. 182-200) und die von der Redaktion der *Zeitschrift für Sozialforschung* vorgenommenen Eingriffe in die französische Arbeitsstufe der *Kunstwerk*-Thesen von 1936 (vgl. 158-162). Michel Collomb betonte in einem Beitrag die Wichtigkeit von Valérys *Pièces sur l'art* (1931) für Benjamins *Kunstwerk*-Thesen, insbesondere der in ihnen enthaltenen kulturkritischen, auch kulturpessimistischen Reflexion der »technischen Moderne«, ihrer technisch optimierten »kulturellen Produktion« und ihrer »Auswirkungen ebensosehr auf das Geistesleben im allgemeinen wie auf das künstlerische und literarische Schaffen«, von denen Valéry unter anderen den Zerfall der Autor-Leser-Beziehung und die sogenannte »Vermassung« diskutiere (COLLOMB 1987, 197). Valéry wie Benjamin hätten gerade die Bedeutung der »Innovationen der kulturellen Technologie« für die Analyse des modernen Kunstwerks, der »technischen und sozialen Aspekte seiner Rezeption und Diffusion« (ebd., 199) begriffen. Hans-Jürgen Brandt, der in seinem Aufsatz von 1983 Benjamins Filmreflexionen unter anderen mit Sergej

Eisensteins Schriften *Theorie des intellektuellen Films* (1928), *Der Film hat Zukunft* und *Perspektiven* (beide 1929) konfrontierte, wies aus filmwissenschaftlicher Perspektive nach, daß Benjamins *Kunstwerk*-Thesen eng mit den jüngsten ost- und westeuropäischen Avantgarden zusammenhingen (vgl. BRANDT 1983).
Auf diese grundlegende Tatsache lenkte auch Renato Solmi im deutschsprachigen Neudruck seiner *Einleitung* zur ersten italienischen Benjamin-Auswahlausgabe *Saggi e frammenti* (2. Aufl. Turin 1981) hin: Benjamin sei ein »Historiker der modernen Massengesellschaft« (SOLMI 1982, 31), dessen Denken »sich gänzlich im Bereich der künstlerischen und kulturellen Fragestellungen der Avantgarde« bewege (ebd., 44). Gianni Vattimo unterstrich in diesem Zusammenhang die »thematischen Gemeinsamkeiten« (VATTIMO, 48) zwischen Benjamin und Ernst Bloch, darunter die im Anschluß an Alois Riegl unternommenen Versuche, eine theoretische »Vermittlung von Kunst und Industrie herzustellen« (ebd., 52), die »Abschaffung jeder sakralen Auffassung von Kunst und ihrer Rezeption« (ebd., 60), das Erfassen der Bedeutung der technischen Reproduktion von Kunstwerken auch »auf der Ebene von Dichtungslehren« und das Fruchtbarmachen von Begriffen wie »Entfremdung«, »Warencharakter« und »Zerstreuung« (ebd.) für das ästhetische Denken. Zur Erschließung zeitgenössischer Quellen trug ferner Norbert Bolz' Aufsatz über Benjamins Rezeption des französischen Surrealismus (vgl. BOLZ 1985 b, besonders 193-196) und der Psychoanalyse (vgl. ebd., 214f), wie sie zum Beispiel in den Texten über Walt Disneys »Mickey Mouse«, über Fotografie und über Marcel Proust deutlich wird, vieles bei. Diese Quellen zog der Autor auch in einer Arbeit über philosophisch-erkenntnistheoretische Aspekte von Benjamins Fotografie-Verständnis heran (vgl. BOLZ 1989 b; vgl. auch BOLZ 1989 a, 125-130).
Mit dem 1985 erschienenen Buch von Inka Mülder über Siegfried Kracauer liegt endlich eine umfangreiche Einzeluntersuchung über einen der wichtigsten kulturkritischen Zeit-, zum Teil auch Weggenossen Walter Benjamins vor. Man erfährt viel von beider »Anstrengung um ein erfahrendes Denken, das die Phänomene der Lebenswirklichkeit in ihrer Besonderheit angemessener zu erfassen vermag als ein im herkömmlichen Sinn theoretisches« (MÜLDER 1985, 16), von ihren gemeinsamen lebensweltlichen Horizonten, kunstpraktischen und -theoretischen Quellen, von ihrer Auseinandersetzung mit Paris als kulturgeschichtlichem Prisma, mit Chaplin, Pudowkin und Proust, von ihren Versuchen der Entwicklung »konkreter Utopie« mit »messianischen« (ebd., 100) Denkfiguren, von ihren Ansätzen zu einer kritischen Aneignung der sozialen Realitäten und

ihrer nicht nur ideologischen Reflexe (vgl. ebd., 68-77, 95-102). Die Autorin verwischt nicht einen entscheidenden Unterschied zwischen beiden Denkern: Das Bemühen um Versöhnung mit der »entzauberten« Natur und um »Rettung« der entfremdeten Realität war bei Kracauer nicht mit dem für Benjamins Konzeptionsbildung charakteristischen Verweis auf die »außerkünstlerische Praxis, die die keimhaften Möglichkeiten einer besseren Welt aus der gegenwärtigen herauszumodellieren vermöchte« (ebd., 101), verbunden. (Diese Grenze macht auch die unter der Redaktion von Rolf Tiedemann und Henri Lonitz entstandene Erstausgabe von Benjamins Briefen an Kracauer deutlich – vgl. Br SK.)
Solche quellenbewußten Analysen stellen wertvolle Beiträge dar zur Charakteristik von Benjamins Medienreflexionen als das, was sie wirklich sind: nicht primär eine »Filmtheorie« im Sinne einer Theorie filmspezifischen Erzählens, sondern eine kulturhistorisch-soziologisch gestützte Avantgardetheorie im Medium von bildender Kunst, Fotografie und vor allem Film.[7] Denn es geht in ihnen um Erschließung der technischen Möglichkeiten moderner Kunstproduktion und -rezeption, der Folgen der Kinematisierung der menschlichen Wahrnehmung; um experimentelle Überschreitung traditioneller Gattungs- und Genregrenzen zwischen den Künsten sowie um Überschreitung der Grenzen zwischen ihnen und dem kulturellen Alltag; um Aufwertung auch beiläufigen Kunstgebrauchs und um konstruktives Durchspielen neuer sozialer und ästhetischer Zielstellungen – über das tradierte Normen- und Begriffssystem der ästhetischen Theorien hinweg. »Benjamin hat die formalen Prinzipien der Avantgarde, Schnitt und Montage, auf die Ebene der Hermeneutik transportiert«, schreibt Rita Bischof, »um damit zugleich den spezifisch modernen Erfahrungsformen – dem Schock und der Zerstreutheit – Rechnung zu tragen.« (BISCHOF 1990.)
Es bleibt zu hoffen, daß die im Herbst 1989 erfolgte Publikation des deutschen, für die Publikation zu Lebzeiten vorgesehenen »Urtextes« (I. 3, 991) von Benjamins Thesen *Das Kunstwerk im Zeitalter seiner technischen Reproduzierbarkeit* (vgl. VII. 1, 350-384) dazu beiträgt, das Bewußtsein von der Historizität des sozialen, politischen, kulturellen, kunstpraktischen und -theoretischen Umfeldes von Autor und Werk in den neunziger Jahren weiter zu schärfen und interpretatorisch praktikabel zu machen. Dasselbe gilt für Arbeiten wie Heinz-B. Hellers materialreiche theoriegeschichtliche Monographie über das spannungsreiche Verhältnis von literarischer Intelligenz und Film in Deutschland zwischen 1910 und 1930, in der er zum Beispiel in der Schrift *Die Kunst des Lichtspiels* von Otto Foulon (1924) deutlich werdende, »geradezu verblüffende Berüh-

rungspunkte und Beziehungen zu Benjamins späterem Kunstwerk-Aufsatz« (HELLER 1985, 227) vorstellte.

Der Kulturkritiker

Für die historisch gerechte Wertung der geschichtlichen Bedingtheit der Leistungen und Grenzen von Benjamins medienwissenschaftlichen Arbeiten unverzichtbar ist die Berücksichtigung ihres Problemzusammenhangs mit der Kulturkritik der Frankfurter Schule in den dreißiger Jahren, insbesondere mit den Arbeiten Theodor W. Adornos und Max Horkheimers, ihrem »Nachweis der Rücknahme der Kultur in die Reproduktionsmechanismen der spätkapitalistischen Industriestaaten« (HILLACH 1981). Bedenkenswert ist daher, was Klaus Modick in seinem Artikel von 1989 unterstrich, nämlich »daß Adorno Benjamin mehr verdankte als umgekehrt: Die Spuren, die Benjamins Denken in Adornos Werk hinterlassen hat, sind diesem Werk konstitutiv – und sei es nur, daß Adorno bestimmte Theoreme Benjamins auf den Kopf stellte, um dagegen eine eigene Position aufzubauen. Adornos Kritik der Kulturindustrie läßt sich insofern als eine nach innen gedrehte Version der offensiven Überlegungen Benjamins zur Massenkultur lesen.« (MODICK 1989.) Auch Reiner Dieckhoff betonte hinsichtlich der Stellung Benjamins in der Geschichte der Kulturkritik des 20. Jahrhunderts: »Ohne seine Philosophie ist die 'Dialektik der Aufklärung' nicht denkbar. Die Philosophie der 'Frankfurter Schule' steht in einer unzweifelhaften Nachfolge von Benjamins Denken, ohne daß sie seine Intentionen begriffen zu haben scheint.« (DIECKHOFF 1987, 11.)

Nun läßt sich allerdings dieser Zusammenhang nicht erst an dem Kapitel zur Kulturindustrie in Adornos mit Max Horkheimer verfaßter *Dialektik der Aufklärung. Philosophische Fragmente* von 1947 ablesen, sondern zum Beispiel schon in dem unter dem Pseudonym Hektor Rottweiler im selben Jahrgang der *Zeitschrift für Sozialforschung,* in dem auch Benjamins *Kunstwerk*-Thesen erschienen – 1936 –, publizierten Aufsatz Adornos *Über Jazz* und seinen Stichworten wie »Monopolismus«, »Warencharakter«, »psychische Verstümmelung« und »Stereotypik« (ADORNO 1936, 237–239), die Ausdruck seiner Fixierung auf Kommerzialität und Vulgarität, auf die Verarmung ästhetischen Materials und der Sinne sowie auf die kulturindustriell berechnete Massenspontaneität sind. (Die peinliche Tatsache, daß Adorno in diesem Aufsatz ähnliche Argumente gegen den Jazz – der 1935 aus den Programmen deutscher Hörfunksender ge-

strichen wurde – vorbringt wie fast zur selben Zeit faschistische deutsche Musikpolitiker in der Gefolgschaft von Goebbels' Rede über *Nationalsozialistischen Rundfunk,* sei hier nur genannt.)[8] Die kritische Beziehung zwischen Benjamin und Adorno wirkte im übrigen weiter bis in spätere Schriften Adornos, wie *Rückblickend auf den Surrealismus* von 1956, deren Reflexionen über den kulturindustriellen »Bann der Immergleichheit« (ADORNO 1981, 103).[9]
Richard Herding schlug sich 1989 in einer Rezension auf die Seite Adornos und Horkheimers: Zum einen auf Benjamins sozial-utopische Überschätzung der Autonomie massenhafter Subjekte und die behavioristischen Züge seiner rezeptionsästhetischen Ansätze, sein positivistisches Stimulus-Response-Modell verweisend, zum anderen auf die gegenwärtige »Erstarrung« vieler Intellektueller vor den audiovisuellen Massenmedien, schrieb er: »Jene Medienutopie, die mit Benjamins *Kunstwerk im Zeitalter seiner technischen Reproduzierbarkeit* begann, sich mit Brechts Forderung berührte, jeder Empfänger müsse auch ein Sender werden, und mit Enzensbergers *Baukasten zu einer Theorie der Medien* in elektronischen Optimismus mündete, muß ihre Niederlage eingestehen.« (HERDING 1989; Rezension zu KAUSCH 1988.) In diesem Satz stecken – abgesehen von der vereinfachenden, ihre kulturpessimistischen Züge vernachlässigenden Bestimmung der Position Hans Magnus Enzensbergers in seinem Aufsatz für die Zeitschrift *kursbuch* von 1970 (vgl. den Neudruck in PROKOP 1973, 420-433) – zwei Fehler: **Erstens** wird eine Interpretation Benjamins von seinem Scheitern her nahegelegt, und **zweitens** wird die historische Bedingtheit seiner medientheoretischen Experimente verfehlt – infolgedessen auch ihre aktuelle Tragweite.
Dem ist entgegenzuhalten, was Rudi Thiessen in einem Beitrag über Benjamins historisierende Kritik der Moderne, nicht zufällig unter Hinweis auf Adornos *Jazz*-Aufsatz von 1936, programmatisch schrieb: »Sicher, man beginnt, sich an den Hinweis zu gewöhnen, Benjamins Hoffnungen in den Film seien von der Geschichte nicht beglaubigt worden. Doch der Satz, der Jazz würde zum faschistischen Gebrauch gut sich schicken, ist vulgär und falsch. Gegenüber dem Jazz ist er schlechterdings falsch; vulgär ist er in der Wendung, in der er gemeint war: gegen Benjamins Filmtheorie. Nur, Benjamins Theorie gründet ja nicht in einem vulgären 'the medium is the message'. So, wie jede Kulturtheorie, die etwas taugt, gegenüber Auschwitz nicht – oder nur bewußt – verstummen darf, so kann heute nur die ästhetische Theorie noch Interesse beanspruchen, die sich zu den Massen ins Verhältnis setzt. Und dies genau so, wie Benjamin es

vorführte: gegen das fortschrittstrunkene Geschwätz, gegen politische Romantiken der Revolution.« (THIESSEN 1985, 188.)

Der Antifaschist

Notwendig gab es bei den Benjamin-Rezipienten der achtziger Jahre ein ausgeprägtes Interesse auch an der faschismuskritischen Dimension seiner medientheoretischen Überlegungen, an ihren Versuchen, »die durch die Technologie des Films scheinbar eindeutig mitgesetzten Produktions- und Rezeptionsformen faschistischer Gebrauchslogik zu entreißen« (HILLACH 1981). Eindringlich machte Krista R. Greffrath in ihrer Monographie von 1981 aber aufmerksam auf den in ihnen zum Tragen kommenden Widerspruch zwischen Benjamins Kritik am sozialdemokratisch-reformistischen Technikfetischismus der Geschichts- und Kulturpropaganda der II. Internationale in seinen Thesen *Über den Begriff der Geschichte* (1940) und seiner gleichzeitigen eigenen Verabsolutierung »fundamentaler Veränderungen in der gesellschaftlichen Funktion der Kunst durch die veränderte Struktur des Apparats« (GREFFRATH 1981, 101) auf der Grundlage eines »politisch unhaltbaren, weil fetischistischen Begriffs von Technik« (ebd., 106). Ansgar Hillach lenkte in einem Aufsatz über Benjamins Faschismusdiagnose den kritischen Blick in ähnliche Richtung. Er schrieb, daß Benjamins Thesen zwar innovativ »am Funktions- und Gebrauchswert einer aufgrund der Entwicklung von Reproduktionstechnologien wesentlich veränderten Kunst als Korrelat massenspezifischer Wahrnehmungsbedürfnisse orientiert ist« (HILLACH 1985, 251), aber mit seiner idealtypischen, auf Selbstkontrolle und -organisation zielenden Reflexion des Kino-Massenpublikums der »aktuellen Verfassung der Massen in Deutschland, ihrem vom Faschismus aufgefangenen Ausdrucksbedürfnis« kaum Rechnung getragen habe (ebd., 254). In diesem Zusammenhang sei auch auf die Kritik der illusionären, weil realitätsfernen Züge von Benjamins Filmreflexionen hingewiesen, wie sie Hans-Jürgen Brandt in seinem Buch von 1987 vornahm. Er arbeitete unter anderem heraus, daß sich einige von Benjamins Thesen objektiv sogar mit solchen aus filmtheoretischen Schriften und filmpolitischen Verlautbarungen deutscher Faschisten berührten, und zwar unter anderem hinsichtlich der Bejahung des technischen Fortschritts, der Hervorhebung der Bedeutung des Dokumentarischen und der Massendarstellung nicht zuletzt durch Laien sowie der gezielten Anwendung der Trick- und Montagetechnik. Brandt schlußfolgert anhand konkreten filmgeschichtlichen Materials: »Die These von der Verhinderung der Kontemplation durch den Film ist durch die Geschichte überholt.« (BRANDT 1987, 198.) Sein Buch ist ein Plädoyer gegen nur paraphrasierende Benjamin-Lektüre und für historisierende Wertung seiner Leistungen und Grenzen – unter Heranziehung der zeitgenössischen Filmpraxis und solcher Schriften wie *Lessings Laokoon und der Tonfilm* von Carl Junghans (1936), *Betrachtungen zum Filmschaffen* von Fritz Hippler (6. Auflage 1943) und *Von deutscher Filmkunst. Gehalt und Gestalt* von Heinrich Koch und Heinrich Braune (1943).

Auch Wieland Elfferding kommt 1987 auf Spezifika der Faschismuskritik Benjamins zu sprechen, und zwar in einem Beitrag über die am 1. Mai 1933 in Deutschland inszenierten Massenaufmärsche. Vor dem Hintergrund dieser und anderer Erscheinungsformen alltäglicher Sinnesmanipulation durch die Naziherrschaft weist er auf die zwei wesentlichen Mängel in Benjamins Thesen von der »Ästhetisierung der Politik« durch den Faschismus und der Notwendigkeit der »Politisierung der Kunst« (VII. 1, 384) durch den Kommunismus hin, nämlich: a) die vereinfachende Vorstellung vom Widerspruch zwischen Produktivkräften und Produktionsverhältnissen, vom degenerierenden Gebrauch der Technik mit vermeintlich zwangsläufiger Entwicklung zum Krieg und b) die versimplifizierende Parallelisierung von Massenmedien und Massenformierung, von bildhaft-medialer Reproduktion und faschistischer Massenreproduktion. So war dem rationalen machtpolitischen Hintergrund und der tatsächlichen Vielfalt faschistischer »Ästhetisierung der Politik« – darunter der ästhetischen Überhöhung von Propaganda, Unterwerfung, Gehorsam, der Verabsolutierung des Dokumentarischen, dem Technik- und Massenfetischismus, der integrationsideologischen und -ästhetischen Abspaltung geometrischen Ausdrucks von wirklicher kollektiver Praxis sowie dem Persönlichkeitskult – tatsächlich nicht beizukommen. Konfrontiert man die Benjaminschen Thesen von der »Ästhetisierung der Politik« und der »Politisierung der Kunst« mit dem historischen Hintergrundmaterial, kann man Elfferding also zunächst zustimmen, der in seinem Aufsatz auf einen sich häufig mit ökonomischen und politischen Erklärungsmustern begnügenden linken Antifaschismus[10] reagiert und die folgenden, auch in wissenschaftsprogrammatischer Hinsicht wichtigen Fragen stellt: »Hatte der Kommunismus den Kampf um die Sinne nicht gerade durch eine bestimmte Form der 'Politisierung der Kunst' verloren? War es nicht unter anderem dadurch leicht, die Kunstlinke entlang der Linie Volk/'hohe Kunst' in populistische Funktionalisten und Avantgardisten zu spalten?« (ELFFERDING 1987, 043.) Zweifellos liegt in diesen Fragestellungen ein wichtiges, lange Zeit vernachlässigtes Forschungsthema beschlossen: Die

»Politisierung der Kunst« durch den Kommunismus in seiner degenerierten Gestalt oder den »versteinerten Scheinsozialismus« (ebd.) war ja auch mit spezifischer »Ästhetisierung der Politik« verknüpft. Aber sie sind in Sachen Benjamin irreführend, da sie seiner versimplifizierenden, daher mißverständlichen Schlußformulierung von der »Politisierung der Kunst« durch den Kommunismus aufsitzen. Im Gesamtzusammenhang der *Kunstwerk*-Thesen und der an sie stofflich und methodisch angrenzenden Arbeiten gesehen, ging es Benjamin bei der »Politisierung« nicht primär um die gezielt politisch-didaktische, aufklärerische Gegenstands- und Methodenaneignung in den Künsten, sondern – ähnlich wie Bertolt Brecht, Sergej Tretjakow, Hanns Eisler, Max Raphael und anderen – um die antifaschistisch-demokratische Politisierung des Rezeptions- und Kommunikationsprozesses, als in deren Zentrum stehend er die zukunftsträchtigen audiovisuellen Medien seiner Zeit – die Fotomontage, den Hörfunk und vor allem den avancierten Film – begriff. Es ist daher wiederholt auf die vor allem von der Rezeptionsseite ausgehende wesentliche »konstruktive Absicht der Reproduktionsarbeit« Benjamins, wie sie 1985 Norbert Bolz in einem Aufsatz formulierte, zurückzukommen, »die einen historischen Apperzeptionswandel in der Entwicklung ästhetischer Medien reflektieren möchte und politische Möglichkeiten ihrer Anwendung aufzeigt« (BOLZ 1985 a, 24), »technische Möglichkeiten und ihre gesellschaftlichen Implikationen« (ebd., 27); es ist wiederholt auch darauf zu verweisen, daß Benjamin in seiner Theorie daher »den Film nicht als Kunstform, sondern als Medium analysiert« (ebd., 25; vgl. auch BOLZ 1989 a, 125-130).

Reserven der Rezeption

Zur vertieften kritischen Aneignung dieser Vorleistungen Benjamins können gerade die in den Bänden V bis VII der Benjamin-Edition enthaltenen Quellen – vom *Passagen*-Projekt bis zu den Hörfunkarbeiten – beitragen. Marc Sagnol wies deshalb auf Benjamins großangelegten Versuch der Historisierung der Kultur der Moderne und der Kunstpraxis und -theorie der Avantgardebewegungen in den *Passagen* hin, auf Benjamins in das 19. Jahrhundert zurückgreifende »Archäologie der Moderne« (SAGNOL 1984). Bereits vor Erscheinen des *Passagen*-Projekts (unter dem – strenggenommen irreführenden – Titel *Das Passagen-Werk*) [11] bemühten sich einzelne Autoren darum, seine medientheoretischen Versuche als Produkt nicht nur der Verarbeitung zeitgeschichtlicher Erfahrung, sondern auch seiner von dieser ausgehenden Auseinandersetzung mit der bürgerlichen ästhetischen Kultur des Industriezeitalters, des 19. Jahrhunderts, und ihren Medien als »gesellschaftlichen Instanzen« (I. 2, 624) zu analysieren, ihren kulturgeschichtlichen Rahmen deutlich zu machen. So akzentuierte Ansgar Hillach in seinem Aufsatz über Benjamins Wahrnehmungsreflexion mit soziologischer und sozialpsychologischer Optik das dieser innewohnende »Konzept einer geschichtlichen Zeiterfahrung« zum Beispiel in den *Baudelaire*-Studien, welches »Momente subversiver und kollektiver Praxis enthält« (HILLACH 1980, 116), die in sein Geschichtsdenken und seine Kunsttheorie eingingen. Sich abgrenzend von den vereinfachenden Deutungen Karl-Heinz Bohrers in *Die Ästhetik des Schreckens* (München/Wien 1978, vgl. u. a. 68), setzte er Benjamins Reflexionen über den »Chock« zu den »Veränderungen in der Alltagssphäre« (HILLACH 1980, 111) seit dem 19. Jahrhundert, zu den unter anderem aus dem neuen »Produktionsstandard der Druckindustrie« (ebd., 117) sich ergebenden Konsequenzen für den Vergesellschaftungsgrad der Wahrnehmungs- und Rezeptionsweisen in den Kunstprozessen bis in das 20. Jahrhundert hinein in Beziehung, um so den – für die historisch gerechte wissenschaftliche Charakterisierung auch von Benjamins *Kunstwerk*-Thesen, ihres emanzipatorischen Anspruchs wichtigen – »Befund eines 'Zusammenbruchs' von Erfahrung« (ebd., 118) zu erhellen. Ähnlich stellte Burkhardt Lindner die Verbindungen zwischen Benjamins kulturgeschichtlichem Konzept, seiner Untersuchung der »Umwälzung kollektiver Wahrnehmung« (LINDNER 1980, 134) und seiner »technologischen Medienutopie« (ebd., 135) heraus. Auch Chryssoula Kambas unterstrich die Zusammenhänge zwischen Benjamins kulturhistorischen Analysen Baudelaires, des Flaneurtypus' und der großstädtischen Massenbewegung einerseits und Benjamins »Strukturanalyse des Films« (KAMBAS 1983, 104) andererseits; ebenso Ulrich Rüffer in seinem Aufsatz über Benjamins Riegl-Rezeption (vgl. RÜFFER 1986, 188f.). Rainer Rochlitz verwies anläßlich des Erscheinens der *Passagen*-Erstedition und der französischen Ausgabe von Benjamins Fragmenten *Charles Baudelaire. Un poète à l'apogée du capitalisme* (Paris 1982) auf die am Konzept der »Dialektik des Bildes« erkennbaren Korrespondenzen zwischen diesen Arbeiten und den *Kunstwerk*-Thesen hin (vgl. ROCHLITZ 1983, besonders 297-303). Hier liegen noch theorieintensive Reserven für die künftige medienwissenschaftliche Benjamin-Rezeption.

Solche Reserven liegen auch noch in den vielfältigen Verbindungen zwischen den sich in den zwanziger und dreißiger Jahren ausprägenden, in den *Kunstwerk*-Thesen zusammengefaßten Reflexionen Benjamins zu Rezeptions- und Funktionsveränderungen der Künste und seinem praktischen Engagement für das Massenmedium Hörfunk. Auf dieses machte zuerst Sabine Schiller-Lerg aufmerksam. In ihrem Buch über Benjamins Rundfunkarbeit (SCHILLER-LERG 1984) und in an dieses anschließenden Aufsätzen (SCHILLER-LERG 1983, ...1988, ...1989) hob sie die »multimediale Verwendbarkeit« (SCHILLER-LERG 1984, 88) und die »mediendidaktischen Intentionen« (ebd., 90) vieler Texte Benjamins hervor. Denn kaum ein Autor der Weimarer Republik engagierte sich in den Jahren 1927 bis 1933 so intensiv für den frühen deutschen Hörfunk, speziell für den Kinder- und Jugendfunk, wie Benjamin. Es dominiert in dieser Darstellung die These, »daß erst der rundfunk- und programmhistorische Hintergrund die tatsächliche Bedeutung dieser Arbeiten erhellt« (ebd., 3f.). Aber die Bestimmung ihrer Stellung in der zeitgenössischen politischen und literarischen Szenerie bleibt leider – trotz zahlreicher Hinweise auf Wahlverwandte Benjamins wie Bertolt Brecht, Franz Hessel, Siegfried Kracauer und Ernst Schoen – genauso verschwommen wie die Charakteristik der ihnen innewohnenden »kommunikativen Pädagogik«, die auf eine »gesellschaftsbewußte Haltung« (ebd., 403) ziele – was immer das sein mag. Und die Ausführungen über die einzelnen Texte sind zumeist weder medien-, noch literaturtheoretisch hinreichend fundiert; die Autorin bibliographiert und referiert eher »unter rundfunk- und programmgeschichtlichem Vorzeichen« (ebd., 398), als daß sie überzeugend Benjamins – vielfältig auf kultur- und literaturgeschichtliche Essays, Porträts und Rezensionen zurückgreifende – »medienadäquate Literaturformen« (ebd., 402) analysiert, und zwar als Ausdruck seiner umfassenden Bemühungen um eine Erzählprosa, die auf »die neuen technischen Voraussetzungen« und die »veränderte Vermittlungs- und Rezeptionssituation« (ebd., 22), auf die Veränderungen von Bildungsinhalten und die neuen didaktischen Möglichkeiten der Medientechnik sich einstellte. In einigen neueren Untersuchungen werden die von Sabine Schiller-Lerg vorgelegten Ergebnisse aus pädagogischer und literaturwissenschaftlicher Sicht ergänzt, zum Teil weitergeführt – so in Charakteristiken der medienpädagogischen Leistungen Benjamins als »Verteidiger der Massenkultur« (BUCK-MORSS 1988, 95), als Exponent der »neuen Aktualität« (EWERS 1988, 206) mündlichen Erzählens und der spielerisch-dialogischen Darstellung des neuen Mediums mit Mitteln des Epischen Theaters (vgl. MÜLLER 1988). Klaus Modick verwies anläßlich des Erscheinens des Bandes VII der Edition *Gesammelte Schriften* auf einen weiteren, werkgeschichtlich interessanten Aspekt: »Man hat bislang Benjamins

Walter Benjamin   Foto von Gisèle Freund, 1938

Tendenz, in seiner späteren, 'marxistischen' Phase im Ausdruck unzweideutiger, in der Syntax schlichter zu werden, als einen von Brecht angeregten, quasi pädagogisch-ideologischen Impuls verstanden. Die Änderung der Tonlage seiner Schriften dürfte jedoch auch ursächlich mit seiner Rundfunkpraxis um 1930 zusammenhängen.« (MODICK 1989.) Aber die Berücksichtigung dieser praktischen Dimension von Benjamins Werk in den zwanziger und frühen dreißiger Jahren läßt auch neues Licht auf seine späteren, im Exil entstandenen medientheoretischen Reflexionen fallen: Der einstige **Hörfunkpraktiker** entwickelte paradoxerweise wenig Sinn für die sich mit dem **Ton**film vollziehenden filmgeschichtlichen Entwicklungen, darunter für die nach der avantgardistischen »Kinofizierung« des Theaters (vgl. VI, 340) einsetzende 'Theatralisierung' des Spielfilms, für die Verluste an bildsprachlicher Intensität und das forcierte Auseinanderfallen von massenwirksamem Unterhaltungs- und 'literarischem' Film. Auch oder gerade mit solchen Widersprüchen wird Benjamin wohl lehrreich bleiben.

Jeder der in den hier herangezogenen Arbeiten aus der medientheoretischen Benjamin-Rezeption der achtziger Jahre vorgenommenen, bisweilen direkten, auch einseitigen Zugriffe, jede in ihnen sich findende Perspektive verweist auf die Notwendigkeit, diese Rezeption weiter kritisch zu beobachten. Diese ergibt sich aus mehreren Gründen: **Erstens** sind im behandelten Zeitraum erhebliche Veränderungen der Editionssituation eingetreten, welche die Möglichkeiten für neuartige Zugänge zum bisherigen Textkanon der Rezeption und originelle Erschließungen bisher wenig oder nicht beachteter Werkzusammenhänge und -motive erweitern, die Chancen für produktiven Widerstreit verschiedener Interpretationshaltungen erhöhen, doch auch neue Spielräume für jene zahlreichen »Liebhaber« Benjamins schaffen, die »ihn (...) beliebig als Kronzeugen vorhandener Interessen herbeizitieren« (MOHAL 1983), seine Material- und Methodenangebote, seine Theoriebildung, seine kultur- und traditionskritischen Intentionen in mit teilweise hoher verlegerischer Geschwindigkeit produzierten Darstellungen schöngeistig ausbeuten und ihn zum ornamentalen Denker stilisieren wollen. Was aber den vielen heutigen Lesern Benjamins not tut, ist nicht die Bevormundung durch derart beflissenen Wissenschaftsfeuilletonismus, sondern die kritische Begleitung durch Analytiker, die mit historisch-nüchternen, markanten Strichen Benjamins existentielle und weltanschauliche Basis zu umreißen, die widerspruchsvollen Ergebnisse seiner Schriften und ihren zukunftsweisenden Vermächtnischarakter konsequent zu verdeutlichen und ihren Standort in der Geschichte des ästhetischen Denkens zu fixieren vermögen. Daher gebührt **zweitens** einer in den achtziger Jahren sich zu etablieren beginnenden neuen Generation von Benjamin-Rezipienten besondere Aufmerksamkeit, die in ihren Arbeiten ihre eigene politische Erfahrung artikuliert und gegen die »entpolitisierende Neutralisierung Benjamins durch die (Groß-) Kritik der Medien« (Richard Faber im *Vorwort* zu BOLZ/FABER 1985, 8) angeht.[12] Denn sie postiert an die Stelle des abstrakten Rigorismus, der spekulativen Züge und der elitären Philosophensinnigkeit auf der Basis des zählebigen Deutungsprimats von Nachfahren der Frankfurter Schule, aber auch an die Stelle mancher Perspektivverkürzung und -verengung durch Erben der Neuen Linken die Erforschung der Widersprüche des Werkes selbst, geht den Schritt von einer idealtypischen zu einer kritisch-materialistische Tendenzen aufnehmenden Betrachtungsweise. Was ihr an dialektischer Schärfe und argumentativer Brillanz, an Wissen über die inneren kausalen Zusammenhänge der Schriften und ihre deutenden Signaturen noch fehlt, sucht sie zu ersetzen durch exakte Quellenkenntnis, historische Präzision hinsichtlich auch des Umfeldes, progressives politisches Engagement und Traditionsbewußtsein, durch wachen Sinn für die geschichtliche Bedingtheit und aktuelle Tragweite Benjamins als eines Intellektuellen im Spannungsfeld einander überlagernder gesellschaftlicher, philosophisch-ästhetischer und kunstpraktischer Prozesse in der ersten Hälfte des 20. Jahrhunderts. Und **drittens** sind »die Tage, da Benjamin ein primär deutsches Ereignis« in der Wissenschaftsentwicklung war, »lange vorbei« (GARBER 1987, 184). Es muß also angesichts der gegenwärtigen politischen und kulturellen Entwicklungen in Ost- und Westeuropa auch die Benjamin-Rezeption danach befragt werden, ob und wie sie im Medium ihrer Analysen an Geschichtliches zu erinnern und es in ein grenzüberschreitendes Nachdenken über die Kultur des 20. Jahrhunderts einzubeziehen, für ein kritisch-demokratisches Traditionsverständnis fruchtbar zu machen vermag, das den neuen politischen und kulturellen Realitäten in Europa am Ende dieses Säkulums Rechnung trägt.

Anmerkungen

1 Zur Benjamin-Rezeption der siebziger Jahre in der Bundesrepublik siehe DÖRR 1988, 20–38, HILLACH 1981, KAMINSKI 1988, 177–187, und KOCH 1978, 117–137. – Zur französischen Rezeption in diesem Zeitraum siehe GIARD 1978 (mit kommentierter Bibliographie von Gerhard Hoehn und Gérard Raulet, 142–147), zur italienischen siehe BRODERSEN 1982 (mit einer die Zeit von 1962 bis 1982 umfassenden kommentierten Auswahlbibliographie vom Herausgeber, 143–158) und KLEINER 1986. – Einen von 1940 bis 1985 reichenden Gesamtüberblick gibt GARBER 1987, 121–193.

2 Siehe dazu die Zwischenbilanz von LEPENIS 1977. Zum Abschluß der Edition (von der nur noch ein Supplementband mit *Kleineren Übersetzungen* aussteht), einer »außerordentlichen Editionsleistung«, die »einen großen Stilisten würdig präsentiert«, und den langjährigen »Turbulenzen« um sie siehe MODICK 1989.

3 Vgl. W. Benjamin: *Moskauer Tagebuch* (1926/27; jetzt in: VI, 292–409). *Aus der Handschrift hrsg. und mit Anmerkungen von Gary Smith. Mit einem Vorwort von Gershom Scholem.* Frankfurt a. M. 1980; *Aufklärung für Kinder. Rundfunkvorträge* (1929–1932; jetzt erweitert in: VII. 1, 68–250). *Hrsg. von Rolf Tiedemann.* Ebd. 1985.

4 Siehe dazu auch die überarbeitete Fassung des *Editorischen Berichts* zu den Bänden I bis IV der *Gesammelten Schriften* (vgl. I. 2, 749–796) unter dem Titel *Epilogomena zur Benjamin-Ausgabe* im Anhang von TIEDEMANN 1983, 145–194.

5 Es werden im folgenden die bisherigen Überblicksdarstellungen WAGNER 1990 c (über biographische Benjamin-Literatur) und WAGNER 1990 d (über die Rezeption kulturhistorisch-ästhetischer Aspekte von Benjamins Werk) fortgesetzt.

6 Siehe dazu in Anm. 9 des Kapitels *Das Kunstwerk im Zeitalter des Industriekapitalismus.*

7 Zur Erhellung dieses Zusammenhangs trugen Peter Bürger und Ansgar Hillach bereits in den siebziger Jahren entscheidend bei (siehe BÜRGER 1988, HILLACH 1976).

8 Siehe in der Dokumentation von DAHL 1983, 155–165.

9 Zu den Einflüssen Benjamins auf Adorno siehe GARBER 1987, 124–134, und RECKI 1988, 135–141.

10 Siehe dazu auch GRUNENBERG 1991.

11 Siehe dazu ESPAGNE/WERNER 1984, besonders 593–597.

12 Beispiele dafür boten auch die folgenden Filmporträts im III. Fernsehprogramm der Nordkette (Norddeutscher Rundfunk/Sender Freies Berlin/Radio Bremen): *Passagen. Walter Benjamin in Paris* (Buch und Regie: Thomas Honickel, Produktion: Südwestfunk Baden-Baden 1988) am 1. August 1988 in der Reihe *Menschen und Straßen* sowie *Die letzte Passage. Der Philosoph Walter Benjamin* (Buch und Regie: Gerd Roscher, Produktion: Norddeutscher Rundfunk Hamburg 1989) am 20. 10. 1989 in der Reihe *Denker der Zeit.*

ANHANG

Literaturverzeichnis

Primärquellen

Die Zitate aus **Schriften** Walter Benjamins werden im Text mit römischer Band-, arabischer Teilband- und Seitenzahl ausschließlich nach der folgenden Grundlagenedition nachgewiesen:
I. 1 ... VII. 2   Walter Benjamin: *Gesammelte Schriften. Unter Mitwirkung von Theodor W. Adorno und Gershom Scholem hrsg. von Rolf Tiedemann und Hermann Schweppenhäuser.* Bände I–IV (in 12 Teilbänden der *werkausgabe edition suhrkamp*), Frankfurt a. M. 1980; Band V (*Das Passagen-Werk*, 2 Teilbände, *edition suhrkamp. Neue Folge*), ebd. 1983; Band VI (*Fragmente vermischten Inhalts. Autobiographische Schriften*), ebd. 1986 (2. Aufl.); Band VII (*Nachträge*, 2 Teilbände).

Die Zitate aus **Briefen** Benjamins werden im Text mit den folgenden Abkürzungen und mit arabischer Band- und Seitenzahl nachgewiesen:
Br 1, 2   Walter Benjamin: *Briefe. Hrsg. und mit Anmerkungen versehen von Gershom Scholem und Theodor W. Adorno.* 2 Teilbände, ebd. 1978.
Br SK   Walter Benjamin: *Briefe an Siegfried Kracauer. Mit vier Briefen von Siegfried Kracauer an Walter Benjamin. Hrsg. vom Theodor-W.-Adorno-Archiv. Redaktion: Rolf Tiedemann und Henri Lonitz.* Marbach a. N. 1987.
Brw Scho   Walter Benjamin/Gershom Scholem: *Briefwechsel 1933–1940. Hrsg. von G. Scholem.* Frankfurt a.M. 1980.

Sekundärquellen

Bei Zitaten aus anderen Quellen bzw. bei Verweisungen auf sie in Text und Anmerkungen werden der Familienname des Autors/Herausgebers bzw. (bei anonymen Sammelwerken) die ersten Worte des Hauptsachtitels, das Erscheinungsjahr und die Seitenziffern angegeben. Diese dergestalt verkürzten Angaben werden im unten folgenden alphabetischen Verzeichnis aufgelöst. In diesem werden außerdem für mehrfach genannte Publikationsträger (Zeitschriften, Jahrbücher usw.) die folgenden **Abkürzungen** verwendet:

Akz	Akzente. Zeitschrift für Literatur (München)
BFF	Beiträge zur Film- und Fernsehwissenschaft. Eine Schriftenreihe der Hochschule für Film und Fernsehen »Konrad Wolf« (Potsdam-Babelsberg/Berlin)
BK	Bildende Kunst (Berlin)
BzGR	Beiträge zur Geschichte des Rundfunks (Berlin)
Cri	Critique. Revue générale des publications françaises et étrangères (Paris)
DBGT	Dresdener Beiträge zur Geschichte der Technikwissenschaften (Technische Universität Dresden)
DVJs	Deutsche Vierteljahresschrift für Literaturwissenschaft und Geistesgeschichte (Stuttgart)
DZ	Die Zeit. Wochenzeitung für Politik, Wirtschaft, Handel und Kultur (Hamburg)
DZfPh	Deutsche Zeitschrift für Philosophie. Monatszeitschrift der internationalen philosophischen Forschung (Berlin)
FG	Fotogeschichte. Beiträge zur Geschichte und Ästhetik der Fotografie (Marburg)
FH	Frankfurter Hefte (Frankfurt a.M.)
FuFS	Film und Fernsehen (Berlin)
JR	Jahresring. Literatur und Kunst der Gegenwart (Stuttgart)
LiLi	Zeitschrift für Literaturwissenschaft und Linguistik (Göttingen)
Lm	lendemains. Zeitschrift für Frankreichforschung und Französischstudium (Köln)
MEW	Karl Marx/Friedrich Engels: Werke. 42 Bände. Berlin 1957–1983
MuG	Musik und Gesellschaft (Berlin)
Psp	Perspektiven. Zeitschrift für sozialistische Theorie (Marburg)
WB	Weimarer Beiträge. Zeitschrift für Literaturwissenschaft, Ästhetik und Kulturtheorie (Berlin)
ZfS	Zeitschrift für Sozialforschung (Paris/New York; Reprint München 1970 und 1980)
ZfSl	Zeitschrift für Slawistik (Berlin)

ABENDROTH, Wolfgang, 1968: Sozialgeschichte der europäischen Arbeiterbewegung. 4. Aufl. – Frankfurt a.M.
ADORNO, Theodor W., 1936: Über Jazz. – ZfS V, 2, S. 235–259.
ADORNO ... 1937: (Rezension:) Siegfried Kracauer: Jacques Offenbach und das Paris seiner Zeit. Amsterdam 1937. – ZfS VI, 3, S. 697f.
ADORNO ... 1963: Dissonanzen. Musik in der verwalteten Welt. 3. Ausgabe. – Göttingen.
ADORNO ... 1973: Gesammelte Schriften. Band 14. – Frankfurt a.M.
ADORNO .../EISLER, Hanns, 1977: Komposition für den Film. – Siehe EISLER 1977.
ADORNO ... 1981: Noten zur Literatur. – Frankfurt a.M.
AHRENS, Gerhard, 1985: Triebstruktur und Sprache bei Baudelaire. Eine Revision der materialistischen Ikonographie Walter Benjamins. – BOLZ/FABER, S. 164–179.
AIGNER, Ladis, 1929: ... und was Ladis Aigner (Paris) über die französischen Bahnbrecher-Filme schreibt. – BUCHER/ KINDT, S. 16.

ALBERSMEIER, Franz-Josef/ROLOFF, Volker (Hrsg.), 1989: Literaturverfilmungen. – Frankfurt a.M.
AMZOLL, Stefan, 1983: Kritik der Radioproduktion. Kurt Weill als Rundfunkpublizist. – MuG XXXIII, 10, S. 601–605.
AMZOLL ... 1988: Musik im Rundfunk der Weimarer Republik – Studien zur Entstehungsgeschichte medienspezifischer Kunstproduktion und -vermittlung. Teil I/II. – BzGR XXII, 4, 122 S.
ARAGON, Louis, 1985: Pariser Landleben. Aus dem Französischen von Rudolf Wittkopf. Mit 12 Abb. – Berlin.
ARNOLD, Thomas, u. a. (Hrsg.), 1980: Hitlerjunge Quex. Einstellungsprotokoll. – München.
ARNTZEN, Rudolf, 1971: Literatur im Zeitalter der Information. Aufsätze, Essays, Glossen. – Frankfurt a.M.
ARWATOW, Boris, 1972: Kunst und Produktion. – München.
ASENDORF, Christoph, 1988: Batterien der Lebenskraft. Zur Geschichte der Dinge und ihrer Wahrnehmung im 19. Jahrhundert. – Berlin (West).

BALAZS, Béla, 1982: Schriften zum Film. Band I. Hrsg. Helmut H. Diederichs u. a. – Berlin.
BALAZS ... 1984: Schriften ... Band II. – Berlin.
BARCK, Karlheinz, 1986 a: Geschichtlichkeit der Künste. Überlegungen im Blick auf interdisziplinäre Perspektiven. – WB XXXII, 4, S. 631–642.
BARCK ... (Hrsg.), 1986 b: Surrealismus in Paris 1919–1939. Ein Lesebuch. – Leipzig.
BARKHAUSEN, Hans, 1982: Filmpropaganda für Deutschland im Ersten und Zweiten Weltkrieg. – Hildesheim.
BARNICOAT, John, 1979: A Concise History of Posters. – New York/Toronto.
BARTELS, Klaus, 1988: Das Verschwinden der Fiktion. Über das Altern der Literatur durch den Medienwechsel im 19. und 20. Jahrhundert. – BOHN, S. 239–256.
BARTELS ... 1989: Über das Technisch-Erhabene. – Christine Pries (Hrsg.): Das Erhabene. Zwischen Grenzerfahrung und Größenwahn. Weinheim, S. 304–310.
BARTSCH, Peter, 1988: Frühe Automaten zur Informationsverarbeitung. – DBGT, Heft 16, S. 61–64.
BECKER, Jochen, 1989: Passagen und Passanten. Zu Walter Benjamin und August Sander. – FG IX, 32, S. 37–48.
BEHRENS, Tobias, 1986: Die Entstehung der Massenmedien in Deutschland. Ein Vergleich von Film, Hörfunk und Fernsehen und ein Ausblick auf die Neuen Medien. – Frankfurt a.M.
BELTING, Hans, 1990: Bild und Kult. Eine Geschichte des Bildes vor dem Zeitalter der Kunst. – München.
BERGER, Willy R., 1975: Walter Benjamin als Übersetzer Baudelaires. – Beda Allemann/Erwin Koppen (Hrsg.): Teilnahme und Spiegelung. Festschrift für Horst Rüdiger. Berlin (West)/New York, S. 634–663.
BERGIUS, Hanns, 1988: Das Lachen Dada's. Die Dadaisten und ihre Aktionen. – Berlin (West).
BERGMANN, Karl Hans, 1986: Blanqui – Ein Rebell im 19. Jahrhundert. – Frankfurt a.M.
BERNAUER, Markus, 1990: Ästhetik der Masse. – Basel.
BEUTIN, Wolfgang, 1976: Sprachkritik – Stilkritik. Eine Einführung. – Stuttgart.

BISCHOF, Rita, 1990: Ein Mystiker der Apparate. Eine Kritik der Reproduktionstheorie. - die tageszeitung (Berlin), 26. September, S. 16.
BLANQUI, Louis-Auguste, 1986: Die Ewigkeit durch die Sterne. Aus dem Französischen von Julia Gräbener. Hrsg. und mit einer Studie versehen von Wolfgang Fietkau. - München.
BLAUSTEIN, Leopold (Lwów), 1937: Das imaginative Kunstwerk und seine Gegebenheitsweise. - DEUXIEME CONGRES, S. 245-249.
BLOCH, Ernst, 1964: Geist der Utopie. - Frankfurt a.m.
BLOCH ... 1970: Das Prinzip Hoffnung. Erster Band. Dritter Teil. 7. Aufl. - Frankfurt a.M.
BLOCH ... 1979: Erbschaft dieser Zeit. - Frankfurt a.M.
BÖKER, Uwe, 1985: Die Stadt im soziokulturellen Wandel: London in der Literatur des 19. und 20. Jahrhunderts. - Universitas. Zeitschrift für Wissenschaft, Kunst und Literatur (Stuttgart) XL, 8, S. 901-914.
BOHN, Rainer, u. a. (Hrsg.), 1988: Ansichten einer künftigen Medienwissenschaft. - Berlin (West).
BOIE, Bernhild, 1984: Dichtung als Ritual der Erlösung. Zu den wiedergefundenen Sonetten Walter Benjamins. - Akz XXI, 1, S. 23-39.
BOLZ, Norbert, 1985 a: Einleitung. Links schreiben. - BOLZ/FABER, S. 9-33.
BOLZ ... 1985 b: Vorschule der profanen Erleuchtung. - BOLZ/FABER, S. 190-222.
BOLZ ... 1989 a: Auszug aus der entzauberten Welt. Philosophischer Extremismus zwischen den Weltkriegen. - München.
BOLZ ... 1989 b: Der Fotoapparat der Erkenntnis. - FG IX, 32, S. 21-27.
BOLZ .../FABER, Richard (Hrsg.), 1985: Walter Benjamin. Profane Erleuchtung und rettende Kritik. 2., vermehrte und verbesserte Aufl. - Würzburg.
BOLZ .../FABER ... (Hrsg.), 1986: Antike und Moderne. Zu Walter Benjamins »Passagen«. - Würzburg.
BOLZ .../WITTE, Bernd (Hrsg.), 1984: Passagen. Walter Benjamins Urgeschichte des XIX. Jahrhunderts. - München.
BOWN, Matthew Cullerne, 1990: Kunst unter Stalin 1924-1956. - München.
BRANDT, Helmut, 1983: »Benjamin und kein Ende«? Zur Filmtheorie Walter Benjamins. - FH XXXVIII, 3, S. 48-54.
BRANDT ... 1987: NS-Filmtheorie und dokumentarische Praxis. Hippler, Noldan, Junghans. - Tübingen.
BRAUDEL, Fernand/LABROUSSE, Ernest (Hrsg.), 1986/87: Wirtschaft und Gesellschaft in Frankreich im Zeitalter der Industrialisierung. 2 Bände. - Frankfurt a.M.
BRECHT, Bertolt, 1966: Schriften zur Literatur und Kunst. Band I: 1920 - 1939. Band II: 1934-1956. - Berlin/Weimar.
BRODERSEN, Momme (Hrsg.), 1982: Benjamin auf Italienisch. Aspekte einer Rezeption. Frankfurt a.M.
BRÜGGEMANN, Theodor, 1988: Walter Benjamin und andere Kinderbuchsammler. Karl Hobrecker, Arthur Rümann und Walter Schatzki. - DODERER, S. 68-92.
BUCHER, Edmund/KINDT, Albrecht (Hrsg.), 1929: Film-Photos wie noch nie. Mit Originalartikeln unter anderen von Asta Nielsen ... - Gießen.
BUCK-MORSS, Susan, 1984: Der Flaneur, der Sandwichmann und die Hure. Dialektische Bilder und die Politik des Müßiggangs. - BOLZ/WITTE, S. 96-113.
BUCK-MORSS ... 1988: »Verehrte Unsichtbare!« Walter Benjamins Radiovorträge. - DODERER, S. 93-101.

BUDDENSIEG, Tilmann, 1978: Von der Industriemythologie zur »Kunst in der Produktion«. – JR XXV, S. 46–72.
BÜHLER, Karl, 1968: Ausdruckstheorie. Das System an der Geschichte aufgezeigt. 2. Aufl. – Stuttgart.
BÜRGER, Peter, 1982: Literarischer Markt und autonomer Kunstbegriff. Zur Dichotomisierung der Literatur im 19. Jahrhundert. – Christa Bürger (Hrsg.): Zur Dichotomisierung von hoher und niedriger Literatur. Frankfurt a.M., S. 241–265.
BÜRGER ... 1988: Theorie der Avantgarde. Mit einem Nachwort zur 2. Aufl. (1. Aufl. 1974.) – Frankfurt a.M.
BULGAKOWA, Oksana, 1986: Umgang mit tradierten Strukturen des Unterhaltungsfilms an Schnittpunkten der sowjetischen Filmgeschichte. – WUSS 1986 b, S. 30–33.
BULGAKOWA ... 1988: Bruch und Methode. Eisensteins Traum von einer absoluten Kunst. – EISENSTEIN, S. 262–324.
BURGER, Rudolf, 1982: Fortschritt. Aufstieg und Fall eines Begriffs. Bemerkungen nach Walter Benjamins Thesen »Über den Begriff der Geschichte«. – Wien.
BUSCH, Walter, 1990: Marxistische Ideologiekritik und kollektives Unbewußtes – Zur Geschichtsphilosophie im Passagenwerk. – Psp, Sonderheft 2: Walter Benjamin, S. 19–31.

CLARK, Virginia Martha, 1987: Aldous Huxley and film. – Metuchen/London.
COLLOMB, Michel, 1987: Über die Modernisierung der Kultur. Walter Benjamin liest Paul Valéry. – LE RIDER/RAULET, S. 197–207.
CROCE, Bendetto, 1930: Gesammelte Philosophische Schriften. 1. Reihe. Band 1: Ästhetik als Wissenschaft vom Ausdruck. Hrsg. von Hans Feist. – Tübingen.

DAHL, Peter, 1983: Radio. Sozialgeschichte des Rundfunks für Sender und Empfänger. – Reinbek bei Hamburg.
DANQUART, Didi, 1991: Aspirin für Links-intellektuell? Thesen zum Spiegel-TV. – FuFS XIX, 4, S. 51f.
DAUBE, Ingeborg, 1988: Katalog der Kinderbuchsammlung Walter Benjamins. – DODERER, S. 247–282.
DEMETZ, Peter, 1990: Worte in Freiheit. Der italienische Futurismus und die deutsche literarische Avantgarde 1912–1934. – München.
DEUXIEME CONGRES ... 1937: Deuxième Congrès d'Esthétique et de Science de l'Art. Band I. – Paris.
DIECKHOFF, Reiner, 1987: Mythos und Moderne. Über die verborgene Mystik in den Schriften Walter Benjamins. – Köln.
DIERSEN, Inge, 1986: Alfred Döblins »Berlin Alexanderplatz« und die Ausformung moderner deutscher Erzählprosa. Acht Thesen. – WB XXXII, 10, S. 1711–1716.
DIERSEN ... 1987: Die Stadt spielt mit. Berliner Stadtansichten im Zeitroman um 1930. – WRUCK, S. 194–222.
DILLER, Ansgar, 1975: Der Frankfurter Rundfunk 1923–1945 unter besonderer Berücksichtigung der Zeit des Nationalsozialismus. (Diss.) – Frankfurt a.M.
DIMPFL, Monika, 1981: Literarische Kommunikation und Gebrauchswert. Theoretische Entwürfe. – Bonn.
DODERER, Klaus (Hrsg.), 1988: Walter Benjamin und die Kinderliteratur. Aspekte der Kinderkultur in den zwanziger Jahren. – Weinheim/München. – Darin vom Hrsg.:

Walter Benjamins dreifaches Interesse an der Kinderliteratur: Sammler, Theoretiker und Autor, S. 11-30.
DÖRR, Thomas, 1988: Kritik und Übersetzung. Die Praxis der Reproduktion im Frühwerk Walter Benjamins. - Gießen.
DREYER, Carl Theodor, 1929: Realisierte Mystik. - BUCHER/KINDT, S. 20.
EBACH, Jürgen, 1985: Der Blick des Engels. Für eine »Benjaminsche« Lektüre der hebräischen Bibel. - BOLZ/FABER, S. 67-101.
EGGEBRECHT, Axel, 1975: Der halbe Weg. Zwischenbilanz einer Epoche. - Reinbek bei Hamburg.
EHRENBURG, Ilja, 1989: Und sie bewegt sich doch. - Leipzig.
EISENSTEIN, Sergej, 1988: Das dynamische Quadrat. Schriften zum Film. Hrsg. von Oksana Bulgakowa und Dietmar Hochmuth. - Leipzig.
EISLER, Hanns, 1977: Gesammelte Werke. Serie III. Band 4: Theodor W. Adorno/Hanns Eisler: Komposition für den Film. Hrsg. von Eberhardt Klemm. - Leipzig.
EISLER ... 1985: Gesammelte Werke. Serie III. Band 1: Musik und Politik. Schriften 1924-1948. Hrsg. von Günter Mayer. 2. Aufl. (1. Aufl. 1973.) - Leipzig.
EISNER, Lotte H., 1980: Die dämonische Leinwand. Überarbeitete und erweiterte Neuaufl. Hrsg. von Hilmar Hoffmann und Walter Schobert. - Frankfurt a.M.
ELFERT, Brunhilde, 1985: Die Entstehung und Entwicklung des Kinder- und Jugendfunks in Deutschland von 1924 bis 1933 am Beispiel der Berliner Funk-Stunde. - Frankfurt a.M.
ELFFERDING, Wieland, 1987: Von der proletarischen Masse zum Kriegsvolk. Massenaufmarsch und Öffentlichkeit am Beispiel des 1. Mai 1933. - INSZENIERUNG DER MACHT, S. 17-50.
ENGELHARDT, Hartmut, 1983: Zur Ästhetik des Alltags. (Rezension zu GORSEN 1981.) - FH XXXVIII, 2, S. 72-74.
ESPAGNE, Michel/WERNER, Michael, 1984: Vom Passagen-Projekt zum »Baudelaire«. Neue Handschriften zum Spätwerk Walter Benjamins. - DVJs LVIII, 4, S. 593-657.
EVARD, Jean-Luc, 1990: Der Surrealismus zwischen zwei Revolutionen. - Irmela Reimers-Tovote/Hartmut Reichardt (Hrsg.): Symposium: Zur Geschichte der Menschenrechtsdiskussion. Reburg-Loccum, S. 23-38.
EWERS, Hans-Heino, 1988: Erzählkunst und Kinderliteratur. Walter Benjamins Theorie des Erzählens. - DODERER, S. 196-212.
EYTH, Max, 1899: Hinter Pflug und Schraubstock. Skizzen aus dem Taschenbuch eines Ingenieurs. Band 2. - Stuttgart/Leipzig.
EYTH ... 1973: Die Brücke über die Ennobucht (Berufstragik). - Stuttgart.

FABER, Richard, 1979: Der Collage-Essay. Eine wissenschaftliche Darstellungsform. Hommage à Walter Benjamin. - Hildesheim.
FABER ... 1985: »Der Erzähler« Johann Peter Hebel. Versuch einer Rekonstruktion. - BOLZ/FABER 1985, S. 102-163.
FABER ... 1990: Proletarische Kunst? Zur Diskussion des Verhältnisses von Intellektuellen und Proletariern. - kultuRRevolution (Essen), Heft 22, S. 22-36.
FACHINELLI, Elvio, 1982: Als Benjamins »nichts mehr zu sagen« hatte. - BRODERSEN, S. 103-119.
FAIRBANKS, Douglas, 1929: Ich - der Abenteurer. - BUCHER/KINDT, S. 48.

FALKENHAUSEN, Susanne von, 1987: Mussolini Architettonico. Notiz zur ästhetischen Inszenierung des Führers im italienischen Faschismus. – INSZENIERUNG DER MACHT, S. 243–252.
FASZINATION BENJAMIN, 1980: alternative. Hrsg. von Hildegard Brenner (Berlin/West) XXIII, 132/133.
FAULSTICH, Werner, 1988: Spiel, Bildung, Macht, Profit. Über die gesellschaftlichen Interessen an den Medien und ihren Wissenschaften. – BOHN, S. 223–237.
FEHÉR, Ferenc, 1986: Lukács und Benjamin: Affinitäten und Divergenzen. – Rüdiger Dannemann (Hrsg.): Georg Lukács. Jenseits der Polemiken. Beiträge zur Rekonstruktion seiner Philosophie. Frankfurt a.M., S. 53–70.
FIETKAU, Wolfgang, 1978: Schwanengesang auf 1848. Ein Rendezvous am Louvre: Baudelaire, Marx, Proudhon und Victor Hugo. – Hamburg.
FONTANE, Theodor, 1964: Sämtliche Werke. Abteilung 1. Band 6. Hrsg. von Walter Keitel. – München.
FOX, Ralph, 1975: Der Roman und das Volk. Hrsg. von Georg Seehase. – Berlin.
FRANK, Tanja, 1990: Max Raphael zu Leo Balet. Methodenästhetik oder synthetische Kunstwissenschaft. – BK XXXVIII, 1, S. 56–60.
FRANZ, Michael, 1983: Die Krise des »Werk«-Begriffs. – Brecht 83. Brecht und Marxismus. Dokumentation. Hrsg. vom Brecht-Zentrum der DDR. Berlin, S. 212–221.
FRANZ-WILLING, Georg, 1988: Die technische Revolution im 19. Jahrhundert. Der Übergang zur industriellen Lebensweise. – Tübingen.
FREUD, Sigmund, 1948: Gesammelte Werke. Hrsg. von Anna Freud u. a. Band XIV. Neue Folge der Vorlesungen zur Einführung in die Psychoanalyse. – London.
FRIEDELL, Egon, 1983: Der verkleidete Dichter. Hrsg. von Heinz Knobloch. – Berlin.
FUCHS, Wolfgang J., 1988: Micky Maus. Das ist mein Leben. – Stuttgart.
FÜNF JAHRE ... 1929: Fünf Jahre Berliner Rundfunk. Ein Rückblick 1923–1929. – Berlin.
FÜRNKÄS, Josef, 1987: Zitat und Zerstörung. Karl Kraus und Walter Benjamin. – LE RIDER/RAULET, S. 209–226.
FÜRNKÄS ... 1988: Surrealismus als Erkenntnis. Walter Benjamin – Weimarer Einbahnstraße und Pariser Passagen. – Stuttgart.
FULD, Werner, 1979: Die Aura. Zur Geschichte eines Begriffs bei Benjamin. – Akz XXVI, 7, S. 352–370.
FULD ... 1981: Walter Benjamins Beziehung zu Ludwig Klages. – Akz XXVIII, 6, S. 247–287.

GAILLARD, Françoise, u. a. (Hrsg.), 1987: Art social und art industriel. Funktionen der Kunst im Zeitalter des Industrialismus. – München.
GALLISSAIRES, Pierre (Hrsg.), 1986: Das Paris der Surrealisten. Illustrierte Reisemontage zur poetischen Geographie einer Metropole. 2. Aufl. – Hamburg.
GALPERIN, Alexander V., 1985: Eduard Kasimirowitsch Tissé (1897–1961). – Bild und Ton (Leipzig) XXVIII, 5, S. 142f.
GARBER, Klaus, 1987: Rezeption und Rettung. Drei Studien zu Walter Benjamin. – Tübingen.
GARBO, Greta, 1929: Erziehung zur Schönheit. – BUCHER/KINDT, S. 24.
GEIST, Johann Friedrich, 1979: Passagen. Ein Bautyp des 19. Jahrhunderts. 3. Aufl. – München.
GERBER, Erika, 1988: Mechanisierung und Anfänge der Automatisierung in der photographischen Industrie Deutschlands. – DBGT, Heft 16, S. 29–31.

GERMER, Stefan/PREISS, Achim (Hrsg.), 1990: Giuseppe Terragni 1904–1943. Moderne und Faschismus in Italien. – München.
GERSCH, Wolfgang, 1975: Film bei Brecht. Bertolt Brechts praktische und theoretische Auseinandersetzung mit dem Film. – Berlin.
GERSCH ... 1982: Balázs' Geist des Films. – WB XXVIII, 8, S. 103–118.
GERSCH ... 1987: Schauspieler in Film und Fernsehen. – RÜLICKE-WEILER, S. 201–252.
GERSCH ... 1988: Chaplin in Berlin. Illustrierte Miniatur nach Berliner Zeitungen von 1931. – Berlin.
GIARD, Luce, 1978: Walter Benjamin – libre passant. – Cri, 370, S. 104–147.
GIEDION, Sigfried, 1987: Wege in die Öffentlichkeit. Aufsätze und unveröffentliche Schriften aus den Jahren 1926–1956. Hrsg. und kommentiert von Dorothee Huber. – Zürich.
GNÜG, Hiltrud, 1988: Der klassische Dandy im Spiegel der Weltliteratur. – Stuttgart.
GOETHE, Johann Wolfgang, 1834: Briefwechsel zwischen Goethe und Zelter in den Jahren 1796 bis 1832. Hrsg. von Friedrich Wilhelm Riemer. 4. Teil. – Berlin.
GÖTTSCHE, Dirk, 1987: Die Produktivität der Sprachkrise in der modernen Prosa. – Frankfurt a.M.
GOODY, Jack/WATT, Ian, 1981: Konsequenzen der Literalität. – J. Goody (Hrsg.): Literalität in traditionellen Gesellschaften. Frankfurt a.M., S. 50–55.
GORSEN, Peter, 1981: Transformierte Alltäglichkeit oder Transzendenz der Kunst. – Frankfurt a.M.
GOUX, Jean Joseph, 1975: Freud, Marx. Ökonomie und Symbolik. – Frankfurt a.M.
GREFFRATH, Krista R., 1981: Metaphorischer Materialismus. Untersuchungen zum Geschichtsbegriff Walter Benjamins. – München.
GROH, Dieter, 1987: Kompensationsmodell – Historismusbegriff – Flaneurtypus. – GAILLARD, S. 48–52.
GRUNE, Karl, 1929: Was Karl Grune, der Regisseur, über den Russen-Film zu sagen weiß. – BUCHER/KINDT, S. 15.
GRUNENBERG, Antonia, 1991: Antifaschismus – ein deutscher Mythos. Anmerkungen zu einem verdrängten Kapitel der Linken. – DZ, Nr. 18 vom 26. April, S. 64.
GÜNTHER, Hans, 1981: Der Herren eigner Geist. Ausgewählte Schriften. Hrsg. von Werner Röhr unter Mitarbeit von Simone Barck. – Berlin/Weimar.

HALEFELDT, Horst O. (Hrsg.), 1976: Schul- und Bildungsfunk in Deutschland. Quellen 1923–1945. – Frankfurt a.M.
HARMS, Ernst (Baltimore), 1937: Struktur-psychologische Analyse von Kunstwerken. – DEUXIEME CONGRES ..., S. 205–208.
HARMS, Wolfgang (Hrsg.), 1988: Text und Bild, Bild und Text. DFG-Symposium. – Stuttgart.
HARTUNG, Günter, 1986: Walter Benjamins Antikriegsschriften. – WB XXXII, 3, S. 404–419.
HAUCKE, Lutz, 1986: Medienästhetik und Mediengeschichte 'by' Walter Benjamin? Fragen zu »Das Kunstwerk im Zeitalter seiner technischen Reproduzierbarkeit« (1935/36). – BFF XXVII, 2, S. 57–78.
HAUCKE ... 1988: Von der Kunstwissenschaft zur Medienwissenschaft. Skizze zu theoretisch-methodologischen Grundfragen. – BFF XXIX, 31, S. 192–201.
HAUSER, Arnold, 1983: Soziologie der Kunst. – München.
HAY, Gerhard (Hrsg.), 1975: Literatur und Rundfunk. – Hildesheim.

HEINRICHS, Hans-Jürgen (Hrsg.), 1989: »Wir lassen uns die Welt nicht zerbrechen«. Max Raphaels Werk in der Diskussion. – Frankfurt a.M.
HEISE, Wolfgang, 1982: Zur ästhetischen Kultur des Vormärz. – Ders.: Realistik und Utopie. Aufsätze zur deutschen Literatur zwischen Lessing und Heine. Berlin, S. 288–304.
HELLE, Hans-Jürgen, 1989: Soziologie und Erkenntnistheorie bei Georg Simmel. – Darmstadt.
HELLER, Heinz-B., 1985: Literarische Intelligenz und Film. Zu Veränderungen der ästhetischen Theorie und Praxis unter dem Eindruck des Films 1910–1930 in Deutschland. – Tübingen.
HEPP, Corona, 1987: Avantgarde. Moderne Kunst, Kulturkritik und Reformbewegungen nach der Jahrhundertwende. – München.
HERDING, Klaus, 1987: Industriebild und Moderne. Zur künstlerischen Bewältigung der Technik im Übergang zur Großmaschinerie (1830–1890). – GAILLARD, S. 424–468.
HERDING, Richard, 1989: Kritische Medientheorie ohne Kulturpessimismus. (Rezension zu KAUSCH 1988.) – medium. Zeitschrift für Hörfunk, Fernsehen, Film, Presse (Frankfurt a.M.) XIX, 4, S. 60.
HERTEL, Thomas, 1988: Medientheorie, Künstlervision oder Provokation? Brechts Texte über den Rundfunk (1926 bis 1932) im zeitgenössischen Umfeld der Weimarer Republik. – BzGR XXII, 2, S. 5–47.
HERTLING, Viktoria, 1982: Quer durch: von Dwinger bis Kisch. Berichte und Reportagen über die Sowjetunion aus der Epoche der Weimarer Republik. – Königstein/Ts.
HILCHENBACH, Maria, 1982: Kino im Exil. Die Emigration deutscher Filmkünstler. – München.
HILLACH, Ansgar, 1976: Allegorie, Bildraum, Montage. Versuch, einen Begriff avantgardistischer Montage aus Benjamins Schriften zu begründen. – W. Martin Lüdke (Hrsg.): Theorie der Avantgarde. Antwort auf Peter Bürgers Bestimmung von Kunst und bürgerlicher Gesellschaft. Frankfurt a.M., S. 105–142.
HILLACH ... 1980: Erfahrungsverlust und 'chockförmige Wahrnehmung'. Benjamins Ortsbestimmung der Wahrnehmung im Zeitalter des Hochkapitalismus. – FASZINATION BENJAMIN, S. 110–118.
HILLACH ... 1981: Walter Benjamin, eine Hoffnung der Studentenbewegung. – Uni-Report. Johann-Wolfgang-Goethe-Universität Frankfurt XIV, 5, S. 6f.
HILLACH ... 1985: Der Anteil der Kultur an der faschistischen Herrschaftsprägung. Was leistet Benjamins Diagnose des Faschismus? – BOLZ/FABER, S. 231–265.
HILLACH ... 1986: »Den Weltlauf zu unterbrechen ... der tiefste Wille in Baudelaire«. Der Künstler und der Anarchist im Blick Benjamins. – BOLZ/FABER, S. 154–180.
HINZ, Bertholdt (Hrsg.), 1979: Die Dekoration der Gewalt. Kunst und Medien im Faschismus. – Gießen.
HIRDINA, Karin, 1981: Pathos der Sachlichkeit. Tendenzen materialistischer Ästhetik in den zwanziger Jahren. – Berlin.
HOESTEREY, Ingeborg, 1989: Verschlungene Schriftzeichen. Intertextualität von Literatur und Kunst in der Moderne/Postmoderne. – Frankfurt a.M.
HOFFMANN, Christel, 1987: Asja Lacis: »Machen Sie sich bekannt«. – KÄNDLER, S. 139–149.
HOFFMANN, Hilmar, 1988: »Und die Fahne führt uns in die Ewigkeit«. Propaganda im NS-Film. Band 1. – Frankfurt a.M.

HOFMANNSTHAL, Hugo von, 1979: Erzählungen, erfundene Gespräche und Briefe, Reisen. – Frankfurt a.M.
HOFMANNSTHAL ... 1987: Blicke. Essays. Hrsg. von Thomas Fritz. – Leipzig.
HORKHEIMER, Max/ADORNO, Theodor W., 1986: Dialektik der Aufklärung. Philosophische Fragmente. – Frankfurt a.M.
HÜNEKE, Andreas, 1989: Schrift – Bild – Sprache. Kreuz und quer durch die klassische Moderne. – BK XXXVII, 11, S. 18–21.

INSZENIERUNG DER MACHT, 1987: Inszenierung der Macht. Ästhetische Faszination im Faschismus. Hrsg. von der Neuen Gesellschaft für Bildende Kunst. – Berlin (West).

JAHN, Wolfgang, 1962: Kafka und die Anfänge des Kinos. – Jahrbuch der Deutschen Schillergesellschaft (Stuttgart) VI, S. 351–368.
JAMPOLSKI, Michail B., 1986: Die Geburt einer Filmtheorie aus dem Geist der Physiognomik. – BFF XXVII, 2, S. 79–98.
JAMPOLSKI ... 1988: Die Utopie vom kosmischen Schauspiel und der Kinematograph. – BFF XXIX, 34, S. 177–191.
JANECEK, Gerald, 1984: The Look of Russian Literature. Avantgarde visual experiments 1900–1930. – Princeton.
JAUSS, Hans Robert, 1985: Thesen zur Position Baudelaires in der ästhetischen Moderne. – WB XXXI, 1, S. 15–23.
JAUSS ... 1987: Spur und Aura. Bemerkungen zu Walter Benjamins »Passagen-Werk«. – GAILLARD, S. 19–38.
JENS, Walter, 1989: Wir haben viel voneinander zu lernen. (Auszug aus der Rede auf dem Gründungskongreß der Industriegewerkschaft Medien.) – Deutsche Volkszeitung/die tat (Düsseldorf), Nr. 17 vom 21. April.
JUNG, Rudolf, 1972: Lichtenberg-Bibliographie. – München.

KÄHLER, Hermann, 1982: Von Hofmannsthal bis Benjamin. Ein Streifzug durch die Essayistik der zwanziger Jahre. – Berlin/Weimar.
KAELBLE, Hartmut, 1979: Geschichte der sozialen Mobilität seit der industriellen Revolution. – Königstein/Ts.
KÄNDLER, Klaus, u. a. (Hrsg.), 1987: Berliner Begegnungen. Ausländische Künstler in Berlin 1918 bis 1933. Aufsätze – Bilder – Dokumente. – Berlin.
KÄTZEL, Siegfried, 1988: Marxismus und Psychoanalyse. Eine ideologiegeschichtliche Studie zur Diskussion in Deutschland und der UdSSR 1919–1933. – Berlin.
KAMBAS, Chryssoula, 1983: Walter Benjamin im Exil. Zum Verhältnis von Literaturpolitik und Ästhetik. – Tübingen.
KAMINSKI, Winfried, 1988: Walter Benjamin in der Kinderbuchkritik der siebziger Jahre. – DODERER, 177–187.
KAMPMEYER-KÄDING, Margret, 1990: Paris unter dem Zweiten Kaiserreich. Das Bild der Stadt in Presse, Guidenliteratur und populärer Graphik. – Marburg.
KANY, Roland, 1987: Mnemosyne als Programm. Geschichte, Erinnerung und die Andacht zum Unbedeutenden im Werk von Usener, Warburg und Benjamin. – Tübingen.
KARSTEN, Jürgen, 1990: Film schreiben. Eine Geschichte des Drehbuchs. – Wien.
KAUSCH, Michael, 1988: Kulturindustrie und Populärkultur. Kritische Theorie der Massenmedien. Mit einer Vorbemerkung von Leo Löwenthal. – Frankfurt a.M.

KEMP, Wolfgang, 1985: Walter Benjamin und die Kunstwissenschaft. – Burkhardt Lindner (Hrsg.): »Links hatte sich noch alles zu enträtseln ...«. Walter Benjamin im Kontext. 2. Aufl. Frankfurt a.M., S. 224–257.
KESSLER, Peter, 1983: Walter Benjamin über Nikolaj Leskov. – ZfSl XXVIII, 1, S. 95–103.
KINO UND COUCH 1990: Kino und Couch. Zum Verhältnis von Psychoanalyse und Film. Hrsg. vom Gemeinschaftswerk der Evangelischen Publizistik. – Frankfurt a.M.
KITTLER, Friedrich, 1986: Grammophon, Film, Typewriter. – Berlin (West).
KITTSTEINER, Heinz Dieter, 1984: Walter Benjamins Historismus. – BOLZ/WITTE, S. 163–197.
KLEIN, Wolfgang/BODEN, Petra, 1990: Realismus. Vom Weltanschauungsbegriff zum Kunstbegriff – und zurück? – WB XXXVI, 2, S. 268–283.
KLEINER, Barbara, 1980: Sprache und Entfremdung. Die Proust-Übersetzungen Walter Benjamins innerhalb seiner Sprach- und Übersetzungstheorie. – Bonn.
KLEINER ... 1986: Links hat sich nichts mehr zu enträtseln. Benjamin-Rezeption in Italien. – Merkur. Deutsche Zeitschrift für europäisches Denken (Stuttgart) XL, 1, S. 82–86.
KLEINSCHMIDT, Erich, 1989: Roman im »Kinostil«. Ein unbekannter »Roman«-Entwurf Alfred Döblins. – DVjs LXIII, 3, S. 574–586.
KLEMM, Eberhardt, 1988: Über die Geschichte des Buches »Komposition für den Film« von Theodor W. Adorno und Hanns Eisler. – BFF XXIX, 34, S. 170–176.
KLUGE, Alexander, 1985: Die Macht der Bewußtseinsindustrie und das Schicksal unserer Öffentlichkeit. – Kultur und Arbeit (Berlin/West), 1, S. 2–10.
KNOPF, Jan, 1973: Geschichten zur Geschichte. Kritische Tradition des »Volkstümlichen« in den Kalendergeschichten Hebels und Brechts. – Stuttgart.
KOCH, Gertrud, 1990: Mimesis, Mimikry, Simulation: Film und Modernität. – Neue Rundschau (Frankfurt a.M.) C, 1, S. 119–134.
KOCH, Werner B., 1978: Antizipation des Fortschritts oder utopische Regression. Zur Kritik der bürgerlichen Kulturtheorie. (Diss.) – Frankfurt a.M.
KÖHN, Eckhardt, 1989: Straßenrausch. Flanerie und kleine Form. Versuch zur Literaturgeschichte des Flaneurs bis 1933. – Berlin (West).
KÖSSER, Uta, 1988: Historisches Subjekt Proletariat und soziale Produktivität der Kunst. Zur Theorieentwicklung und Theoriebildung im ästhetischen Denken der deutschen Arbeiterbewegung. – WB XXXIV, 10, S. 1589–1619.
KÖTZ, Michael, 1986: Der Traum, die Sehnsucht und das Kino. Film und die Wirklichkeit des Imaginären. – Frankfurt a.M.
KRACAUER, Siegfried, 1927: Bücher vom Film. – Frankfurter Zeitung. Literaturblatt. LX, 38, 10. Juli.
KRACAUER ... 1963: Das Ornament der Masse. Essays. – Frankfurt a.M.
KRACAUER ... 1964: Straßen in Berlin und anderswo. Mit einem Essay von Gerwin Zohlen. – Frankfurt a.M.
KRACAUER ... 1974: Kino. Essays, Studien, Glossen zum Film. Hrsg. von Karsten Witte. – Frankfurt a.M.
KRACAUER ... 1976: Schriften. Hrsg. von Karsten Witte. Band 8: Jacques Offenbach und das Paris seiner Zeit. – Frankfurt a.M.
KRACAUER ... 1989: Siegfried Kracauer. 1889 – 1966. Bearbeitet von Ingrid Belke und Irina Renz. – Marbach a.N.
KRAUS, Karl, 1960: Werke. Hrsg. von Heinrich Fischer. Band VIII. – München.

KREUZER, Helmut (Hrsg.), 1982: Montage. – LiLi XII, 46.
KROLOP, Kurt, 1987: Sprachsatire als Zeitsatire bei Karl Kraus. – Berlin.
KÜHNE, Lothar, 1971: Ideologische Aspekte der Stadt. Friedrich Engels über die kapitalistische Stadt. – Deutsche Architektur (Berlin) XX, 3, S. 150f.
KUENZLI, Rudolf E., 1987: Dada and Surrealist Film. – New York.
KULTURPOLITISCHES WÖRTERBUCH, 1983: Kulturpolitisches Wörterbuch Bundesrepublik Deutschland/Deutsche Demokratische Republik. – Stuttgart.
KUNST UND KUNSTKRITIK, 1990: Kunst und Kunstkritik der dreißiger Jahre. 29 Standpunkte zu künstlerischen und ästhetischen Prozessen und Kontroversen. – Dresden.

LACIS, Asja, 1971: Revolutionär im Beruf. Berichte über proletarisches Theater, über Meyerhold, Brecht, Benjamin und Piscator. – München.
LANGEWIESCHE, Dieter/TENORTH, Heinz-Elmar (Hrsg.), 1989: Handbuch der deutschen Bildungsgeschichte. Band V: 1918–45. Die Weimarer Republik und die nationalsozialistische Diktatur. – München.
LAUTER, Wolfgang, 1985: Passagen. Mit einem Nachwort von Manfred Sack und Erläuterungen von Norbert Fischer. – Dortmund.
LE BON, Gustave, 1973: Psychologie der Massen. – Stuttgart.
LENK, Elisabeth, 1990: Adorno gegen seine Liebhaber verteidigt. – Kontext. Politik, Gesellschaft, Kultur (Berlin) I, 9, S. 65–76.
LEPENIS, Wolf, 1977: Ein unzerstörbares Werk – errichtet aus den Ruinen einer Karriere. – Frankfurter Allgemeine. Zeitung für Deutschland. Literaturbeilage, 13. Dezember 1977.
LE RIDER, Jacques/RAULET, Gérard (Hrsg.), 1987: Verabschiedung der (Post-)Moderne? Eine interdisziplinäre Debatte. – Tübingen.
LETHEN, Helmut, 1970: Neue Sachlichkeit 1924–1932. Studien zur Literatur des 'Weißen Sozialismus'. – Stuttgart.
LEVERKÜHN, August, 1885: Die Taybrücke. – Das Deutsche Dichterheim V, S. 10f.
LÉVY-DEINHARD, Hanna, 1967: Bedeutung und Ausdruck. Soziologische Essays. – Neuwied/Berlin (West).
LINDNER, Burkhardt, 1980: Positives Barbarentum – aktualisierte Vergangenheit. Über einige Widersprüche Benjamins. – FASZINATION BENJAMIN, S. 130–139.
LINDNER ... 1984: Das 'Passagen-Werk', die 'Berliner Kindheit' und die Archäologie des »Jüngstvergangenen«. – BOLZ/WITTE, S. 27–48.
LÖWY, Michael, 1990: Feuermelder – Walter Benjamins Kritik der Technik. – Psp, Sonderheft 2: Walter Benjamin, S. 33–41.
LÜDKE, W. Martin, 1980: Über Kraut & Unkraut & Literaturkritik. Vorläufige, unordentliche Notizen zu einigen Aspekten einer benjaminschen Konzeption. – FASZINATION BENJAMIN, S. 119–129.
LUKACS, Georg, 1974: Werke. Band 16: Frühe Schriften zur Ästhetik I. Heidelberger Philosophie der Kunst. – Darmstadt/Neuwied.
LUKACS ... 1977: Kunst und objektive Wahrheit. Essays zur Literaturtheorie und -geschichte. Hrsg. von Werner Mittenzwei. – Leipzig.
LUKACS ... 1985: Über die Vernunft in der Kultur. Ausgewählte Schriften 1909–1969. Hrsg. von Sebastian Kleinschmidt. – Leipzig.

MAAG, Georg, 1986: Kunst und Industrie im Zeitalter der ersten Weltausstellungen. Synchronisierte Analyse einer Epochenschwelle. – München.

MAAG ... 1987: Illustrierte und/als industrielle Kunst. Ein Beitrag zur Frühgeschichte der Medien der Massenkommunikation. – GAILLARD, S. 368–394.
MÄRTEN, Lu, 1982: Formen für den Alltag. Schriften, Aufsätze, Vorträge. Hrsg. von Rainhard May. – Dresden.
MAHR, Johannes, 1982: Eisenbahnen in der deutschen Dichtung. Der Wandel eines literarischen Motivs im 19. und im beginnenden 20. Jahrhundert. – München.
MAJAKOWSKI, Wladimir, 1974: Stücke. Bühnenwerke und Filmszenarien. Hrsg. von Leonhard Kossuth. 2. Aufl. – Berlin.
MARKOWSKI, Liesel, 1987: Wege zu einer universellen Öffentlichkeit. Wissenschaftlich-technischer Fortschritt und Musikkultur in der Sicht Hanns Eislers. – MuG XXXVII, 9, S. 451–460.
MARTEN, Jürgen, 1988: Kunst im Zusammenhang von Basis und Überbau. – WB XXXIV, 11, S. 1839–1853.
MAY, Joe, 1929: Dichter an die Front. – BUCHER/KINDT 1929, S. 26.
MAYER, Hans, 1990: Walter Benjamin und Franz Kafka. – Literatur und Kritik (Salzburg) XXIII, 1, S. 579–597.
MENDLEWITSCH, Doris, 1988: Volk und Heil. Vordenker des Nationalsozialismus. – Rheda-Wiedenbrück.
MENNINGHAUS, Winfried, 1986: Schwellenkunde. Walter Benjamins Passage des Mythos. – Frankfurt a.M.
METSCHER, Thomas, 1989: Die Revolution in der Form der Kunst. Deutsche Klassik im europäischen Kontext, 1760–1832. – Arno Herzig u. a. (Hrsg.): »Sie, und nicht Wir«. Die Französische Revolution und ihre Wirkung auf Norddeutschland und das Reich. Hamburg. Band 2, S. 567–589.
MEURER, Bernd/VINÇON, Hartmut, 1988: Industrielle Ästhetik. Zur Geschichte und Theorie der Gestaltung. – Berlin (West).
MEW ...: Karl Marx/Friedrich Engels: Werke. Band 13, Berlin 1961; Band 18, ebd. 1962; Band 23, ebd. 1962; Band 25, ebd. 1964; Band 26. 1, ebd. 1965; Band 42, ebd. 1983.
MIERAU, Fritz (Hrsg.), 1987 a: Die Erweckung des Wortes. Essays der russischen Formalen Schule. – Leipzig.
MIERAU ... (Hrsg.), 1987 b: Russen in Berlin. Literatur, Malerei, Theater, Film 1918–1933. – Leipzig.
MIERAU ... 1987 c: Tretjakow in Berlin. – KÄNDLER, S. 206–211.
MITTENZWEI, Werner, 1989: Das Leben des Bertolt Brecht oder Der Umgang mit den Welträtseln. 2 Bände. 4. Aufl. – Berlin/Weimar.
MÖBIUS, Hanno/VOGT, Guntram, 1990: Drehort Stadt. Das Thema »Großstadt« im deutschen Film. – Marburg.
MODICK, Klaus, 1989: Arche und Archiv. – DZ, Nr. 49 vom 9. Dezember, S. 87.
MOHAL, Anna, 1983: Eine Neuordnung des Passagenwerks Auf dem Benjamin-Kolloquium wurden die Philologen fündig. – Süddeutsche Zeitung (München), 12. Juli.
MOHOLY-NAGY, László, 1925: Malerei, Photographie, Film. – München.
MORECK, Kurt, 1929: Die kulturelle Mission des Kinos. – BUCHER/KINDT, S. 39f.
MÜHL-BENNINGHAUS, Wolfgang, 1987: Verbotene Leinwand. – FuFS XV, 6, S. 46–52.
MÜLDER, Inka, 1985: Siegfried Kracauer – Grenzgänger zwischen Theorie und Literatur. Seine frühen Schriften 1913–1933. – Tübingen.
MÜLLER, Uwe Lothar, 1988: Radau im Rundfunk: Walter Benjamins Kasperl. – DODERER, S. 113–119.

MÜLLER-WALDECK, Gunnar, 1987: »Rundfunktheorie« und Literaturkonzept. – WRUCK, S. 122–150.
MUMFORT, Lewis, 1974: Mythos der Maschine. Kultur, Technik und Macht. – Wien.
NAGEL, Herbert, 1980: Erfahrung und Armut. Aus einem Gespräch mit der Redaktion 'Alternative'. – FASZINATION BENJAMIN, S. 82–98.
NAGLER, Norbert, 1980: Jacques Offenbachs musikalische Utopie: die Sehnsucht nach der herrschaftsfreien Heimat. Reflexionen zu Siegfried Kracauers Gesellschaftsbiographie des Second Empire. – Musik-Konzepte. Die Reihe über Komponisten. Hrsg. von Heinz-Klaus Metzger und Rainer Riehn (München), Heft 13: Jacques Offenbach, S. 87–102.
NATEW, Wassili, 1988: Die kinematographische Herausforderung. Studien zu Wechselbeziehungen zwischen Theater und Kino 1908–1938. (Diss.) – Berlin.
NEUHAUS, Volker, 1971: Typen multiperspektivischen Erzählens. – Köln/Wien.
NEUSCHÄFER, Hans-Jörg (u. a.), 1986: Der französische Feuilletonroman. Die Entstehung der Serienliteratur im Medium der Tageszeitung. – Darmstadt.
NIES, Fritz, 1987: Schnell und viel – Gattungsbildung in Frankreich im Zeitalter des Endlospapiers. – GAILLARD, S. 395–409.
NÖSSIG, Manfred (u. a.), 1980: Literaturdebatten in der Weimarer Republik. Zur Entwicklung des marxistischen literaturtheoretischen Denkens 1918–1933. – Berlin/Weimar.

OBERREUTER, Heinrich, 1982: Übermacht der Medien. Erstickt die demokratische Kultur? – Osnabrück.
OERTEL, Rudolf, 1940: Filmspiegel. Ein Brevier aus der Welt des Films. – Wien.
OETTERMANN, Stephan, 1980: Das Panorama. Die Geschichte eines Massenmediums. – Frankfurt a.M.
OLBRICH, Harald, 1980: Die »Neue Sachlichkeit« im Widerstreit der Ideologien und Theorien zur Kunstgeschichte des 20. Jahrhunderts. – WB XXVI, 12, S. 65–76.
ONG, Walter J., 1987: Oralität und Literalität. Die Technologisierung des Wortes. – Opladen.

PAECH, Joachim, 1988: Literatur und Film. – Stuttgart.
PAUL, Gerhard, 1990: Aufstand der Bilder. Die NS-Propaganda vor 1933. – Bonn.
PELZER-KNOLL, Gudrun, 1986: Kindheit und Erfahrung. Untersuchungen zur Pädagogik Walter Benjamins. – Königstein/Ts.
PFEIFFER, Karl Ludwig, 1987: Kunst und Industrielle Revolution oder die Vertracktheit des Trivialen. – GAILLARD, S. 273–280.
PISCATOR, Erwin, 1980: Theater – Film – Politik. Ausgewählte Schriften. – Berlin.
POSTRACH, Margit, 1986: Zur Traumfunktion und Katharsiswirkung von Spielfilmen. – WUSS 1986 b, S. 25–29.
PRACHT, Erwin, 1987: Voraussetzungen der Entstehung des ästhetischen Kunstbegriffs. – Erhard Lange (Hrsg.): Philosophie und Kunst. Kultur und Ästhetik im Denken der deutschen Klassik. Weimar, S. 34–58.
PRESCHL, Claudia, 1990: Perlentaucher. – Falter. Wochenzeitschrift für Kultur und Politik (Wien), 39, S. 12.
PROELSS, Johannes, 1880: Der Todesgruß auf der Tay-Brücke. – Die Gartenlaube, 1, S. 250.

PROKOP, Dieter (Hrsg.), 1973: Massenkommunikationsforschung 2: Konsumtion. – Frankfurt a.M.
PROKOP ... 1982: Soziologie des Films. Erweiterte Ausgabe. – Frankfurt a.M.
PRÜMMER, Karl, 1988: Intermedialität und Multimedialität. Eine Skizze medienwissenschaftlicher Forschungsfelder. – BOHN, S. 195-200.
PUDOWKIN, Wsewolod, 1987: Joris Ivens (1931). – KÄNDLER, S. 137.

RALL, Roland, 1975: Kasperl – ein Plebejer auf dem Theater. – Jörg Drews (Hrsg.): Zum Kinderbuch. Betrachtungen, Kritisches, Praktisches. Frankfurt a.M., S. 75ff.
RAPHAEL, Max, 1989: Marx. Picasso. Die Renaissance des Mythos in der bürgerlichen Gesellschaft. Hrsg. von Klaus Binder. – Frankfurt a.M.
RAYMOND, Marcel, 1933: De Baudelaire au surréalisme. – Paris.
RECKI, Birgit, 1988: Aura und Autonomie. Zur Subjektivität der Kunst bei Walter Benjamin und Theodor W. Adorno. – Würzburg.
REEMTSMA, Jan Philipp, 1991: Der Bote. Walter Benjamin über Karl Kraus. – Sinn und Form (Berlin) XLI, 1, S. 104-115.
REIJEN, Willem van, 1989: »... der Widerspruch sein Vater und die Nachahmung seine Mutter ...« Zu Benjamins Bestimmung des Schöpferischen in der Fotografie. – FG IX, 32, S. 33-36.
REISS, Erwin, 1979: »Wir senden Frohsinn«. Fernsehen unterm Faschismus. – Berlin (West).
REISSER, Walter, 1930: Bildfunk, Fernsehen und Tonfilm. – Rundfunk Jahrbuch (Berlin), S. 299-306.
RELLA, Franco, 1982: Benjamin und Blanqui. – BRODERSEN, S. 77-102.
REUTER, Michael, 1990: Telekommunikation. Geschichte und Gegenwart in Wort und Bild. – Heidelberg.
ROCHLITZ, Rainer, 1983: Une dialectique de l'image. – Cri, 431, S. 287-319.
ROSS, Dieter, 1990: Fernsehvagabunden sind wir. Das öffentlich-rechtliche System muß seine alten Ansprüche aufgeben. – DZ, Nr. 46 vom 9. November, S. 81.
RÜFFER, Ulrich, 1986: Taktilität und Nähe. – BOLZ/FABER, S. 181-190.
RÜLICKE-WEILER, Käthe (u. a.), 1987: Beiträge zur Theorie der Film- und Fernsehkunst. Gattungen, Kategorien, Gestaltungsmittel. – Berlin.

SAGNOL, Marc, 1984: Walter Benjamin entre une théorie de l'avantgarde et une archéologie de la modernité. – Gérard Raulet (Hrsg.): Weimar ou l'explosion de la modernité. Paris, S. 241-254.
SCHACHTEL, Ernst, 1936: (Rezension:) Gordon W. Allport/E. Philipp Vernon: Studies in Expressive Movement. New York 1933; Karl Bühler: Ausdruckstheorie. Das System an der Geschichte aufgezeigt. Jena 1933. – ZfS V, 2, S. 282f.
SCHAPER, Rainer Michael, 1988: Der gläserne Himmel. Die Passagen des 19. Jahrhunderts als Sujet der Literatur. – Frankfurt a.M.
SCHEREL, Alexander A., 1988: Wechselwirkungen deutscher und sowjetischer Künstler im Entstehungsprozeß audiovisueller Ausdrucksmittel. – BFF XXIX, 34, S. 192-206.
SCHEURER, Hans J., 1987: Zur Kultur- und Mediengeschichte der Fotografie. Die Industrialisierung des Blicks. – Köln.
SCHICKEDANZ, Hans J., 1985: Der Dandy. Texte und Bilder aus dem 19. Jahrhundert. – Dortmund.

SCHIEWE, Jürgen, 1989: Sprache und Öffentlichkeit. Carl Gustav Jochmann und die politische Sprachkritik der Spätaufklärung. – Berlin (West).
SCHILLER, Dieter, 1986: Die Expressionismus-Debatte 1937 bis 1939 aus der Sicht des Pariser Exils. – WB XXXII, 3, S. 420–429.
SCHILLER-LERG, Sabine, 1983: Wer war's? Automatische Sprecheranalyse – eine Möglichkeit zur Identifizierung historischen Tonmaterials. Vorgeführt am Beispiel eines Tonfragments des Hörspiels »Radau um Kasperl« von Walter Benjamin. – Siegener Periodicum zur internationalen empirischen Literaturwissenschaft (Frankfurt a.M.) II, 2, S. 359–373.
SCHILLER-LERG ... 1984: Walter Benjamin und der Rundfunk. Programmarbeit zwischen Theorie und Praxis. – München.
SCHILLER-LERG ... 1988: Am Mikrofon: Der neue Erzähler Walter Benjamin. – DODERER, S. 102–112.
SCHILLER-LERG ... 1989: Walter Benjamin, Radio Journalist: Theory and Practice of Weimar Radio. – Journal of Communication Inquiry (Iowa) XIII, 1, S. 43–50.
SCHIVELBUSCH, Wolfgang, 1977 a: Das panoramatische Reisen. – Saeculum. Jahrbuch für Universalgeschichte (Freiburg/ München) XXVII, 2, S. 110–120.
SCHIVELBUSCH ... 1977 b: Geschichte der Eisenbahnreise. Die Industrialisierung von Raum und Zeit im 19. Jahrhundert. – München/Wien.
SCHLAFFER, Heinz, 1985: Walter Benjamins Idee der Gattung. – BOLZ/FABER, S. 41–49.
SCHLEGEL, Friedrich, 1971: Kritische Schriften. Hrsg. von Wolfdietrich Rasch. – Darmstadt.
SCHLENSTEDT, Dieter, 1983: Sachlichkeit – Wahrheit – soziales Gefühl. Die Reportage Egon Erwin Kischs zwischen Ende der zwanziger und Mitte der dreißiger Jahre. – Sylvia Schlenstedt (Hrsg.): Wer schreibt, handelt. Strategien und Verfahren literarischer Arbeit vor und nach 1933. Berlin/Weimar, S. 119–162.
SCHLIEBEN-LANGE, Brigitte, 1982: Für eine Geschichte von Schriftlichkeit und Mündlichkeit. – LiLi XII, 47, S. 104–118.
SCHMIDT, Hans-Dieter, 1989: Sigmund Freud und der Marxismus. Freuds Stellung zum Marxismus/Sozialismus im Kontext seiner kulturtheoretischen Ideen. – WB XXXV, 1, S. 90–106.
SCHNEIDER, Irmela (Hrsg.), 1987: Radio-Kultur in der Weimarer Republik. Eine Dokumentation. – Tübingen.
SCHRAMM, Helmar, 1990: Öffentlichkeit als Medium demokratischer Produktion. Anmerkungen zu Brechts »Dreigroschenprozeß«. – notate. Informations- und Mitteilungsblatt des Brecht-Zentrums der DDR (Berlin) XIII, 2, S. 12f.
SCHRÖDER, Winfried, 1978: »Volk« – ein realgeschichtliches Phänomen oder ein ahistorisch-universalistischer Klassifizierungsbegriff? – Lm, Heft 12, S. 67–86.
SCHRÖDER ... 1986: Die Entfaltung des industriellen Kapitalismus und der Epochenwechsel im ästhetischen Denken. Zu den Notizen von Karl Marx über »griechische Kunst und Epos«. – Marx-Engels-Jahrbuch (Berlin), Band 9, S. 163–221.
SCHWALBE, Konrad, 1987: Die medienspezifische Montage. – RÜLICKE-WEILER, S. 86–105.
SCHWEINITZ, Jörg, 1987: Kino der Zerstreuung. Siegfried Kracauer und ein Kapitel Geschichte der theoretischen Annäherung an populäre Filmunterhaltung. – WB XXXIII, 7, S. 1129–1144.
SCHWEINITZ ... 1988: Zu Grundlagen des filmtheoretischen Denkens Siegfried Kracauers. – BFF XXIX, 34, S. 111–126.

SEEBER, Hans Ulrich/KLUSSMANN, Paul Gerhard (Hrsg.), 1986: Idylle und Modernisierung in der europäischen Literatur des 19. Jahrhunderts. - Bonn.
SEGEBERG, Harro, 1987: Literarische Technik-Bilder. Studien zum Verhältnis von Technik- und Literaturgeschichte im 19. und frühen 20. Jahrhundert. - Tübingen.
SEGHERS, Anna, 1979: Die Macht der Worte. Reden, Schriften, Briefe. - Leipzig/Weimar.
SEVERIN, Rüdiger, 1988: Spuren des Flaneurs in der deutschsprachigen Prosa. - Frankfurt a.M.
SFEIR-SEMLER, Andrée, 1990: Die Maler am Pariser Salon 1791-1880. - Frankfurt a.M.
SIEBERTH, Uta, 1988: Innovationen, Fließfertigung - Durchbruch zu moderner Massenproduktion in der polygrafischen Industrie im Verlaufe der zweiten Industrialisierungsphase in Deutschland. - DBGT, Heft 16, S. 25-28.
SIEFERLE, Rolf, 1984: Fortschrittsfeinde? Opposition gegen Technik und Industrie von der Romantik bis zur Gegenwart. - München.
SIMMEL, Georg, 1983: Philosophische Kultur. Über das Abenteuer, die Geschichte und die Krise der Moderne. - Ders.: Gesammelte Essays. Berlin (West), S. 38-63.
SOLMI, Renato, 1982: Einleitung zum »Angelus Novus«. - BRODERSEN, S. 7-46.
SPIKER, Jürgen, 1975: Film und Kapital. Der Weg der deutschen Filmwirtschaft zum nationalsozialistischen Einheitskonzern. - Berlin (West).
STEIN, Gerd (Hrsg.), 1985: Lesebücher über Kulturfiguren und Sozialcharaktere des 19. und 20. Jahrhunderts. Band 1: Bohèmien - Tramp - Sponti. Bohème und Alternativkultur. Band 2: Dandy - Snob - Flaneur. Exzentrik und Dekadenz. - Frankfurt a.M.
STEINGRESS, Gerhard, 1982: Fragen zur Diskussion. - BURGER, S. 29-36.
STEINWACHS, Burkhart, 1984: Wahre Kunst und Kunst als Ware. Kunsterfahrung unter den Bedingungen von Kulturindustrie und Industriekultur. - Bad Homburg.
STENZEL, Hartmut, 1982: Der historische Ort Baudelaires. - Lm, Heft 28, S. 142-144.
STIERLE, Karlheinz, 1987 a: Aura, Spur und Benjamins Vergegenwärtigung des 19. Jahrhunderts. - GAILLARD, S. 39-47.
STIERLE ... 1987 b: Imaginäre Räume. Eisenarchitektur in der Literatur des 19. Jahrhunderts. - GAILLARD, S. 281-308.
STOESSEL, Marleen, 1983: Aura. Das vergessene Menschliche. Zu Sprache und Erfahrung bei Walter Benjamin. - München/Wien.

TEBBE, Krista/JÄHNER, Harald (Hrsg.): Alfred Döblin zum Beispiel. Stadt und Literatur. - Berlin (West).
TENORTH, Heinz-Elmar, 1988: Walter Benjamins Umfeld. Erziehungsverhältnisse und Pädagogische Bewegungen. - DODERER, S. 31-67.
THIESSEN, Rudi, 1985: Kritik der kapitalistischen Moderne. - BOLZ/FABER, S. 180-189.
THOMA, Heinz, 1985: »L'industrie pénétre dans le rêve et le fait à son image ...« Überlegungen zur Trivialliteraturproblematik in Frankreich im XIX. Jahrhundert. - Lm, Heft 38/39, S. 87-96.
TIEDEMANN, Rolf, 1983: Dialektik im Stillstand. Versuche zum Spätwerk Walter Benjamins. - Frankfurt a.M.
TIEDEMANN ... 1986: Nachwort. - W. Benjamin: Sonette. Frankfurt a. M., S. 85-96.
TIETZ, Udo, 1990: »Gelebtes Denken« zwischen Affirmation und Kritik. Georg Lu-

kács und der Stalinismus. – Initial. Zeitschrift für Politik und Gesellschaft (Berlin) I, 5, S. 517–527.
TRABITZSCH, Michael, 1985: Walter Benjamin. Moderne, Messianismus, Politik. Über die Liebe zum Gegenstand. – Berlin (West).
TRETJAKOW, Sergej, 1972: Lyrik, Dramatik, Prosa. Hrsg. von Fritz Mierau. – Leipzig.
TSCHURENEV, Eva-Maria, 1988: Marxsche Warenanalyse und ästhetischer Wert. – DZfPh XXXVI, 11, S. 1025–1030.

UNSELD, Siegfried (Hrsg.), 1972: Zur Aktualität Walter Benjamins. – Frankfurt a. M.
URICCHIO, William, 1990: Die Anfänge des deutschen Fernsehens. Kritische Annäherungen an die Entwicklung bis 1945. – Tübingen.

VATTIMO, Gianni, 1982: Ursprung und Bedeutung des utopischen Marxismus (Materialismus und Geist der Avantgarde). – BRODERSEN, S. 47–76.
VERSPOHL, Franz-Joachim, 1975: »Optische« und »taktile« Funktion von Kunst. Der Wandel des Kunstbegriffs im Zeitalter der massenhaften Rezeption. – Kritische Berichte des Ulmer Kunstvereins I, 1, S. 25–43.
VIRMAUX, Alain und Odette, 1976: Les surréalistes et le cinéma. – Paris.
VOIGT, Hans-Gunter, 1987: Markttag am Wittenbergplatz. Dokumentarfilme der zwanziger Jahre. – FuFS XV, 6, S. 21–24.

WAGNER, Gerhard, 1990 a: Historisierung contra Fetischisierung – der technische Fortschritt in Walter Benjamins ästhetischer Reflexion. (Zum 50. Todestag Walter Benjamins.) – DZfPh XXXVIII, 9, S. 859–865.
WAGNER ... 1990 b: Schicksale auf Schienen. Die Eisenbahn im Film. – Urania Universum (Leipzig/Jena/Berlin), Band 36, S. 260–268.
WAGNER ... 1990 c: Zum Bilde Benjamins. Aspekte der neueren Rezeption seines kulturhistorischen und geschichtsphilosophisch-ästhetischen Werkes in Westeuropa 1978–1987. – WB XXXVI, 9, S. 1492–1513.
WAGNER ... 1990 d: Walter Benjamin. Zwischen den Biographien. Eine kritische Revue zwischen zwei Gedenktagen. – tacheles. Zeitschrift für Kultur, Politik und Ökologie (Berlin) I, 12, S. 45–47.
WAGNER ... 1990 e: Zwischen zwei Revolutionen. Soziale Fragestellung, Geschichts- und Literaturgeschichtsrezeption im Werk Carl Gustav Jochmanns. – Jahrbuch für Geschichte (Berlin), Band 39: Die Französische Revolution von 1789. Studien zur Geschichte und zu ihren Wirkungen. Hrsg. von Kurt Holzapfel, S. 291–310.
WAIS, Kurt, 1936: Symbiose der Künste. Forschungsgrundlagen zur Wechselberührung zwischen Dichtung, Bild- und Tonkunst. – Stuttgart.
WALZEL, Oskar, 1917: Wechselseitige Erhellung der Künste. – Berlin.
WARBURG, Aby, 1980: Ausgewählte Schriften und Würdigungen. Hrsg. von Dieter Wuttke. 2. Aufl. – Baden-Baden.
WEHINGER, Brunhilde, 1987: Bilderflut am Boulevard. Bühnenrevue und Boulevardpresse im Second Empire. – GAILLARD, S. 410–423.
WEHINGER ... 1988: Paris – Crinoline. Zur Faszination des Boulevardtheaters und der Mode im Kontext der Urbanität und der Modernität des Jahres 1857. – München.
WELCH, David, 1985: Propaganda and the German cinema 1933–45. – Oxford.

WERNER, Johannes (Zusammenstellung und Kommentar), 1979: Kunstform und Gesellschaftsform. Materialien zu einer soziologischen Ästhetik. – Stuttgart.
WERTHEIMER, Jürgen (Hrsg.), 1986: Ästhetik der Gewalt. Ihre Darstellung in Literatur und Kunst. – Frankfurt a.M.
WILLEMS, Gottfried, 1989: Anschaulichkeit. Zur Theorie und Geschichte der Wort-Bild-Beziehungen und des Darstellungsstils in der Literatur der Neuzeit. – Tübingen.
WINCKLER, Lutz, 1986: Autor – Markt – Publikum. Zur Geschichte der Literaturproduktion in Deutschland. – Berlin (West).
WIRTZ, Rainer, 1987: Ein Versuch der historischen Alltagsforschung: das Konzept von der Industriekultur. – GAILLARD, S. 312–328.
WITTE, Bernd, 1984: Paris – Berlin – Paris. Zum Zusammenhang von individueller, literarischer und gesellschaftlicher Erfahrung in Walter Benjamins Spätwerk. – BOLZ/WITTE, S. 17–26.
WITTE, Karsten (Hrsg.), 1972: Theorie des Kinos. Ideologiekritik der Traumfabrik. – Frankfurt a.M.
WRUCK, Peter (Hrsg.), 1987: Literarisches Leben in Berlin. 1871–1933. Studien. Band II. – Berlin.
WULF, Joseph (Hrsg.), 1966: Die Bildenden Künste im Dritten Reich. Eine Dokumentation. – Reinbek bei Hamburg. (Darin, S. 235–245, Auszüge aus: Robert Schulz: Lebensfragen der bildenden Kunst [1937]; Dr. Breitkopf: Menschenformen, volkstümliche Typen [1941] und Wilhelm Müseler: Europäische Kunst – Völker und Zeiten [1942]).
WUSS, Peter, 1986 a: Die Tiefenstruktur des Filmkunstwerks. Zur Analyse von Spielfilmen mit offener Komposition. – Berlin.
WUSS ... (Redaktion), 1986 b: Zur Unterhaltungsfunktion des Films für Kino und Fernsehen. Symposium der Arbeitsgruppe Film und Fernsehen der Forschungsabteilung Darstellende Kunst [der Akademie der Künste der DDR] am 19. September 1986. – Berlin.
WUSS ... 1990 a: Kult der Zerstreuung. Kracauers Filmkritik als Gesellschaftskritik. – FuFS XVIII, 1, S. 45–47.
WUSS ... 1990 b: Kunstwert des Films und Massencharakter des Mediums. Konspekte zur Geschichte der Theorie des Spielfilms. – Berlin.

ZELINSKY, Bodo (Hrsg.), 1990: Russische Avantgarde 1917–1934. Kunst und Literatur nach der Revolution. – Bonn.
ZIMMER, Dieter E., 1990: Die Elektrifizierung der Sprache. Über Sprechen, Schreiben, Computer, Gehirne und Geist. – Zürich.
ZIMMERMANN, Jörg (Hrsg.), 1988: Lichtenberg. Streifzüge der Phantasie. – Hamburg.
ZIPES, Jack, 1988: Kinderliteratur und Kinder-Öffentlichkeit in Walter Benjamins Schriften. – DODERER, S. 188–195.

Dank des Autors

Der Verfasser ist den folgenden Personen und Institutionen, welche auf vielfältige Weise das Zustandekommen dieser Arbeit förderten, zu Dank verpflichtet:
Friedrich Laubisch (Redaktion *Referatedienst zur Literaturwissenschaft*, Berlin) und Erich Sellen (Neunkirchen/Saar) sowie den Bibliotheken des Instituts für Ästhetik und Kunstwissenschaften und des Zentralinstituts für Literaturgeschichte der ehemaligen Akademie der Wissenschaften der DDR für die wertvolle Hilfe bei der (zumindest bis zum Herbst 1989 mit erheblichen Schwierigkeiten verbundenen) Quellen- und Materialbeschaffung;
den philosophischen bzw. kulturwissenschaftlichen Instituten der Humboldt-Universität zu Berlin, der Friedrich-Schiller-Universität Jena, der Technischen Universität Dresden und der Freien Universität Berlin, den Mitarbeitern der ehemaligen Akademie der Künste der DDR und des ehemaligen Kultur- und Informationszentrums der DDR in Prag, ferner der Katholischen Akademie der Erzdiözese Freiburg/Br. für die Einladungen zu wichtigen Konferenzen und Kolloquien, die Gelegenheit gaben, Ergebnisse aus der langjährigen Beschäftigung mit Walter Benjamins Werk vorzustellen und zu diskutieren;
Manuela Gehrke und Ralf Zimmermann (Berlin) für die gründliche und engagierte Erstellung des PC-Skripts, Jörg Duckwitz (Berlin) für die zuverlässige Herstellung der Bildvorlagen.
Der Verfasser dankt nicht zuletzt Peter Hoff und der Redaktion *Beiträge zur Film- und Fernsehwissenschaft* für große Aufgeschlossenheit und Geduld.

Herausgegeben vom Film- und Fernsehverband
246 Seiten
Format DIN A5
DM 15,-

ISBN 3-89158-058-4

⌸ **FFV-Guide 91**

Film- und Fernsehschaffende

in Berlin (Ost), Brandenburg, Mecklenburg-Vorpommern, Sachsen, Sachsen-Anhalt und Thüringen

Nach der deutschen Vereinigung ist die Film-und Medienszene um ein breites Spektrum des Filmschaffens reicher geworden: Das große künstlerische und handwerkliche Potential der Film- und Fernsehschaffenden der ehemaligen DDR. Nahezu 700 Fachleute in 38 Berufsgruppen stellt die erste Ausgabe des FFV-Guide 91 vor. Von Autoren bis Trickfilm-Regisseuren, von Cuttern bis Szenenbildnern informiert das Verzeichnis über: Namen / Anschrift / Alter / jetzige Tätigkeit / beruflichen Werdegang / spezielle Arbeitsbereiche und -kenntnisse / Sprachkenntnisse / Auslandserfahrungen / eigene technische Ausstattung / wichtige Produktionen und Veröffentlichungen.
Mit diesem vom Film- und Fernsehverband (FFV) e.V. recherchierten und herausgegebenen und von nun an jährlich erscheinenden Guide werden erstmals all jene Personen vorgestellt, die in und für AV-Medien künstlerisch, publizistisch, wissenschaftlich und organisatorisch tätig sind bzw. sein können.

Filmwirtschaft und Filmförderung

Strukturveränderungen · Daten

Über die seit Jahrzehnten hochsubventionierte Filmwirtschaft liegen bisher nur äußerst spärliche und lückenhafte Untersuchungen vor. Im Auftrag des Bundesministeriums für Wirtschaft führte das renommierte Deutsche Institut für Wirtschaftsforschung DIW, Berlin die vorliegende Strukturuntersuchung durch, deren Ergebnisse und Datenfülle die bislang umfassendste Darstellung der Filmbranche und ihrer Teilbereiche ist.

Die detaillierten Auswertungen und gewonnen Erkenntnisse liefern einen wichtigen Beitrag für die wirtschaftskulturpolitische Diskussion zum Thema Film.

Gerhard Neckermann
DIW, Berlin
160 Seiten
Format DIN A5
DM 32,-

ISBN 3-89158-061-4

VISTAS Verlag GmbH
Bismarckstraße 84
W-1000 Berlin 12

Der Medienverlag

Reihe Ost-West Media
Band 2:
MEDIEN-WENDE –
WENDE-MEDIEN?
von
Werner Claus
Joachim Nölte
264 Seiten
DIN A5
DM 35,-

ISBN 3-89158 -063-0

MEDIEN-WENDE WENDE-MEDIEN?

Um die Mitschuld der Medien an der Allmacht, aber auch am politischen und moralischen Verfall des Systems der ehemaligen DDR wurde und wird heftig diskutiert. Bewirkten Ideen und Engagement eine MEDIEN-WENDE? Oder blieben WENDE-MEDIEN und die demokratische Umgestaltung der Medien war Illusion?

Die vorliegende Dokumentation des Wandels im DDR-Journalismus ist eine einzigartige Übersicht ausgewählter Ereignisse, Gedanken und Überlegungen zur DDR-Medienszene.

Eine Chronik medienpolitischer Ereignisse vom Oktober 1989 bis Oktober 1990 leitet die Dokumentation ein. Im Teil 1 "Der Vorgang" ergänzen Aussagen, Erklärungen und Berichte die Chronik. "Die Betroffenen" äußern sich im Teil 2 über ihr Selbstverständnis und ihre Mitschuld an der verlogenen Informationspolitik. "Die Ideen" zur Demokratisierung der Medien sind in Teil 3 zusammengefaßt.

Das Buch ist eine brisante Dokumentation von und über die Medienschaffenden in der Ex-DDR.

Medien der Ex-DDR in der Wende

Wie die Medien der ehemaligen DDR in der friedlichen Revolution des Herbstes 1989 wirksam wurden, wie sie die Demokratisierung beschleunigten, wird in diesem Buch an unterschiedlichen Medien, verschiedenartigen Themen und Problemen deutlich gemacht.

Aus Sprachrohren der Partei zu demokratischen Organen, eine neue Glaubwürdigkeit und Akzeptanz wurde gewonnen: Die Medien hatten sich gewendet.

Über die Neugestaltung der Medienlandschaft, über Erkenntnisse der veränderten Mediennutzung und -entwicklung schreiben aus unterschiedlicher Sicht Medienfachleute, die die Medien der Ex-DDR selbst erlebt haben und aus eigener Anschauung kennen.

Beiträge zur Film- und Fernsehwissenschaft
Hochschule für Film- und Fernsehen
HFF Potsdam-Babelsberg (Hrsg.)
BFF Band 40
178 Seiten
Format DIN A5
DM 28,-

ISBN 3-89158-069-X

VISTAS Verlag GmbH
Bismarckstraße 84
W-1000 Berlin 12

Der Medienverlag

'Er-lesene' Kompetenz

Diesen Anspruch, der zugleich publizistische Verpflichtung und verlegerische Zielsetzung ist, erfüllen beispielhaft die VISTAS-Editionen.

Renommierte Autoren aus Wissenschaft und Praxis gewährleisten die thematische Vielfalt und ein breites Spektrum an Positionen. Dem Insider wie dem allgemein Interessierten wird die stürmische Entwicklung der gesamten Medien-Kommunikationsbranche verständlich und nachvollziehbar als 'er-lesene' Kompetenz nähergebracht.

Die engagierte, professionelle verlegerische Betreuung verfolgt als Ziel, daß interessierte Kreise, die sich weiterbilden, die mitreden wollen, regelmäßig nützliche Medien-Kompetenz 'er-lesen' können.

Der Medienverlag

VISTAS Verlag GmbH · Bismarckstraße 84 · W-1000 Berlin 12
Telefon 3 12 45 66 · Fax 3 12 62 34